教育部人文社科一般项目(高校辅导员专项)项目编号:22J
项目名称:"五育并举"视域下高职院校劳动教育体系构建研究阶段性成果之一

劳动与智慧同行
新时代劳动教育的思考

张 玺 王昱程 著

吉林大学出版社

·长春·

图书在版编目（CIP）数据

劳动与智慧同行：新时代劳动教育的思考 / 张玺，王昱程著 .-- 长春：吉林大学出版社，2024.9.
ISBN 978-7-5768-3715-5

Ⅰ.G40-015

中国国家版本馆 CIP 数据核字第 20248DP320 号

书　　名	劳动与智慧同行：新时代劳动教育的思考
	LAODONG YU ZHIHUI TONGXING XINSHIDAI LAODONG JIAOYU DE SIKAO
作　　者	张　玺　王昱程
策划编辑	李承章
责任编辑	李承章
责任校对	白　羽
装帧设计	书宙文化
出版发行	吉林大学出版社
社　　址	长春市人民大街 4059 号
邮　　编	130021
发行电话	0431-89580036/58
网　　址	http://www.jlup.com.cn
电子邮箱	jldxcbs@sina.com
印　　刷	北京厚诚则铭印刷科技有限公司
开　　本	787×1092　1/16
印　　张	14.75
字　　数	270 千字
版　　次	2025 年 3 月　第 1 版
印　　次	2025 年 3 月　第 1 次
书　　号	ISBN 978-7-5768-3715-5
定　　价	75.00 元

版权所有　翻版必究

前　言

在新时代的背景下，大学劳动教育被赋予了新的内涵和使命。它不仅关乎学生技能的培养，更涉及学生价值观的塑造与人格的完善。本书旨在全面而深入地探讨新时代大学劳动教育的理论与实践，以期为教育工作者、学生及对此领域感兴趣的读者提供有益的参考与指导。

本书从劳动教育的理论基础出发，系统梳理了其历史演变、核心概念以及理论基础与意义，为新时代大学劳动教育的内涵和特点提供了理论支撑。在此基础上，详细阐述了大学劳动教育的课程设计、实践环节、职业素养培养、与创新创业能力的结合等方面，提出了具体的实施路径和方法，以期帮助读者全面理解并掌握新时代大学劳动教育的核心要素和实践要求。本书还关注大学劳动教育的评价体系和师资队伍建设，探讨了如何科学合理地评价劳动教育成果，以及如何提升教师的专业素养和教学能力，为大学劳动教育的持续发展提供了有力保障。此外，本书还分析了大学劳动教育与校园文化的关系，以及劳动教育在校园文化建设中的重要作用，进一步丰富了大学劳动教育的内涵和外延。本书对大学劳动教育的未来进行了展望，探讨了其发展趋势、与科技发展的结合以及在新时代背景下的教育使命。随着社会的不断发展和进步，大学劳动教育将不断焕发新的生机和活力，为培养更多具有全面素质和创新能力的新时代大学生做出更大的贡献。

本书既适合作为教育工作者研究劳动教育的参考书籍，也适合学生及广大读者了解和学习新时代大学劳动教育的理论与实践。希望本书的出版能够推动大学劳动教育在新时代的发展与进步，为培养德智体美劳全面发展的社会主义建设者和接班人贡献力量。

张玺

目 录

第一章　劳动教育的理论基础 ················· 1
　　第一节　劳动教育的历史演变 ················· 1
　　第二节　劳动教育的核心概念 ················· 9
　　第三节　劳动教育的理论基础及意义 ············ 16

第二章　新时代大学劳动教育的内涵 ············ 24
　　第一节　新时代大学劳动教育的定义 ············ 24
　　第二节　劳动教育与德育、智育的关系 ·········· 30
　　第三节　新时代大学劳动教育的特点 ············ 39

第三章　大学劳动教育的课程设计 ·············· 44
　　第一节　大学劳动教育课程的目标设定 ·········· 44
　　第二节　大学劳动教育课程内容的选择与组织 ···· 51
　　第三节　大学劳动教育课程的教学方法与创新 ···· 59

第四章　大学劳动教育的实践环节 ·············· 66
　　第一节　大学校内劳动实践基地的建设 ·········· 66
　　第二节　大学劳动实践与专业技能的结合 ········ 74
　　第三节　大学生劳动实践的组织与管理 ·········· 81

第五章　大学劳动教育与职业素养的培养 ········ 89
　　第一节　大学劳动教育与职业道德的关系 ········ 89
　　第二节　大学劳动教育培养团队的合作精神 ······ 96
　　第三节　大学劳动教育中的自我管理与自我提升 ·· 98

第六章　大学劳动教育与创新创业能力的结合 …………… 111
第一节　大学劳动教育中的创新创业理念 …………… 111
第二节　大学劳动实践培养的创新思维 ……………… 118
第三节　大学劳动教育与创业实践的融合 …………… 121

第七章　大学劳动教育的评价体系 ……………………… 130
第一节　大学劳动教育的评价标准 …………………… 130
第二节　大学劳动教育的评价方式 …………………… 141
第三节　大学劳动教育的反馈机制 …………………… 148

第八章　大学劳动教育的师资队伍建设 ………………… 153
第一节　大学劳动教育教师的专业素养 ……………… 153
第二节　大学劳动教育教师的培训与发展 …………… 161
第三节　大学教师对劳动教育的理解与实践 ………… 168

第九章　大学劳动教育与校园文化 ……………………… 176
第一节　大学劳动教育在校园文化建设中的作用 …… 176
第二节　大学劳动教育与校园文化活动的融合 ……… 182
第三节　大学校园文化对劳动教育的促进作用 ……… 189

第十章　大学劳动教育的未来展望 ……………………… 198
第一节　大学劳动教育的发展趋势 …………………… 198
第二节　大学劳动教育与科技发展的结合 …………… 210
第三节　大学劳动教育在新时代的教育使命 ………… 215

参考文献 …………………………………………………… 221

第一章　劳动教育的理论基础

劳动，作为人类社会发展的基石，不仅创造了物质财富，也孕育了丰富的精神文化。从古至今，劳动教育一直是教育体系中不可或缺的一部分，它伴随着社会形态的更迭和教育理念的演变，不断适应着时代的需求与发展。进入新时代，面对日新月异的科技变革和社会发展的新挑战，劳动教育被赋予了新的内涵和使命。本章将从劳动教育的历史演变出发，探讨其核心概念、理论基础及深远意义，旨在为深入理解新时代大学劳动教育奠定坚实的理论基石。

第一节　劳动教育的历史演变

从原始社会的生存技能传授到古代文明中的教育体系融入，再到近代工业革命背景下的转型与变革，直至当代社会对劳动教育的新要求，劳动教育始终承载着培养个体适应社会、服务社会的重要使命。本节将追溯劳动教育的历史脉络，探讨其在不同社会背景下的演变过程，以期揭示劳动教育发展的内在逻辑与未来趋势。

一、劳动教育内涵与特征

笔者从马克思主义劳动理论出发且结合中国具体实际，对劳动教育的内涵与特征进行了理论阐释，并以此为逻辑进路对劳动精神的内涵进行了深入的剖析。从人学论定义劳动教育，劳动教育是基于人、培养人和发展人的教育，是体现社会主义性质和实现人的全面发展的教育，它离不开劳动对象、劳动方式、劳动过程、劳动关系、劳动成果等基本载体。从教育维度厘定劳动教育，劳动教育是一种与人的日常生活劳动、生产劳动和服务性劳动等结合的教育活动，是共产主义道德教育的重要组成部分，具有明显的政治伦理属性。从课程视角诠释劳动教育，劳动教育是学校课程中传承历史比较悠久的一门实践类课程。从层次论界定劳动教育，学校的劳动教育包括通识性的劳动教育和职业性或专业性的劳动教育，它启蒙于家庭、强化于学校、泛在于社会。

时代性、实践性、综合性、适度性构成劳动教育的基本特征。新时期的劳动教育具有本质自然性、目标改造性、概念发展性、内涵统领性、内容联结性、执行适度性、价值召唤性和评价自发性等鲜明特征。

劳动精神作为劳动教育的重要内容也引起了学界的高度关注，它是指劳动者在劳动中展现出的精神状态、精神面貌、精神品质。新时代劳动精神发展了马克思主义劳动价值观的思想精髓，在劳动人格上倡导尊重劳动、在劳动权利上倡导劳动平等、在劳动使命上倡导劳动神圣、在劳动实践上倡导劳动创造、在劳动成就上倡导劳动光荣，共同构成了劳动精神的核心内涵。劳动精神是以劳动为基础的精神信仰，是劳动事实与劳动价值、马克思主义劳动历史观与劳动认识论的高度统一。

二、古代社会的劳动教育起源

（一）原始社会的劳动技能传授

在原始社会，劳动技能的传授是确保部落生存和繁衍的关键环节。面对严酷的自然环境和有限的资源，原始人类必须掌握一系列狩猎、农耕等基本技能，以便有效地获取食物和其他生活必需品。这些技能不仅关乎个人的生存，更直接关系整个部落的福祉。

成年人作为部落中的经验者和智者，承担着向青少年传授劳动技能的重要责任。他们通过实际操作和口头指导相结合的方式，将狩猎、农耕等生存技能传授给年轻一代。在实际操作中，成年人会亲自示范如何正确使用工具、如何捕捉猎物、如何耕种土地等，让青少年通过观察和模仿来学习。他们还会口头解释每个步骤的原理和注意事项，帮助青少年理解并掌握这些技能。这种劳动技能的传授不仅仅是一种生存技能的传递，更是一种文化和传统的延续。通过学习和实践这些技能，青少年不仅能够掌握自给自足的能力，还能够为部落做出贡献，成为部落中不可或缺的一员。这种技能的传授和学习的过程，也是原始社会人类成长和发展的重要组成部分。

（二）古代文明中的劳动教育

随着古代文明的兴起，劳动在教育体系中的地位逐渐凸显。古埃及、古希腊和中国等古代文明，尽管对劳动的看法和重视程度各不相同，但普遍都认为劳动是生活不可或缺的一部分，也是个人成长和社会发展的重要因素。在古代中国，劳动教育被视为培养学生全面发展的重要组成部分。通过参与农耕、手工艺等劳动实践，学生们不仅能够学到实用的生活技能，还能够深刻理解劳动的价值和意义，进而培养出勤劳、自律等优秀品质。在其他古代文明中，劳动教育也占据着重要地位。在古埃及，孩子们被教导学习各种手工艺和建筑技能，以便为未来的社会生活做好准备。在古希腊，劳动被视为一种美德，学生们通过参与劳动来培养坚忍不拔的精神和自给自足的能力。古代文明中的劳动教育不仅注重实用技能的培养，更强调劳动对个人品德和社会责任感的培养。这种教育理念对于当时的社会发展和个人成长都起到了积极的推动作用。

（三）古代劳动教育的特点与影响

古代劳动教育具有鲜明的实践性和生活性特点，与生产生活紧密结合，使得学生们能够在实践中学习并掌握各种实用技能。这种教育方式不仅注重知识的传授，更强调技能的实践和应用，使学生们能够更好地适应社会生活的需求。通过参与实际的劳动活动，学生们不仅能够学到农耕、手工艺等实用技能，还能够更深入地理解生活的本质和社会的运作方式。他们学会了如何与自然和谐相处，如何利用自然资源满足生活需求，同时也体会到了劳动的艰辛和价值。这种深刻的生活体验使得学生们更加珍惜劳动成果，也更加尊重和理解劳动人民的付出。

古代劳动教育对古代社会经济的发展和文化传承产生了深远的影响。

通过劳动教育，古代社会培养了一代又一代勤劳、有技能的劳动力，这些劳动力不仅为社会的繁荣和发展做出了重要贡献，也推动了古代社会经济的不断进步。劳动教育也促进了文化的传承和创新。在劳动实践中，许多技能和知识都是通过口口相传、手把手教的方式代代相传的，这种传承方式不仅保留了传统文化的精髓，也使得文化在传承中不断得到创新和发展。

三、近代劳动教育的发展与变革

（一）工业革命对劳动教育的影响

工业革命是一次前所未有的生产方式变革，它标志着机器生产逐渐取代了手工劳动，生产效率得到了极大的提升。这一变革不仅改变了生产方式，也带来了劳动力需求的巨大变化。新兴工业需要大量具备特定技能的劳动力来操作机器、管理生产线等，而传统的手工劳动技能已无法满足这种需求。为了适应这种变化，学校教育中开始注重工业技能和职业训练。传统的教育内容和方法，如古典文学、历史等，虽然对于培养学生的文化素养和思维能力有重要作用，但已逐渐无法满足新兴工业对技能型劳动力的迫切需求，教育系统开始进行调整，以适应新的社会现实。

学校开始引入更多与工业生产相关的课程，如机械原理、工艺技术、生产管理等，以使学生掌握必要的工业知识和技能。这些课程的设置旨在使学生能够更好地适应新兴工业的生产方式，成为具备实际生产能力的劳动力。学校也开始注重实践训练，为学生提供更多的机会进行实际操作和技能训练。通过实践训练，学生能够更好地理解和掌握所学的工业技能，也能够培养实际操作能力和解决问题的能力。这种实践训练对于培养学生的职业素养和实际操作能力具有重要意义。工业革命对劳动教育产生了深远的影响。它推动了学校教育的调整和改革，使教育更加注重工业技能和职业训练，以适应新兴工业对技能型劳动力的需求。这种变革不仅影响了教育内容和方法，也改变了人们对教育的看法和期望，使教育更加紧密地与社会生产和经济发展相联系。

（二）近代教育家的劳动教育思想

近代的一些著名教育家，如夸美纽斯和卢梭，对劳动教育提出了深刻而独到的见解，他们的思想为近代劳动教育的发展奠定了坚实的理论基础。夸美纽斯深刻地认识到劳动教育在人的全面发展中的重要作用。他强调，劳动教育不仅仅是一个传授技能的过程，更是一个塑造人的品格、磨炼人的意志和增强人的实践能力的重要途径。他认为，通过劳动教育，学生可以学会勤劳、节俭、自律等美德，这些品质对于他们的成长和未来的发展具有不可估量的价值。卢梭对劳动教育也有着独特的理解。他主张，劳动教育应该使儿童了解社会的运作方式，让他们从小就学会如何与社会、与他人相处。他认为，通过劳动教育，儿童可以培养自己的独立性和自主性，学会依靠自己的力量去生活、去创造。

这些教育家的思想，无疑为近代劳动教育的发展提供了重要的理论支撑。他们的理念不仅影响了当时的教育实践，也对后世的教育改革产生了深远的影响。他们的思想强调了劳动教育在人的全面发展中的重要作用，提倡通过劳动教育来培养学生的品格、意志和实践能力，这些理念至今仍然具有重要的指导意义。

（三）近代劳动教育的实践与探索

在近代，随着工业革命和现代化进程的推进，各国纷纷认识到劳动教育的重要性，并纷纷开设了劳动教育课程，编写了相应的教材。这些课程旨在教授学生实际的工业生产技能，使他们能够更好地适应社会的需求，成为有用之才。劳动教育的实践在各国呈现多样化的特点。一些国家将劳动教育纳入学校课程体系，设置专门的劳动课程，教授学生工业生产的基本知识和技能。这些课程注重理论与实践的结合，通过实际操作和模拟训练，使学生掌握实用的劳动技能。学校还与企业、工厂等合作，为学生提供实习机会，使他们能够在真实的工作环境中亲身体验劳动的过程。除了技能传授，劳动教育还注重培养学生的劳动观念、劳动习惯和劳动精神。学校通过组织各种劳动活动，如校园清洁、农田劳作等，让学生亲身参与劳动，体验劳动的艰辛和乐趣。这些活动旨在培养学生勤劳、自律等品质，使他们形成正确的劳动价值观。

劳动教育也被视为培养工人阶级的重要途径。通过教育提升工人的技能和文化水平，能够使他们更好地适应工业生产的需求，提高生产效率和质量。这不仅有助于推动工业的发展，也促进了社会的进步和繁荣。劳动教育还注重培养学生的社会责任感和公民观念，使他们成为有社会责任感和生产能力的公民，为社会的发展做出贡献。

近代劳动教育的实践与探索取得了显著的成果。各国通过开设劳动教育课程、编写教材、组织实践活动等方式，为学生提供了全面的劳动教育。这不仅培养了学生的实用技能和职业素养，还塑造了他们的劳动观念和劳动精神。这些成果对于推动社会的进步和发展具有重要意义。[1]

四、当代劳动教育的转型与创新

（一）当代社会对劳动教育的新要求

随着科技的飞速进步和社会的不断发展，当代社会对劳动教育提出了新的要求。科技进步和社会发展对劳动力素质提出了更高的标准，在知识密集型和技术密集型产业日益占据主导地位的今天，劳动力不仅需要具备基本的操作技能，更需要拥有创新思维、问题解决能力和持续学习的能力。这就要求劳动教育不仅要传授传统的工艺技能，更要注重培养学生的科技素养和创新能力。

全球化背景下劳动教育的国际交流与合作也日益重要。在全球化的浪潮中，各国经济、文化、教育等领域的交流与合作日益频繁，劳动力市场的国际化趋势也日益明显。劳动教育需要更加注重国际视野的培养，使学生了解不同国家和地区的劳动文化、劳动法规以及劳动市场的发展趋势，提高他们的国际竞争力和适应能力。

（二）当代劳动教育的理念与目标

面对当代社会对劳动教育的新要求，劳动教育的理念与目标也需要

---

[1] 袁利平，李君筱．我国劳动教育研究的知识图谱与未来展望〔J〕教育学术月刊，2021．（3）：18－26．

进行相应的转型与创新。当代劳动教育强调创新精神、实践能力和社会责任感的培养。在传授知识技能的同时，更加注重激发学生的创新思维，培养他们的实践能力和解决问题的能力。通过劳动教育引导学生关注社会问题，培养他们的社会责任感和公民观念，使他们成为有担当、有作为的社会成员。劳动教育在促进人的全面发展中的新定位也更加明确。当代劳动教育不再局限于职业技能的培训，而是更加注重人的全面发展。它致力于培养学生的综合素质，包括认知能力、情感态度、价值观念、行为习惯等多个方面。通过劳动教育，使学生不仅在职业技能上得到提升，更在人格品质、道德素养、社会适应能力等方面得到全面发展。

（三）当代劳动教育的创新路径

伴随着数字技术的深入发展，以数字技术赋能劳动教育的理念与实践日益为社会所认可和接受。劳动教育与数字技术的深度融合有效地增强了教育的技术含量，推动了劳动教育的智能升级与融合创新。劳动教育的数字化转型要处理好劳动价值观与劳动技能、体力劳动与脑力劳动、传统劳动教育与数字劳动教育等多对关系。数字化背景下劳动教育的创新发展既要发挥好数字技术的独特优势，又要深刻认识到传统劳动教育在培育劳动精神中的有效作用，构建混合式的劳动教育模式。

第一，强化教育者的数字思维。劳动教育作为教育领域的重要组成部分，必须主动适应时代发展，提升教育者的数字化思维。

第二，建设劳动教育的数字化基础设施，为教育者提供有力的信息化支撑。引导教育者利用数字技术赋能大学生劳动教育，必须强调电子设备、信息平台等网络环境的建设，为教育者夯实劳动教育数字化转型的基础力量。高校要加大资源的投入，不断加强学校的数字化基建，优化和升级数字化基础设施、硬件条件、学习平台与智能工具。

第三，整体上提升劳动教育队伍的数字化素养。推进教育者形成数字化素养是深入推进劳动教育数字化转型的关键环节。高校可以通过示范培训与朋辈带动等多种方式，引导教育者深入学习数字技术的原理，提升运用数字技术的意识与能力。教育者养成良好的信息意识、计算思维与数字工具运用能力，不仅有助于创新各种数字劳动教育的形式，而且能够主动研发数字劳动教育课程。

第四，发挥数字技术优势。强化劳动教育感知体验劳动教育要充分利用数字技术优势，运用虚拟技术为劳动教育搭建数字化的劳动教育实践平台。劳动教育要突破传统劳动教育局限于固定物理时空的不足，运用虚拟技术推动其向智能化发展。劳动教育既要组织好学生投身到日常劳动、生活劳动、志愿服务劳动等劳动形式之中，又要开发虚拟仿真等技术平台，为学生塑造具有强烈交互性、体验性的劳动场景。虚拟仿真劳动教育不仅能够有效地突破人力、物力等许多限制，而且其教学变量能够自由调节，为学生呈现具有高重复性的劳动实践形态，增加了劳动教育的覆盖面与复用率。在虚拟仿真平台中，高校能够利用可改变的教学变量，引入各种突发的环境变量，促使学生能够充分置身于各种可能面临的劳动场景，提升劳动能力。

引入数字劳动形式，探索混合式劳动教育。劳动教育必须不断增强时代适应性，为学生融入未来数字社会做好充分准备，可以充分吸收数字技术的优势，构建混合式劳动教育。混合式劳动教育"以混合式教学的思想为基础，以劳动教育和数字化技术等的线上线下和校内校外要素为混合单位进行优化组合，以强主体性、强互动性、强联结性、强目的性为取向"。混合式劳动教育根据预期的劳动教育目标，将劳动教育的形式整体划分为线上劳动教育与线下劳动教育。学生既要参与线下面对面的劳动教育实践，又要在线下劳动教育结束之后继续利用线上劳动教育平台进行复盘与深化。既能在线下劳动教育中亲身体验劳作的艰辛，又能利用线上劳动教育课程学习劳动理论知识与分享劳动心得感想。混合式劳动教育还要求在劳动教育过程中，运用大数据、人工智能等技术优势，实现劳动教育形式与学生诉求之间的精准匹配。高校通过计算技术，结合不同学生的专业、兴趣、特长，向他们推送与之相适应的劳动教育内容，能够更好地实现劳动教育过程与大学生需求之间的无缝对接。

劳动教育必须主动适应数字社会的时代趋势，不断促进劳动教育的智能升级与融合升级，形成融教育性、体验性与实践性于一体的混合式劳动教育模式。作为一项系统性工程，数字化背景下劳动教育的转型升级既需要高校不断加大硬件与软件的建设，也需要教育者与学生形成"共同体意识"，助力劳动教育的数字化转型。①

第二节　劳动教育的核心概念

在深入探讨劳动教育的各个方面之前，首先需要明确并理解"劳动教育"这一核心概念。这不仅涉及对劳动教育本身的精确定义，还包括对其涵盖范围和核心要素的清晰界定。为了更全面地把握劳动教育的独特性，有必要将其与相关的教育概念，如职业教育、技术教育等，进行细致的区分。通过这一节的阐述，为后续对劳动教育的深入解析奠定坚实的基础。

一、劳动教育的定义和重要性

（一）劳动教育的定义

劳动教育是指通过组织学生参与劳动实践活动，旨在培养他们的劳动技能、塑造积极的劳动态度，以及树立正确的劳动价值观，从而全面推动学生个人成长的教育过程。在这一过程中，学生不仅学习具体的劳动技巧和方法，更重要的是在实际操作中体验劳动的意义，学习如何与人合作，如何解决问题，以及如何对待劳动成果。

劳动教育具有时代性。1949 年 9 月 29 日通过的《中国人民政治协商会议共同纲领》将"爱劳动"列为国民公德的范畴，随着社会主义改造的完成，以毛泽东同志为核心的党的第一代中央领导集体一致认为应该继续坚持马克思主义劳动观。"文革"时期，受"左"倾错误思想的影响，劳动教育呈现狭隘化趋势，劳动一时被曲解为单纯的体力劳动。到了 1978 年，邓小平再次强调我们要更好地贯彻教育与生产劳动相结合的方针，而这也意味着劳动在生产中的地位重新得到肯定。进入新时代，

---

① 梁琴琴. 新时代高校劳动教育研究［D］. 西华师范大学，2021.

劳动教育是对"德智体美"教育方针的重要补充，丰富了教育目标的内涵，并从根本上回答了新时代"培养什么样的人"的问题。对于这个说法，从目标层面来说，我们所要培养的劳动者不仅是知识型的劳动者，更是能够将劳动知识转化为实践能力的劳动者；从哲学层面来讲，劳动教育即人类"解释世界"和"改造世界"的武器。劳动作为解决发展难题的金钥匙，无论是在历史的长河中，还是在社会主义建设的今天，都是促进社会发展的重要途径。进行劳动教育，就是要帮助人们理解劳动在创造社会财富与促进中华民族伟大复兴中的重要作用。

（二）劳动教育的重要性

劳动教育是马克思主义教育思想和现代教育体系的重要组成部分。加强劳动教育是基于实际需要对我国教育目标的补充和完善，这一内容的改变直接影响着我国教育目的和教育方针的制定，规范着我国人才培养的质量结构，并从根本上回答了社会主义新时期应该"培养什么样的人"的问题。劳动教育直接决定劳动者的精神面貌和劳动技能水平。针对当前社会中存在的劳动异化、不珍惜劳动成果的现象，加强劳动教育不仅可以提高劳动者的素质，还可以树德、增智、强体、育美，为全面建设社会主义现代化国家培养担当民族复兴大任的时代新人。

劳动教育的重要性不容忽视，劳动教育有助于培养学生的实践能力和创新精神。通过亲身参与劳动，学生们能够动手实践，提高解决问题的能力，并激发创新思维。这种实践和创新能力的培养对学生未来的职业发展和个人成长至关重要。劳动教育能够培养学生的团队协作精神和责任感。在劳动过程中，学生们需要与他人合作，共同完成任务，从而培养出团队协作意识和集体荣誉感。通过承担劳动责任，学生们也能学会担当和负责，形成良好的社会责任感。劳动教育还有助于学生形成正确的价值观和人生观。劳动让学生认识付出与收获的关系，理解劳动的价值和意义。通过劳动教育，学生们能够树立正确的劳动观念，尊重劳动，珍惜劳动成果，形成积极向上的生活态度和价值观。劳动教育在培养学生的实践能力、团队协作精神、社会责任感以及正确的价值观和人生观方面具有重要作用。因此，我们应该充分认识到劳动教育的重要性，积极推动其在教育体系中的实施，为学生的全面发展奠定坚实基础。①②

二、开展劳动教育存在的问题及分析

（一）忽视劳动教育的育人价值

为了满足国家对人才的需求，一些学校将人才曲解为"高分数、高文凭、高学历"，以提高学生文化分数和升学率为目标，取消劳动教育课程，导致国家人才结构畸形发展。另外，一些家长为了给孩子腾出更多的学习时间，包办一切，导致学生日常生活能力的欠缺，不愿劳动、不会劳动成为当代学生群体的普遍现象。

（二）劳动教育形式主义严重

劳动教育应落到实处，反对一切空谈劳动的形式主义现象。这里的形式主义主要指一些学校在落实劳动教育方针时，很少作为或者干脆不作为的现象，常见的有两种情况：第一，重"口号"轻"落实"。为了响应国家政策，表态多而行动少。一些学校为了获得教育部门的认可，制作各种标语、网页宣扬贯彻落实劳动教育的政策，但是在具体的课程安排时，仍然沿袭传统模式，导致课表上的劳动技能课形同虚设。第二，表现为重"面子"轻"里子"。为了应付检查，经常做一些虚假的工作计划和总结，但是在具体的执行中则敷衍了事，尤其是在课程的安排上，往往存在"两张课程表"的现象，导致国家教育方针难以真正落实，劳动育人的目标也很难实现。

（三）劳动教育缺乏整合性

劳动教育是由一系列的劳动要素构成，包括劳动观念的确立、劳动习惯的养成、劳动技能的锻炼……由此形成一个完整的劳动体系，实现劳动育人的目标。然而现实中，往往存在各方面相分离的状况，如大学阶段，根据专业的不同，学校开设具有专业特色的劳动课程，常见的有：

---

① 胡杨. 新时代劳动观教育研究 [M]. 光明日报出版社：2023，206.
② 刘建锋，刘有为，李咸洁. 高校劳动教育理论课教学模式路径创新研究 [M]. 西南交通大学出版社：2023，274.

师范类开设师范教育见习实习；工科类学院开展实践基地培训；生物医学类学院通过仪器设备和场地进行实验与技能操作。一些高校为了加强学生的劳动教育，组织学生开展寒暑假实习等。这些劳动教育方式，从纵向来看，各学段相互配合共同完成了劳动教育目标；但从横向上来看，各个学段劳动教育相互脱离，导致劳动知识的习得、劳动技能的锻炼常常是分阶段进行，难以形成完整体系，而这也是劳动教育必须解决的问题。[①]

三、劳动教育的研究和展望

随着学界对劳动教育关注度的持续提升，研究成果日益丰富，从理论的提出到具体实践的摸索发展中，劳动教育的独特性与综合性育人价值日益凸显，劳动教育的内涵不断丰富，劳动教育实践及其理论研究成为教育研究的重要领域，也为我国相关教育政策和制度的制定提供了重要支撑。有关劳动教育的研究还缺乏内在的主动性与前瞻性，这就迫切需要认真谋划和积极思考未来教育发展的走向，劳动教育研究在适应新的教育发展趋势的过程中呈现五种动向。

（一）中国特色劳动教育研究话语体系

中国特色社会主义教育学研究话语体系是教育良性发展的必要条件。学术界倾向于借鉴西方治理理论与话语体系为中国提供实践性解决方案，但是在实际运用的过程中就需要考虑西方理论在中国教育情境下的适切性。我们需要从中国国情出发，在横向角度上考虑西方劳动教育理论体系在我国的合理性转化，在纵向角度上反思我国教育理论传统与现代的嵌套关系，着眼于传统时代和信息技术的充分理解和深刻把握，从而创新性地构建符合我国国情的劳动教育理论体系。

在构建中国特色劳动教育研究话语体系的过程中，还应注重跨学科的研究视角与方法融合。劳动教育不仅仅是一个教育学领域的问题，它

---

① 詹青龙，孙欣，李银玲. 混合式劳动教育：数字时代的劳动教育新形态[J]. 中国电化教育，2022（08）：41-50.

还与经济学、社会学、心理学等多学科紧密相连。要关注劳动教育实践的多样性与复杂性。中国是一个地域广阔、人口众多、发展不平衡的国家，不同地区、不同学校、不同学生群体的劳动教育需求和实际情况千差万别。在构建话语体系时，必须充分考虑这种多样性和复杂性，提出具有针对性和可操作性的理论观点和实践策略。还应强调劳动教育的价值导向与社会功能，劳动不仅是个人成长的必经之路，也是社会发展的重要基石。在构建中国特色劳动教育研究话语体系时，要明确劳动教育的价值取向，即培养德智体美劳全面发展的社会主义建设者和接班人，并注重劳动教育在促进社会公平、增进人民福祉等方面的积极作用。在构建中国特色劳动教育研究话语体系的过程中，要不断将理论研究成果应用于实际教学中，通过教学实践来检验和完善理论体系，实现理论与实践的良性互动和共同发展。

（二）劳动教育研究对象一体化发展

要实现劳动教育研究对象的一体化发展，需要打破传统观念中对劳动教育适用对象的局限认识。劳动教育的实施需要注重学段内部以及学段间的衔接性与系统性。这意味着，不同学段的劳动教育不能各自为政，应该在教育目标、内容和方法上保持连贯性和递进性，形成一体化的劳动教育课程体系。这要求我们在制定劳动教育政策时，要有全局观念，注重各学段之间的协调和配合，确保学生在不同学段的劳动教育中都能够获得持续、稳定的发展。还应该加强对辅助群体，如学校教师、相关教育管理者以及家长的劳动教育研究。这些群体在劳动教育中扮演着重要的角色，他们自身的劳动价值观念、对劳动教育的认同度以及劳动习惯等都会对学生产生深刻的影响。我们需要通过培训、研讨等方式提升这些辅助群体的劳动教育素养，使他们能够更好地支持和促进学生的劳动教育发展。实现劳动教育研究对象的一体化发展还需要我们关注社会劳动环境的变化以及对学生劳动观念与技能的新要求。随着社会的不断发展，劳动的形式和内涵也在不断变化。我们的劳动教育也需要与时俱进，不断调整和完善教育内容和方法，以适应社会发展的需要和学生成长的需求。

（三）劳动教育的多学科融合研究

构建"多学科融合"的劳动教育科研团队。学者们多从哲学、社会学、教育学、心理学和历史等学科出发探讨劳动教育，较少有学者运用经济学、政治学、法学等为劳动教育赋能。经济学可以合理分配与整合劳动教育资源，政治学可以提升政策方针的科学化，法学则可以为劳动教育提供法律法规的保障。加之目前劳动教育研究学术群体相对孤立，高质量研究成果较少，因而，学者们对劳动教育的研究需要突破单一学科视角，加强学术交流与沟通，形成多学科融合研究共同体，在沟通交流中共建共享劳动研究资源，从而促进劳动教育研究向纵深化方向发展。

为了推动劳动教育的多学科融合研究，需要采取一系列具体的措施。首先，应该鼓励和支持跨学科的研究合作，打破学科壁垒，促进不同学科之间的交流与融合。这可以通过组织跨学科的研究项目、研讨会和学术会议等方式来实现，让来自不同学科的学者们能够共同探讨劳动教育的相关问题，分享研究成果和经验。其次，加强对多学科融合研究方法的探索和应用。在劳动教育研究中，可以借鉴经济学、政治学、法学等学科的研究方法，如实证分析、政策分析、法律案例分析等，来丰富和完善劳动教育的研究体系。也可以运用这些学科的理论框架和模型，对劳动教育进行更深入、更全面的分析。再次，注重培养具有多学科背景的劳动教育研究人才，不仅可以为劳动教育研究注入新的活力，也可以推动多学科融合研究在更广泛的领域得到应用。最后，为了促进劳动教育的多学科融合研究，我们还需要加强学术成果的共享和传播。可以通过建立劳动教育研究的数据库、出版跨学科的研究著作和期刊等方式让更多的学者和教育工作者了解和应用多学科融合的研究成果，从而推动劳动教育的实践和发展。

（四）质性与量化研究方法的劳动教育探索

已有的劳动教育研究多采用质性研究的方法，缺少量化研究，少有的量化研究也是以个案研究为主，缺少普遍性和可推广性。劳动教育会因区域教育条件的不同而在具体实施上有所差异，但从理论上来讲，量化研究可以大规模收集劳动教育实施概况的基本数据,直观地呈现我国劳动教育的实施现状,同时有助于推动劳动教育质量评价指标的建立,进一步促进劳动教育的体系化发展。在研究方法上,今后应充分促进量化研究和质性研究的有机融合,从而拓宽劳动教育研究的广度和深度。

为了更全面地探索劳动教育的实施现状与效果,需要充分融合质性与量化研究方法。质性研究能够帮助我们深入理解劳动教育的具体过程、参与者的感受和态度,以及劳动教育在实践中的复杂性和多样性。而量化研究则能够通过大规模的数据收集和分析,揭示劳动教育的普遍规律、趋势和问题,为政策制定和教育实践提供更为客观、科学的依据。在设计研究方案时,应同时考虑质性和量化研究的需要,确保研究能够全面覆盖劳动教育的各个方面。在数据收集阶段,可以综合运用问卷调查、访谈、观察等多种方法,以获取丰富、多元的研究数据。在数据分析阶段,则可以运用统计分析和内容分析等方法,对量化数据和质性数据进行整合和解读,以形成更为全面、深入的研究结论。我们还应注重劳动教育研究的实践导向和应用价值。研究不应仅仅停留在理论层面,而应紧密结合劳动教育的实际需求和问题,提出具有针对性和可操作性的建议和解决方案。通过质性与量化研究方法的有机融合,我们可以更好地揭示劳动教育的本质和规律,为推动劳动教育的改革和发展提供有力的支持。

(五)系统性整合式劳动教育主题研究

劳动教育研究主题日趋多元化,从现实境遇和价值理念两个维度出发,囊括劳动教育的内涵、主要特征、实施状况等,并且对劳动教育现实境遇的关注远多于价值理念的研究。现实境遇研究聚焦在学校劳动教育课程的设置现状、困境以及路径等方面。价值理念问题研究多基于马克思主义劳动观,聚焦劳动教育所应具备的时代特征与价值导向,为实践提供理论指导。今后,在更多关注劳动教育价值理念的基础上,应当将现实境遇与价值理念问题结合起来,从全局性的视角解决二者相互脱节的现状。

为了实现系统性整合式劳动教育主题研究,需要采取更加全面和协调的研究策略。这意味着，不仅要继续关注劳动教育的现实境遇，深入剖析其课程设置、实施状况以及面临的困境，还要加强对劳动教育价值理念的探究，明确其在新时代背景下的特征与价值导向。在整合现实境遇与价值理念的研究过程中，我们应注重二者之间的内在联系和相互作用。现实境遇是劳动教育实践的土壤，而价值理念则是其灵魂和指引。只有将二者紧密结合，才能形成对劳动教育的全面、深入的理解。可以通过案例研究、行动研究等方法，深入考察不同地区、不同类型学校劳动教育的实施情况，揭示其成功经验和存在的问题。还可以运用文献分析、历史研究等方法，深入挖掘劳动教育的历史渊源、理论基础和价值内涵，为实践提供更为坚实的理论支撑。我们还应注重跨学科的研究视角，借鉴教育学、社会学、经济学、政治学等多学科的理论和方法，对劳动教育进行更为全面、深入的分析。这将有助于我们揭示劳动教育的复杂性和多样性，提出更具针对性和可操作性的建议和解决方案。①

第三节 劳动教育的理论基础及意义

劳动教育作为教育体系的重要组成部分，其深厚的理论基础和广泛的意义不容忽视。本节将首先深入探讨劳动教育的理论基础，着重分析马克思主义关于人的全面发展理论与劳动教育的内在联系，并简要提及其他相关理论或哲学观点对劳动教育的有力支持和深入阐释。本节将进一步分析劳动教育对于个人发展和社会进步的深远意义，阐述其在促进个人全面发展、培养实践能力、塑造良好品格等方面所发挥的关键作用，同时讨论劳动教育对于社会经济发展、文化传承和创新、社区建设等方面的积极贡献。

---

① 程启寅. 智能时代：劳动教育数字化发展新路径研究 [J]. 宁德师范学院学报. 2022（03）：32-37.

一、劳动教育的理论基础

劳动是劳动教育的实践基础，劳动教育是劳动的理论升华。劳动是创造物质财富和精神财富的过程，是人类特有的基本社会实践活动。劳动教育是发挥劳动的育人功能，对学生进行热爱劳动、热爱劳动人民的教育活动。实施劳动教育重点是在系统的文化知识学习之外，有目的、有计划地组织学生参加日常生活劳动、生产劳动和服务性劳动。新时代劳动教育是劳动和教育的结合，是一种以培养人形成正确的劳动意识、劳动习惯，提高劳动素养等为主要内容的教育活动，与劳动有着本质区别。与过去劳动教育强调技术的工具性价值不同，新时代的劳动教育突出了育人属性，注重个体的存在性内在价值。

（一）马克思主义劳动观

马克思主义劳动观从历史唯物主义的视角出发，是在持续对传统劳动观的思辨与反思基础上形成和演进的。从哲学角度看，马克思主义劳动观揭示了劳动是人类与动物的本质区别。现实的个人作为一个真实存在的生命体，需要一定的物质生产资料来维系其生存。为了满足生存生活，需要不断地进行生产实践，将劳动与教育相结合，对"现实的人"进行劳动教育。从经济学角度看，马克思主义劳动观揭示了自由劳动与异化劳动之间的关系。生产力的飞速发展和社会分工的不断扩大，使劳动逐渐异化。劳动仅仅成为满足人民生存的手段，将劳动力逐渐物化，阻碍了社会的和谐发展。劳动异化使工人的身体和精神饱受折磨，劳动者的想象力与创造性被大大泯灭，人与人的关系被金钱、资本、商品包围和笼罩，严重冲击着社会价值观。因此，必须正确认识劳动，重视劳动教育的作用，克服和超越异化，使人的类本质复归。[①]

（二）中国共产党的劳动教育理论

中国共产党历届领导人十分重视劳动教育，积累了许多理论。党的

---

① 许梦宇. 新时代劳动教育的理论探索与思考 [J]. 法制与社会，2020（17）：247-248.

劳动教育理论建立在马克思主义劳动观基础上，并不断创新。中国共产党成立后，毛泽东同志坚持在实践中寻求真知，重视劳动与生产实践相结合，重视劳动在人类社会发展中的作用，正确认识脑力劳动和体力劳动，为马克思主义劳动观中国化作出了重大贡献。邓小平同志提出把教育与生产劳动相结合，要求不断创新内容与方法。江泽民同志在党的十六大报告中指出，要全面推进素质教育，造就数以亿计的高素质劳动者。高度重视通过教育培养高素质创新人才。胡锦涛同志在2008经济全球化与工会国际论坛开幕式上指出让广大劳动者实现体面劳动。新时代以来，习近平总书记在多个场合提及劳动和劳动教育的重要性，指出"劳动是一切幸福的源泉""劳动者素质对一个国家、一个民族发展至关重要"，并且明确提出要"把劳动教育纳入人才培养全过程"①等，这是对劳动教育更全面的表述。

（三）中华优秀传统文化中的劳动教育理念

中国人民自古重视劳作，崇尚和热爱劳动是中华民族的传统美德之一，是新时代劳动教育思想最深厚的文化滋养。中华民族热爱劳动、勤俭节约，我们要继承和发扬先辈们吃苦耐劳的精神，将劳动教育紧密融入日常生活中。一是提倡尊重劳动。早在春秋战国时期，墨家代表了一股强烈的尊重劳动和劳动者的思想潮流。随着社会生产的不断发展，唐宋时期更加深刻地体现了对劳动的高度尊重和对劳动者的崇敬。通过尊重劳动，人们充分认识到劳动是创造价值的唯一源泉，从而更好地重视劳动并加强自身的劳动实践。二是号召勤俭节约。"勤"可被视为人类在创造物质财富的活动过程，而"俭"则反映了个体对待所创造物质的态度，这两者之间存在着密切的联系，共同构筑了人与物质世界之间的互动闭环。勤俭节约的概念不仅仅是尊重劳动的外在表现，更深层地反映了中华民族的价值取向和道德风尚。三是鼓励积极劳动。勤于劳动是中华民族漫长历史中培育出的崇高品德，亦是不断扩大物质产出的内在要

---

① 习近平. 在全国劳动模范和先进工作者表彰大会上的讲话【EB/OL】https://www.gov.cn/xinwen/2020-11/24/content_5563928.htm

求。中华文明之所以能够持久传承，实质上归因于中华儿女的坚忍不拔、奋发向前的杰出品格。从中华优秀传统文化中汲取劳动教育的智慧，对新时代推进劳动教育具有重要指导意义。

二、劳动教育对于个人发展和社会进步的意义

（一）个人发展的意义

1. 培养生活技能和职业能力

劳动教育为个体提供了一个学习和实践各种生活技能和职业技能的平台。这些技能涵盖了从基本的烹饪、清洁到更专业的园艺、手工艺等各个领域。在烹饪课程中，个人可以学会如何准备食材、掌握不同的烹饪技巧，并了解食物的营养价值；在清洁课程中，个人可以学习如何有效地管理家务，保持生活环境的整洁和卫生；在园艺课程中，个人可以学习如何种植和养护植物，享受与大自然的亲密接触；在手工艺课程中，个人可以发挥创造力，制作出独一无二的手工艺品。这些技能不仅在日常生活中非常实用，能够提升个人的生活自理能力，还能在紧急情况下发挥重要作用，使个人能够更好地应对生活中的各种挑战。劳动教育不仅仅局限于生活技能的培养，它还与职业发展紧密相连。通过参与劳动教育活动，个人可以更早地接触和了解不同的职业领域，从而发现自己的职业兴趣和潜力。这种早期的职业探索对于个人的职业规划至关重要，它可以帮助个人在未来的职业生涯中做出更加明智的选择。劳动教育还可以培养个人的职业规划能力，使个人学会如何制定职业目标、规划职业发展路径，并不断提升自己的职业素养和竞争力。这些能力对于个人在职业生涯中的成功至关重要，它们可以帮助个人更好地适应职业环境的变化，实现职业发展的持续性和稳定性。

2. 促进身心健康

劳动教育强调身体力行，通过参与各种劳动活动，不仅能够对个人的身体健康产生积极影响，还有助于维护心理健康。从身体健康的角度来看，劳动教育为个体提供了丰富的身体锻炼机会。无论是进行体力劳动还是脑力劳动，都需要消耗一定的体力，从而促进血液循环、增强肌肉力量、提高身体协调性。例如，在农田里耕作、在工厂中操作机器、在家庭中进行日常清洁和整理等，这些活动都需要个体亲身参与，付出一定的体力。长期坚持下来，不仅有助于增强体质，提高免疫力，还能够预防一些因缺乏运动而导致的慢性疾病。从心理健康的角度来看，劳动教育同样发挥着重要作用。在现代社会中，人们面临着各种各样的心理压力和挑战。而劳动作为一种积极的活动方式，能够帮助个体在劳动过程中得到放松和愉悦，从而缓解心理压力。这是因为劳动往往需要个体集中注意力、专注于手头的任务，这种专注状态有助于个体暂时忘却烦恼、摆脱焦虑情绪。通过劳动取得的成果和成就也能够给个体带来满足感和自豪感，进一步提升心理健康水平。

3. 培养责任感和独立性

劳动教育在培养个人的责任感和独立性方面起着至关重要的作用。在劳动过程中，个人需要对自己的工作负责，确保按时完成任务，并达到一定的质量标准。这种对工作的责任感不仅有助于培养个人的自律性和自我管理能力，还能够使他们在面对困难和挑战时更加坚定和勇敢。通过承担劳动中的责任和义务，个人可以逐渐意识到自己的行为对他人和社会的影响，从而培养出更强的社会责任感和公民观念。劳动教育还有助于提升个人的独立性和自主性。在劳动过程中，个人需要独立思考和解决问题，这要求他们具备一定的自主性和创造性。通过不断地尝试和实践，个人可以逐渐掌握更多的技能和知识，增强自己的自信心和独立能力。这种独立性和自主性不仅有助于个人在职业生涯中的成功，还能够使他们在日常生活中更加自立自强，更好地应对各种挑战和变化。

4. 提升社会适应能力和团队合作精神

劳动教育不仅关注个人技能的培养，还着重于提升个体的社会适应能力和团队合作精神。这两方面能力的培养对于个人在社会中的成功与和谐共处至关重要。劳动教育经常在团队环境中进行，这为个体提供了学习团队合作和沟通协调的绝佳机会。在团队中，每个人都有其特定的角色和责任，需要相互配合以达成共同的目标。这样的环境促使个体学会倾听他人的意见,理解并尊重不同的观点,同时也学会表达自己的想法和需求。通过不断地沟通和协调,团队成员能够共同解决问题,克服挑战,从而培养出强烈的团队合作精神。这种精神不仅在工作中受益,也能帮助个体在日常生活中更好地与他人相处。通过参与劳动活动,个体能够更深入地了解社会的运作机制和价值体系。劳动是社会生活的基础,通过参与不同类型的劳动,个体可以观察到社会的多样性,理解不同职业和角色的重要性,以及它们是如何相互关联和依存的。这种理解有助于个体更好地融入社会,适应不同的社会环境和情境。劳动教育也能帮助个体发展出适应社会变化所需的能力和态度,使他们能够在快速变化的社会中保持竞争力和适应性。

5. 塑造积极价值观和人生观

劳动教育在塑造个人的积极价值观和人生观方面起着至关重要的作用。它不仅能够帮助个人培养出勤劳、节俭、自律等积极品质,还能够通过劳动实践让个人更深刻地理解生活的意义和价值,从而形成更加积极向上的人生观。劳动教育有助于培养个人勤劳、节俭、自律等积极品质。在劳动过程中,个人需要付出努力和时间来完成任务,这种经历让他们深刻体会到勤劳的价值。劳动也往往与资源的有限性相关,这让个人学会珍惜和节俭。自律则是劳动过程中不可或缺的品质,因为它要求个人按时完成任务、遵守规则,这种自律精神也会渗透到他们的日常生活中。这些积极品质不仅是个人成长和发展的重要基石,也是他们在社会中立足的根本。通过劳动实践,个人可以更深刻地理解生活的意义和价值。劳动不仅仅是谋生的手段,更是一种创造和实现自我价值的方式。在劳动中,个人可以体验到成就感、满足感和自豪感,这些感受让他们更加珍惜和热爱生活。劳动也让个人更加关注社会和他人的福祉,因为他们意识到自己的劳动成果可以为社会带来积极的变化。这种对生活和社会的深刻理解有助于个人形成更加积极向上的人生观。[1]

---

[1] 覃优军,曹银忠. 近年来国内学界劳动教育问题状况述评[J]. 中共山西省委党校报,2021,44(03):124-128.

(二）社会进步的意义

1. 加强顶层设计，贯彻落实方针政策

中国共产党以马克思主义为指导思想，秉持对中国国情和中华传统文化的深刻理解，进行了系统而深入的研究，在不断的发展中形成了独具特色的劳动教育理论。党的劳动教育既强调顶层设计，又注重实践探索，具有极为重要的社会发展和国家战略价值。实施劳动教育必须始终坚持党的领导，加强顶层设计，切实贯彻有关方针政策。建立全面的劳动教育保障体系，保证方针政策的有效实施。各级政府机构需深入研究相关教育文件，深刻理解劳动教育政策，根据实际情况制定切实可行的实施方案，以政策支持为核心，确保政策顺利执行。必须灵活处理"共性"与"个性"的关系，在坚持总体原则的前提下，根据地方实际情况制定具体细则。落实问责制度，防止政策的象征性执行。健全的问责制度能够对政策的有效实施产生积极的影响。地方政府应明确问责主体，制定明晰的问责标准，并切实实施问责机制，以确保劳动教育政策的有效贯彻和实际成效。建立三方合力育人机制，协同社会、学校和家庭教育力量。为有效贯彻新时代劳动教育政策，社会需积极营造尊重劳动、热爱劳动的文化氛围，学校要为劳动教育提供坚实的教育支持，家庭要正确引导孩子。只有三方协同努力，才能高效落实政策，促进劳动教育顺利开展。可以充分利用多种媒体工具来引导舆论，广泛宣传新时代劳动教育的重要性，激发活力。

2. 优化课程设置，提升新时代劳动教育质量

劳动教育的质量与课程建设的质量息息相关。《中共中央国务院关于全面加强新时代大中小学劳动教育的意见》明确提出，"在大中小学设立劳动教育必修课程，系统加强劳动教育。"随着人工智能的兴起，传统的劳动教育课程已无法满足时代快速变革的需要。新时代劳动教育的内容、形式和目标等发生了深刻变化，由培养传统的体力劳动者转向培养高科技、高技能的脑力劳动者。提升劳动教育的质量，需要依靠课程支持。劳动课程应注重挖掘综合育人价值。这意味着需要明确教育对象，区分各学段劳动教育的目标和任务，紧跟时代发展步伐，通过不同的途径和

方法来进行教育。大中小学可以设立劳动教育必修课程，系统加强劳动教育。在中小学阶段的科学、地理、物理等课程中，鼓励学生积极参与实地考察和实践活动，以培养科学的学习态度和实践能力。大学阶段将公共基础课和学科专业课与生产实践相结合，引导学生树立正确的劳动观和职业观。在设计劳动教育过程时，要根据当地情况灵活调整，充分挖掘劳动教育资源，持续充实内容，提高课程实效。还可以借鉴其他国家的劳动教育实践经验，结合中国的特点和优势，完善劳动教育课程体系，打造一套高效完整的中国特色劳动教育实践课程，为培养高素质的时代新人打下坚实基础。

3. 发挥劳模榜样作用，弘扬新时代劳动精神

无论是苦干实干的"铁人"王进喜，还是乐于助人的"新时代雷锋"徐虎，以他们为代表的劳动模范，向世人展示了"老黄牛"的光辉形象和为人民服务的精神。这些劳动模范以自身的付出，为国家、社会和人民做出了巨大贡献，彰显了劳动精神的崇高。习近平总书记给郑州圆方集团全体职工的回信中指出，希望广大劳动群众坚定信心、保持干劲，弘扬劳动精神，克服艰难险阻，在平凡岗位上续写不平凡的故事，用自己的辛勤劳动为疫情防控和经济社会发展贡献更多力量。[①]

精神的力量是伟大的。要发挥劳模榜样作用，弘扬新时代劳动精神，通过演讲、广播、板报等多种形式将劳模榜样故事融入学校教育教学中，以先进事迹感动学生，以崇高精神感染学生，以实践动力激励学生，在耳濡目染中形成正确的劳动价值观。邀请劳动模范走进课堂现身说法，将劳动教育与思想政治教育、专业教育、课外实践活动等结合起来，共育学生。全社会大力讴歌劳动者，形成劳动最光荣、劳动最崇高、劳动最伟大、劳动最美丽的社会风尚，使劳动精神内化于心，外化于行。大力弘扬劳动精神，对于树立正确的劳动观，培养各领域高素质的劳动者，培养全面发展的社会主义事业建设者和接班人，全面建成社会主义现代化强国，具有十分重要的意义。

---

① 习近平给郑州圆方集团职工回信勉励广大劳动群众：弘扬劳动精神 克服艰难险阻 在平凡岗位上续写不平凡的故事 [N]. 人民日报，2020 - 05 - 01 (01).

第二章　新时代大学劳动教育的内涵

在新时代的背景下，随着社会经济的快速发展和产业结构的不断升级，大学教育面临着前所未有的机遇与挑战。劳动教育，作为培养学生实践能力、创新精神和社会责任感的重要途径，其内涵与外延也在不断拓展和深化。本章将深入探讨新时代大学劳动教育的定义与范畴，分析其与传统劳动教育的区别，并着重阐述劳动教育与德育、智育的相互关系及其在大学教育中的协同作用。本章还将揭示新时代大学劳动教育的独特性与时代性，探讨其创新点与突破口，以期为推动大学劳动教育的改革与发展提供理论支撑和实践指导。

第一节　新时代大学劳动教育的定义

在新时代的宏观背景下，大学劳动教育被赋予了新的内涵和使命。它不仅承载着培养学生实践技能和职业素养的传统任务，更强调在快速变化的社会环境中，塑造学生的创新精神、社会责任感以及适应未来挑战的能力。本节将首先明确新时代大学劳动教育的具体定义，详细阐述其涵盖的教育目标、内容和方法。随后，通过与传统劳动教育的对比分析，揭示新时代大学劳动教育在理念、内容、实施方式上的革新，并特别强调其在适应性、创新性和前瞻性方面的显著特点。

一、新时代大学劳动教育的定义和范畴

新时代大学劳动教育是指通过有目的、有计划地组织学生参加劳动

实践活动，使其树立正确的劳动观念，培养热爱劳动、尊重劳动人民的情感，掌握基本的劳动知识和技能，形成积极的劳动态度和良好的劳动习惯，进而促进学生全面发展的一种教育活动。

引导学生理解劳动是人类社会存在和发展的基础，是创造物质财富和精神财富的源泉。教育学生认识到劳动对于个人成长的重要性，通过劳动可以磨炼意志、增强体质、提升技能。培养学生尊重劳动、尊重劳动人民的观念，形成积极的劳动态度和价值观。通过体育锻炼和劳动实践活动，增强学生的体质和耐力，提高其进行体力劳动的能力，开设各类劳动技能课程，如手工艺、农业技术、机械加工等，使学生掌握一定的劳动技能和知识。培养学生的思维能力、创新能力和解决问题的能力，提升其进行脑力劳动的能力。教育学生养成勤奋劳动的习惯，不畏惧艰辛，能够持之以恒地进行劳动。培养学生的自律意识，使其在劳动中能够自觉遵守纪律和规定，形成良好的劳动秩序。强调劳动中的责任感，教育学生对自己的劳动成果负责，对团队和集体负责。增强学生的社会责任感和创新精神，鼓励其在劳动中勇于担当、敢于创新。教育学生认识到自己作为社会成员的责任和义务，通过劳动为社会做出贡献。鼓励学生在劳动中勇于尝试、敢于创新，不畏失败，不断寻求新的劳动方式和方法。培养学生的团队协作精神和领导能力，使其在未来的工作中能够成为有担当、有创新精神的劳动者。

讲解劳动在人类社会发展进程中的重要地位和作用，从古至今劳动形式的演变，以及劳动对社会经济、文化、科技等多方面的推动作用。深入分析劳动对个人成长、社会发展的重要意义，强调劳动是实现自我价值、创造社会财富的基本途径。普及劳动法律法规知识，如《中华人民共和国劳动法》《中华人民共和国劳动合同法》《中华人民共和国安全生产法》等，增强学生的法律意识和权益保护能力。根据学生所学专业，开设与之相关的劳动技能课程，如工程类专业学生的机械加工、电子技术实践，农业类专业学生的种植技术、养殖技术等。提供手工艺、烹饪、缝纫等通用劳动技能课程，旨在培养学生多方面的劳动能力和生活技能。根据学生兴趣和爱好，开设如陶艺、木工、编程等特色劳动课程，激发学生的创造力和实践能力。组织学生参与社区服务、环保公益、助老助残等志愿服务活动，让学生在服务中体验劳动的乐趣和价值。与企业、农村、社区等合作，开展社会实践项目，如企业实习、农村社会实践、社区服务等，让学生在真实的工作环境中锻炼劳动技能。鼓励学生结合专业知识进行劳动创新，如创业项目、科技研发、文化创意等，培养学生的创新意识和实践能力。

采用讲解、讨论、案例分析等多种教学形式，确保学生全面理解劳动的基本理论和核心概念。通过教师的示范操作，使学生直观感受劳动技能的运用，初步掌握基本操作方法。结合多媒体教学手段，展示劳动实践的真实场景，增强学生的学习兴趣和参与度。在专业实验室或实训基地，提供充足的实验材料和工具，让学生亲自动手进行操作。实施分组实验，鼓励学生在小组内合作完成实验任务，培养团队协作和沟通能力。教师实时指导，纠正学生在操作过程中的错误，确保学生正确掌握劳动技能。与企业、社区、公益组织等建立合作关系，为学生提供多样化的社会实践机会。要求学生参与社会实践前进行充分准备，制订实践计划，明确实践目标和任务。在社会实践过程中，要求学生记录实践经历，撰写实践报告，分享实践成果和经验。鼓励学生结合所学专业知识，自主提出劳动创新项目，如技术改进、产品开发、服务创新等。提供创新项目所需的资金、场地、设备等资源支持，为学生创造良好的创新环境。定期组织创新项目展示和交流活动，让学生分享创新成果，激发更多的创新灵感。①

二、新时代大学劳动教育与传统劳动教育的区别

（一）理念上的不同

传统劳动教育与新时代大学劳动教育在理念上存在显著的差异，传统劳动教育主要侧重于劳动技能的传授和劳动习惯的培养。它注重学生

---

① 檀传宝. 劳动教育的概念理解——如何认识劳动教育概念的基本内涵与基本特征〔J〕. 中国教育学刊，2019，(2)：82-84.

的体力和手工艺技能的训练，强调通过反复的练习和实践，使学生掌握一定的劳动技能，并养成良好的劳动习惯。这种教育理念在当时的社会背景下具有一定的合理性和必要性，因为那时社会更需要具备基本劳动技能的人才。随着社会的不断发展和进步，新时代大学劳动教育的理念发生了深刻的变化。新时代大学劳动教育不仅关注劳动技能的传授，更加注重培养学生的劳动意识、创新精神和社会责任感。它强调劳动与个人成长、社会发展的紧密联系，认为劳动不仅是获取生活资料的手段，更是实现自我价值、服务社会的重要途径。新时代大学劳动教育致力于培养学生的劳动观念，使其能够正确认识劳动的价值和意义，并积极参与劳动实践。

（二）内容上的差异

传统劳动教育与新时代大学劳动教育在内容上存在显著的差异，传统劳动教育的内容相对单一，主要集中在手工艺、农业技术等传统劳动技能的培养上。这种教育内容的选择，与当时的社会背景和经济发展状况密切相关。在传统社会中，手工艺和农业技术是主要的生产方式，因此，劳动教育的内容也主要围绕这些技能进行展开。随着传统劳动教育旨在培养学生具备基本的劳动能力，以适应社会的需求。社会的不断发展和科技的飞速进步，新时代大学劳动教育的内容更加丰富多样。除了传统的劳动技能培养外，新时代大学劳动教育还涵盖了劳动理论知识的传授、劳动技能的训练以及劳动实践的体验等多个方面。在劳动理论知识方面，学生将学习劳动的历史、意义、作用以及劳动法律法规等知识，以形成对劳动的全面认识。在劳动技能训练方面，新时代大学劳动教育不仅关注传统技能的培养，还注重与现代科技和产业相关的技能训练，如机械加工、电子技术、信息技术等。新时代大学劳动教育还强调劳动实践的体验，通过组织学生参与各种形式的劳动实践活动，如志愿服务、社会实践、实习实训等，让学生在实践中体验和感悟劳动的价值和意义。

（三）实施方式上的变化

传统劳动教育与新时代大学劳动教育在实施方式上有着显著的不同，

传统劳动教育主要采用课堂教学和师父带徒弟的方式进行。在课堂教学中，教师通过讲解和示范，向学生传授劳动技能和知识。而师父带徒弟的方式则是一种更为传统的技艺传承方式，徒弟在师父的指导下，通过模仿和实践，逐渐掌握劳动技能。然而，这两种实施方式都相对注重理论知识的传授和技能的模仿，实践机会相对较少，导致学生缺乏足够的动手能力和实践经验。新时代大学劳动教育更加注重理论与实践的结合。除了课堂教学外，新时代大学劳动教育还通过实验操作、社会实践以及创新项目等多种实施方式，为学生提供更多的实践机会和创新空间。在实验操作中，学生可以在实验室或实训基地进行实际操作，提高动手能力和实践能力。通过社会实践，学生可以走出校园，参与社会公益活动或实习实训，将所学知识应用于实际劳动中，增强社会责任感。新时代大学劳动教育还鼓励学生结合专业知识进行劳动创新，通过创新项目等方式，培养学生的创新意识和实践能力。

（四）新时代大学劳动教育的特点

新时代大学劳动教育展现出独特的适应性、创新性和前瞻性特点。新时代大学劳动教育更加注重适应快速变化的社会环境。在当今社会，技术革新、产业升级和市场变化日新月异，对人才的需求也在不断演变。新时代大学劳动教育强调培养学生的适应能力和应变能力，使他们能够灵活应对未来的挑战和不确定性。通过多元化的教学内容和灵活的教学方式，学生被鼓励发展跨学科的知识和技能，以更好地适应多变的社会环境。新时代大学劳动教育鼓励学生勇于尝试、敢于创新。创新是推动社会进步和发展的重要动力。新时代大学劳动教育注重培养学生的创新意识和实践能力。通过创新项目、科研活动和社会实践等方式，学生被赋予更多的自主权和创造空间，激发了他们的创新思维和解决问题的能力。这种教育方式旨在培养学生的创业精神和创新能力，使他们能够在未来的职业生涯中成为行业的领军人物。新时代大学劳动教育不仅关注学生的当前发展，更注重其长远规划，旨在培养学生的前瞻性思维和可持续发展的能力。通过引导学生关注社会趋势、行业发展和全球挑战，鼓励学生思考未来的职业道路和社会责任，注重培养学生的终身学习能力和自我提升意识，使他们能够在不断变化的社会中保持竞争力和创造力。[1]

三、新时代大学劳动教育的实施策略与挑战

（一）实施策略

设计涵盖劳动理论、劳动技能和劳动实践的多元化课程体系。结合不同专业的特点，开设与专业相关的劳动技能课程。引入跨学科内容，培养学生的综合能力和创新思维。采用翻转课堂、项目式学习等现代教学方法，增强学生的学习主动性和实践能力。利用信息技术手段，如虚拟仿真、在线学习平台等，丰富教学手段和资源。鼓励教师进行教学研究，不断探索适应新时代要求的劳动教育教学方法。加强校内实验室和实训基地的建设，提供充足的实验材料和工具，与企业、社区等建立合作关系，拓展校外实践基地，为学生提供多样化的社会实践机会。鼓励学生参与志愿服务、社会公益等活动，将劳动教育与社会服务相结合。建立多元化的评价体系，包括过程评价、结果评价和自我评价等。注重对学生劳动态度、劳动技能和劳动成果的全面评价。引入社会评价元素，让企业、社区等参与到学生的劳动评价中来。[2]

（二）面临的挑战

需要改变传统的劳动教育观念，确立新时代劳动教育的理念和目标，加强对教师的培训和教育，使其能够适应新时代劳动教育的要求，新时代劳动教育需要更多的资源投入，包括资金、设备、场地等。需要探索多元化的资源筹措机制，如政府资助、社会捐赠、校企合作等。为学生提供足够的实践机会，需要学校与社会各方面的紧密合作，需要建立稳定的校外实践基地合作关系，确保学生能够获得丰富的实践体验。建立

---

[1] 汤守宏. 新时代大学生劳动精神培育路径构建研究 [J]. 职业, 2024, (08)：39-42.

[2] 陈明霞. 新时代大学生劳动教育与闲暇教育深度融合的路径探究 [J]. 福建师范大学学报（哲学社会科学版），2023（4）：161-169, 172.

科学、公正、全面的评价体系是一个复杂的任务，需要不断探索和完善评价体系，确保其能够真实反映学生的劳动能力和成果。新时代大学劳动教育强调理论与实践的结合，但如何在课程设计中找到两者之间的平衡点是一个挑战。过多的理论教学可能导致学生缺乏实践经验，而过度的实践则可能使学生缺乏必要的理论指导。劳动教育的内容和方法需要不断更新以适应社会发展和技术进步。这要求教育机构不断投入资源进行课程研发和教师培训，以确保劳动教育的持续性和创新性。这在实际操作中可能会遇到资金、时间和人力资源的限制。不同学科和专业对劳动教育的需求和侧重点可能有所不同。如何在各个学科中有效推广和实施劳动教育，使其既符合学科特点又能达到劳动教育的总体目标，是一个需要深入研究和探索的问题。新时代大学劳动教育在实施过程中面临着多方面的挑战，需要教育机构、政府、社会以及企业等多方面的共同努力和协作，以克服这些挑战，推动劳动教育的有效实施和持续发展。

第二节　劳动教育与德育、智育的关系

在教育这一广袤的天地里，劳动教育、德育与智育如同三颗璀璨的明珠，各自散发着独特的光芒，又相互交织、相互影响，共同构成了培养学生全面发展的坚固基石。本节将深入探讨劳动教育与德育、智育之间的相互联系和影响，以及这三者在大学教育中的协同作用，旨在揭示它们如何携手共进，为学生的综合素质提升和全面发展铺就一条坚实之路。

一、劳动教育、德育与智育在大学教育中的重要性

（一）德育与劳育的一致性与融合性

德育与劳育作为大学教育中的两个重要组成部分，在目标与内容上展现出高度的一致性与融合性，这种特性使得两者在实施推进过程中能够相互促进，共同助力学生的全面发展。劳动教育不仅关注学生的劳动

技能培养，更重视劳动精神的塑造。在这一过程中，学生被带入真实的实践场域，通过亲身参与劳动活动，体验劳动的艰辛与喜悦，从而培养出勤劳、坚韧、负责任的劳动品质。劳动教育还为学生提供了一个与他人交流与互动的平台，使学生在劳动中学会合作、分享与互助，进一步促进其精神与意志的成长。这种成长不仅体现在劳动技能的提升上，更体现在道德意识的初步生成上。学生在劳动中逐渐认识到自我与他人之间的关系，学会处理各种复杂的社会关系，形成初步的道德判断与行为能力。劳动教育还强化了学校德育的实效。传统的德育往往侧重于道德知识的传授，而忽视了道德行为的实践。劳动教育则通过真实的活动情境，让学生有机会践行道德行为，将所学的道德知识转化为实际的行动。在这种实践中，学生能够深刻地理解道德规范的内涵与价值，从而形成更加坚定、持久的道德信念。

（二）德育为劳动教育提供思想引领

劳动教育不仅仅是对学生劳动技能的培养，更重要的是通过劳动教育来提升学生的道德品质，实现"立德树人"的教育目标。在劳动教育中渗透德育要素，可以为学生提供一个更加全面、深入的教育体验。德育的引领，使得劳动教育不仅仅停留在技能培养的层面，而且更加注重培养学生的劳动自觉性。通过德育的引导，学生能够更加深刻地认识到劳动的价值和意义，形成正确的劳动观念，从而更加积极地参与到劳动中去。德育的融入还有助于促进学生的全面发展。在劳动教育中，学生不仅需要掌握劳动技能，还需要学会与他人合作、沟通、分享等社交技能。德育的引领可以帮助学生更好地处理人际关系，培养团队精神和社会责任感，进一步提升学生的综合素质。将德育与劳动教育相结合，可以更加有效地将学生培养成为社会主义时代新人。这样的新人不仅具备扎实的劳动技能和良好的道德品质，还能够积极投身社会实践，为社会的发展贡献自己的力量。因此，德育为劳动教育提供思想引领，是实现学生全面发展、培养社会主义时代新人的重要途径。

（三）劳动教育与德育的相辅相成

劳动教育与德育在大学教育中并非孤立存在，而是相辅相成，共同为学生的道德品质发展奠定坚实基础。这种相辅相成的关系体现在多个方面，使得学生在劳动实践中不仅能够获得技能上的提升，更能在道德品质上得到全面的熏陶和培养。在劳动实践中，学生亲身体验了勤劳与付出的价值。他们通过亲手操作、亲身参与，感受到了劳动的艰辛与不易，从而更加珍惜劳动成果，形成了勤劳节俭的良好习惯。在团队协作的劳动过程中，学生学会了与他人沟通、协作与分享，培养了责任感、纪律性和集体主义精神，这些都是德育的重要组成部分，对于提升学生的道德品质具有不可替代的作用。面对劳动中的各种挑战和困难，学生需要不断克服困难、坚持不懈。这样的过程不仅锻炼了他们的意志力和自律性，还让他们学会了在逆境中保持积极心态，勇于面对挑战。这种坚韧不拔的精神和自律自强的品质是道德品质的重要体现，也是学生在未来人生道路上取得成功的关键。

（四）劳动教育对智育的促进作用

劳动教育在大学教育中不仅是德育的有效补充，同时也是智育不可或缺的一环。它通过动手实践的方式，为学生提供了一个将理论知识应用于实际操作中的平台，这种"知行合一"的过程极大地增强了学生的认知能力。在劳动实践中，学生面临各种问题和挑战，需要他们运用所学的理论知识进行思考、分析和解决。这个过程不仅锻炼了学生的逻辑思维和思辨性思维，还提高了他们的问题解决能力和创新意识。通过实际操作，学生能够更加深入地理解理论知识的内涵和应用场景，从而加深对知识的理解和掌握程度。劳动教育还培养了学生的实践能力和创新精神。在劳动中，学生需要不断尝试新的方法和技术，探索更加高效和优质的劳动方式。这种探索和创新的过程不仅提高了学生的实践能力，还激发了他们的创新精神，为未来的学习和工作打下了坚实的基础。[1]

---

[1] 陈方舟，卢晓东. 倾向、知识与能力：劳动教育与德育、智育关系再探[J]. 教育学术月刊，2021，(03)：3-11+54.

二、现状分析：劳动教育、德育与智育在大学教育中的互补与协同

（一）劳动教育、德育与智育的互补性

在大学教育中，劳动教育、德育与智育三者之间存在着显著的互补性，它们相互支持、相互促进，共同构成了大学教育的完整体系。劳动教育为学生提供了实践的平台，使他们在实际操作中能够锻炼技能、磨砺意志，培养责任感和集体主义精神。这种实践性的教育方式不仅让学生亲身体验了劳动的过程和价值，还为德育提供了生动的实践场景。在劳动实践中，学生需要遵守劳动纪律、尊重他人劳动成果，这些行为规范的实践过程本身就是德育的重要内容。德育则通过价值观的引导，为劳动教育和智育指明了方向，帮助学生树立正确的价值观和人生观，使他们在学习和实践中能够坚守道德底线，形成正确的道德判断和行为习惯。智育为学生提供了必要的知识储备和认知工具，使他们在劳动实践和道德判断中能够更加理性和深入。智育不仅关注学生的知识掌握情况，还注重培养他们的思维能力和创新能力。在劳动实践中，学生需要运用所学的知识进行问题分析和解决，这个过程本身就是智育的重要体现。智育还为德育提供了知识基础，帮助学生更好地理解道德规范和价值观的内涵。

（二）劳动教育、德育与智育的协同作用

在大学教育中，劳动教育、德育与智育的协同作用显得尤为重要。通过整合这三者，大学教育构建了一个全面、立体的教育环境，为学生提供了更加丰富、多元的学习体验。

劳动教育为学生提供了一个将理论知识应用于实际操作中的平台，使他们能够在实践中不断试错、探索和创新，从而更加深入地理解和掌握所学知识。劳动实践中的挑战和困难也锻炼了学生的意志力和解决问题的能力，进一步提升了他们的综合素质。

德育活动则在这种整合环境中发挥着重要的引领作用。通过参与德育活动，学生可以更加深入地了解社会道德规范和价值观念，形成正确

的道德判断和行为习惯。德育活动还可以培养学生的责任感和集体主义精神，使他们更加关注社会和他人的利益，成为具有社会责任感的高素质人才。

智育的引导则贯穿于整个教育过程中。它不仅为学生提供了必要的知识储备和认知工具，还帮助他们形成正确的价值观和人生观。在智育的引导下，学生能够更加理性地思考和分析问题，形成独立的见解和判断能力。这种理性的思考方式和判断能力对于学生在未来的学习和工作中都具有重要的意义。

（三）促进劳动教育、德育与智育的有机融合

为了进一步提升学生的综合素质，大学教育必须注重劳动教育、德育与智育的有机融合。这种融合不仅有助于学生在学术上取得优异成绩，更能培养他们在实际生活中所需的各种技能和品质。为了实现这一融合，大学可以设计跨学科的课程和项目，鼓励学生将所学知识应用于实际问题解决中，同时锻炼他们的实践能力和团队协作能力。可以开设结合了工程学、社会学和环境保护的劳动实践课程，让学生在解决实际问题的过程中，既运用所学知识，又培养实践能力和团队协作精神。大学还应通过开展各种形式的德育活动，如志愿服务、社会实践等，让学生在实践中体验道德的力量，形成正确的价值观和人生观。这些活动可以为学生提供机会，让他们走出校园，接触社会，了解不同群体的需求和挑战。通过参与这些活动，学生可以更加深刻地认识到道德行为的重要性，并将其内化为自己的价值观和行为准则。通过这样的整合与协同，大学教育将能够更好地培养学生的综合素质。学生不仅在学术上有所成就，还具备了实践能力、团队协作精神和正确的价值观。这些素质将为他们未来的全面发展奠定坚实的基础，使他们在面对各种挑战和机遇时都能游刃有余。大学教育应积极推动劳动教育、德育与智育的有机融合，为学生的全面发展创造更加有利的环境和条件。

三、策略探究:实现劳动教育、德育与智育在大学教育中协同作用的路径

（一）构建跨学科的课程体系

构建跨学科的课程体系以实现劳动教育、德育与智育在大学教育中的协同作用，是一个复杂但至关重要的任务。大学应重新审视现有的课程设置，寻找劳动教育、德育与智育之间的交集与互补点。通过整合相关课程内容，设计出跨学科的综合课程，使学生在学习专业知识的同时，也能接受到劳动价值观、道德伦理和社会实践的教育。开发新的跨学科课程，如"社会实践与道德伦理"，将社会实践活动与道德伦理教育相结合，让学生在实践中体验和领悟道德原则；"劳动技能与创新创业"课程则可以将劳动技能培养与创新创业精神相融合，激发学生的创新潜力和实践能力。提供多样化的课程选择，允许学生根据个人兴趣和职业规划选修不同方向的跨学科课程，以满足学生的个性化需求。转变传统教学中重理论轻实践的观念，强调理论知识与实践技能的并重。通过案例教学、项目驱动等方式，让学生在解决实际问题中学习和应用知识，培养他们的动手能力和解决问题的能力。确立以学生为中心的教学理念，关注学生的全面发展。教师应成为学生学习过程中的引导者和伙伴，鼓励学生主动探索、合作学习，培养他们的自主学习能力和团队协作精神。在教学过程中融入劳动价值观、职业道德和社会责任感的培养，引导学生树立正确的价值观和人生观，使他们成为有担当、有责任感的社会成员。

运用讨论式、探究式、模拟式等多种教学方法，激发学生的学习兴趣和参与度。通过角色扮演、情景模拟等方式，让学生在模拟的社会实践中体验和学习。构建包括知识掌握、技能表现、道德品质、团队合作等多个维度的综合评估体系。通过项目报告、口头汇报、同伴评价等多种方式，全面评价学生的学习成果和综合素质。组织跨学科的教师培训项目，提升教师在劳动教育、德育与智育融合方面的教学能力和专业素养。鼓励教师开展跨学科研究，促进不同学科之间的交流与合作。建立跨学科的教学资源共享平台，包括课程资料、教学案例、实践基地等。

通过资源共享，打破学科壁垒，促进不同学科之间的融合与创新。

（二）提供丰富多样的实践平台

首先，大学应充分利用校内资源，建立各类实验室和工作室，为学生提供动手实践的机会。这些实践场所可以配备先进的设备和技术，让学生在专业教师的指导下进行实验、设计和制作，从而培养他们的实践技能和创新能力。其次，设立创新创业中心，为学生提供创业指导、项目孵化和资金支持等服务。通过参与创新创业活动，学生可以亲身体验创业的艰辛与乐趣，培养他们的创新精神、团队协作能力和社会责任感。再次，与校外企业建立合作关系，设立实习基地，让学生有机会到企业中进行实习。通过在企业中的实际工作，学生可以了解企业的运营模式、管理流程和工作要求，从而提升他们的职业素养和实践能力。最后，与社区和公益组织合作，设立志愿服务项目和实践基地。通过参与社区服务和公益活动，学生可以培养自己的社会责任感和集体主义精神，同时也能在实践中锻炼自己的沟通能力和团队协作能力。

大学还应提供多样化的实践机会，满足不同学生的需求和兴趣。可以设置不同领域的实习岗位、志愿服务项目和创新创业活动，让学生根据自己的专业和兴趣进行选择。为每位学生提供个性化的实践指导，帮助他们制订实践计划、解决实践中的问题和困难。通过个性化的指导，学生可以更加有针对性地提升自己的实践能力和道德品质。定期组织实践成果的展示活动，让学生有机会展示自己的实践成果和经验。通过展示活动，学生在互相学习和交流的同时，增强他们的自信心和成就感。建立科学的实践评价体系，对学生的实践表现进行评价和反馈。通过评价，学生可以了解自己的实践水平和存在的问题，从而有针对性地进行改进和提升。

（三）完善与创新教育评价体系

除了传统的笔试和论文，鼓励学生提交实践报告，并通过口头展示的形式来汇报他们的学习成果和实践经验。这不仅可以评估学生的实践能力，还能锻炼他们的表达能力和自信心。引入同伴评价和自我评价机制,让学生相互评价在学习和实践中的表现,也进行自我反思。这种评价方式有助于促进学生之间的相互学习和进步,帮助学生了解自己的优点和不足。对于涉及劳动实践、创新创业等项目的课程,可以采用项目评估的方式,评价学生在项目实施过程中的表现。鼓励学生制作作品集来展示他们在学习和实践中的成果,以更全面地评估他们的综合素质。根据劳动教育、德育与智育的目标和要求,制定综合素质评价标准,明确学生在各个方面的表现应该达到的水平。在学生的学习过程中,按照综合素质评价标准对他们的表现进行评价。这包括学术成绩、实践技能、道德品质、团队协作能力等多个方面。及时向学生反馈综合素质评价的结果,帮助他们了解自己的优点和不足,根据评价结果对教学内容和方法进行改进,以更好地促进学生的全面发展。

为了激励学生积极参与劳动实践、提升道德品质和团队协作能力,大学可以设立相应的奖励制度。这包括奖学金、荣誉称号、实践机会等,以表彰在这些方面表现突出的学生。为综合素质评价优秀的学生提供更多的发展机会,如推荐参加高级课程、研究项目、国际交流等。这不仅可以激励他们继续努力提升自己的综合素质,还能为他们未来的职业发展打下坚实的基础。定期对教育评价体系进行评估和调整,确保其能够适应时代发展的需要和学生的变化。通过收集学生、教师和校友的反馈意见,不断优化评价方式和标准。邀请外部专家或机构对教育评价体系进行评估和建议,以确保其客观性和科学性。外部评价可以提供新的视角和思路,有助于大学不断完善和创新教育评价体系。[1]

四、未来展望:劳动教育、德育与智育在大学教育中的持续协同与深化发展

(一)劳动教育、德育与智育的协同作用将不断完善和深化

随着社会对人才需求的日益多样化和复杂化,大学教育正面临着前所未有的挑战与机遇。在这一背景下,劳动教育、德育与智育的协同作

---

[1] 王嵩涛. 劳动教育与德育、智育、体育、美育的关系研究 [J]. 教育艺术,2023 (05):5-7. [23]

用显得尤为重要，它们之间的融合与互补将成为未来大学教育发展的重要趋势。劳动教育将更加注重培养学生的实践能力和创新精神。传统的劳动教育往往侧重于技能的传授和简单的劳动实践，但在未来，劳动教育将更加注重让学生在实践中发现问题、解决问题，培养他们的创新意识和实践能力。通过与专业课程的结合，劳动教育将为学生提供更多动手实践的机会，使他们在实践中掌握专业知识，提升技能水平。德育将继续发挥其引领作用，帮助学生树立正确的价值观和人生观。在未来的大学教育中，德育将更加注重学生的个体差异和多元化需求，通过灵活多样的教育方式和内容，引导学生形成正确的道德观念和价值判断。德育还将与社会实践相结合，让学生在服务社会中体验道德的力量，培养他们的社会责任感和公民观念。智育将为学生提供更加丰富的知识储备和认知工具。面对复杂多变的社会问题，智育将不再局限于专业知识的传授，而是注重培养学生的思辨性思维、创新能力和跨学科的学习能力。通过优化课程设置和教学方法，智育将为学生提供更加全面、深入的知识体系，帮助他们在未来的职业生涯中更好地应对各种挑战。

（二）大学将探索新的教育模式和教学方法

为了实现劳动教育、德育与智育的更加紧密和深入的协同作用，大学将不断探索和创新教育模式和教学方法。大学可以引入跨学科的教学模式，打破传统学科之间的壁垒，将不同学科的知识和技能进行有机融合。可以将工程技术与艺术设计相结合，让学生在解决实际问题的过程中，既运用工程技术的知识，又发挥艺术设计的创造力。通过这种跨学科的教学方式，可以培养学生的综合素养和创新能力，使他们能够更好地应对复杂多变的社会问题。大学可以利用现代信息技术手段，根据学生的学习情况和需求，提供个性化的学习建议和辅导，帮助他们更加高效地学习。

（三）大学将积极与社会各界合作

为了更有效地推动劳动教育、德育与智育的协同发展，大学将积极寻求与企业、社区、政府等社会各界的广泛合作。大学将与企业合作，共同建立实践基地和实习项目。这些实践基地将为学生提供真实的职业环境和操作机会，使他们能够在实践中学习和掌握职业技能，增强劳动教育的实效性。通过参与企业的实际项目，学生可以更好地了解行业需求和职业发展路径，为未来的职业生涯做充分准备。大学还将与社区合作，开展各种志愿服务和社会实践活动。这些活动将为学生提供服务社会的机会，培养他们的社会责任感和公民观念。通过与社区居民的互动，学生可以了解社会的多样性和复杂性，增强他们的社会适应能力和人际交往能力。大学还将与政府合作，共同推动教育政策的制定和实施。政府可以为大学提供政策支持和资金保障，帮助大学更好地开展劳动教育、德育与智育工作，大学也可以为政府提供智力支持和人才储备，共同推动社会的发展和进步。

除了实践基地和实习项目的建立，大学还将邀请社会各界的专家学者和成功人士来校举办讲座和交流活动。这些讲座和交流活动将为学生提供更多的学习机会和人生经验，帮助他们拓宽视野、增长见识。通过与这些优秀人士的互动，学生可以了解不同领域的发展动态和前沿趋势，激发他们的学习兴趣和职业热情。

第三节　新时代大学劳动教育的特点

在新时代的浪潮中，社会环境、经济结构以及技术发展正经历着前所未有的变革，这为大学教育带来了全新的挑战与机遇。劳动教育，作为大学教育体系中的关键一环，也站在了新的历史起点上。它不仅要传承和弘扬传统劳动教育的精髓，更需在新时代的背景下，展现出其独特的魅力和鲜明的时代特征。本节将深入探讨新时代大学劳动教育的独特性和时代性，分析其在培养目标、内容设置、实施策略等方面的创新之处，并识别其发展的关键突破口和面临的挑战。

一、新时代大学劳动教育的独特性和时代性

（一）培养目标的独特性

新时代大学劳动教育在培养目标上展现出其鲜明的独特性。不仅注重传统技能和工艺的传承，确保学生掌握坚实的实践基础，而且更加强调培养学生的综合素质、创新能力和社会责任感。这一培养目标的设计，旨在使学生成为全面发展的人才，不仅具备专业技能，还拥有广泛的知识面和深厚的文化素养。新时代大学劳动教育鼓励学生积极参与实践活动，通过亲身实践来发现、分析和解决实际问题。这种实践导向的培养方式，有助于激发学生的创新思维，培养他们的思辨性思维和团队合作能力。在实践中，学生需要不断尝试、探索和创新，从而锻炼他们的创新能力和解决问题的能力。这样的培养目标使学生能够更好地适应快速变化的社会需求。在当今社会，技术更新换代迅速，行业变革不断发生，只有具备扎实技能和创新精神的人才，才能在竞争中脱颖而出。新时代大学劳动教育的培养目标是培养一批既有扎实技能又有创新精神的复合型人才，以满足社会的多元化需求。

（二）内容设置的丰富性

新时代大学劳动教育在内容设置上展现了其丰富性和多样性。除了传统的工艺技能和实践操作外，它还涵盖了社会服务项目、创新创业项目等多元化内容。这种设置旨在引导学生关注社会热点，积极参与社会实践，将所学知识应用于解决实际问题中。通过参与社会服务项目，学生能够深入了解社会需求，培养社会责任感和公民观念，关注社会问题，思考如何通过自身努力为社会做出贡献。创新创业项目的引入也激发了学生的创新思维和创业精神，鼓励他们勇于尝试、敢于创新。这种丰富的内容设置不仅增强了学生的实践能力，还使他们在实践中不断锻炼和提升自己的综合素质。学生能够将所学知识与实际问题相结合，培养解决问题的能力和团队合作精神。这种综合性的教育内容设置，使新时代大学劳动教育更加符合社会发展的需求，为学生提供了更广阔的发展空

间和成长机会。

（三）实施策略的创新性

新时代大学劳动教育在实施策略上展现出显著的创新性，这主要体现在跨界合作、实践导向教学以及现代信息技术的充分利用上。为了给学生提供更广阔的实践平台，大学通过建立实践基地、开展实习项目等方式，使学生在真实的工作环境中进行学习和实践。这种实践导向的教学策略有助于学生将所学知识与实际应用相结合，提升他们的实践能力和职业素养。在实践基地和实习项目中，学生能够亲身体验劳动的艰辛与乐趣，培养勤奋、敬业等优秀品质，为成为具有社会责任感的高素质人才打下坚实基础。

新时代大学劳动教育还充分利用现代信息技术手段，如虚拟现实、人工智能等，为学生提供更加生动、直观的学习体验和实践机会。这些技术手段的应用不仅丰富了教学内容和形式，还激发了学生的学习兴趣和创新思维。通过虚拟现实技术，学生能够身临其境地感受劳动场景，增强对劳动过程的理解和掌握。而人工智能的应用则为学生提供了更加个性化、智能化的学习支持，帮助他们更好地掌握劳动技能和知识，适应数字化时代的发展需求。

（四）体现时代精神和社会需求

新时代大学劳动教育在多个方面体现了时代精神和社会需求。首先，它注重培养学生的创新精神和实践能力，这与当今社会对人才的需求变化紧密相连。随着科技的飞速发展和社会的不断进步，创新能力已成为衡量人才质量的重要标准。新时代大学劳动教育通过提供多样化的实践机会和创新项目，激发学生的创新思维，培养他们的实践能力，使他们能够更好地适应社会的快速发展。新时代大学劳动教育强调学生的社会责任感和公民观念的培养。在当今社会，个人的社会责任感和公民观念对于社会的和谐稳定和持续发展具有重要意义。劳动教育通过引导学生参与社会服务项目、关注社会热点问题等方式，培养他们的社会责任感和公民观念，使他们成为具有社会担当和公民素养的人才。新时代大学劳动教育还注重培养学生具有时代特征的价值观和道德观。在劳动教育过程中,学生不仅能够掌握实用的技能和知识,还能够通过实践体验理解劳动的价值和意义。①

二、新时代大学劳动教育的创新点和突破口

(一) 创新点

新时代大学劳动教育在多个方面展现出显著的创新性,主要体现在理念创新、方法创新和技术创新三大方面。首先是理念创新。新时代大学劳动教育树立了以学生为中心的教育理念,这一理念强调学生的个性发展和兴趣培养。与传统的以教师为中心的教学模式相比,新时代大学劳动教育更加注重学生的主体性和主动性,鼓励学生在劳动教育的过程中发挥自己的特长和优势,培养自己的兴趣和爱好。新时代大学劳动教育还强调劳动教育与专业教育的有机结合,使学生在掌握专业知识的同时,具备实际操作和解决问题的能力。这种结合不仅有助于提升学生的综合素质,还有助于增强他们在未来就业市场上的竞争力。其次是方法创新。新时代大学劳动教育引入了跨学科的教学模式,将不同学科的知识和技能进行有机融合,培养学生的综合素养和创新能力。通过跨学科的教学,学生能够打破学科界限,将不同领域的知识和技能进行综合运用,解决复杂的问题和挑战。此外,新时代大学劳动教育还采用项目式学习、翻转课堂等多样化的教学手段和方法,激发学生的学习兴趣和积极性。这些方法强调学生的主动参与和实践操作,使学生在实践中学习和成长,培养他们的实践能力和创新思维。最后是技术创新。通过虚拟现实技术,学生能够身临其境地体验劳动场景和操作流程,增强他们的感知和理解能力。新时代大学劳动教育还可以通过在线教育平台、智能教学系统等,提供个性化的学习支持和辅导,提高教学效果和学习体验。这些技术手段的应用不仅丰富了教学内容和形式,还提升了教学的便捷

---

① 江幸娴,朱以财,胡悦颖. 略论劳动教育与德育:概念界定及关联性阐释[J]. 和田师范专科学校学报,2022,41(04):68-72.

性和互动性，使学生能够更加灵活和自主地进行学习。

（二）突破口和挑战

新时代大学劳动教育在探索和发展过程中，既面临着突破口也迎接着挑战。在突破口方面，加强与社会各界的合作与交流是关键。大学应积极与企业、社区、政府等外部机构建立合作关系，共同推动劳动教育的协同发展。通过合作，可以为学生提供更多元化的实践机会和学习资源，使他们能够在真实的社会环境中进行学习和实践，增强社会适应能力。打破传统劳动教育的束缚和限制也是突破口之一。传统劳动教育往往注重技能的传授和操作的训练，而新时代大学劳动教育需要创新劳动教育的模式和机制，使其更加符合新时代大学生的需求和特点。这意味着要注重培养学生的创新精神、实践能力和社会责任感，使他们在劳动教育中获得更全面的成长。新时代大学劳动教育也面临着一些挑战。需要关注新时代大学生的特点和需求，为他们提供更加个性化、多元化的劳动教育服务。这要求大学在课程设置、教学方法等方面进行深度改革，以满足学生的多样化需求和发展。面对快速变化的社会需求和技术发展，大学劳动教育需要不断更新教学内容和方法，保持与时代同步。这对教师队伍的专业素养和教学能力提出了更高的要求，他们需要不断学习和提升自己的专业素养，以适应新时代劳动教育的需求。为了提供更好的劳动教育服务，大学还需要加大投入力度，改善教学设施和实践条件，为劳动教育提供更好的保障和支持。[1][2]

---

[1] 项贤明. 教育学原理 [M]. 北京：高等教育出版社，2019：184.
[2] 孙振东，康晓卿. 论"劳动教育"的三重含义 [J]. 社会科学战线，2021（01）：230－238.

第三章　大学劳动教育的课程设计

在当今社会，劳动教育作为培养学生综合素质的重要一环，日益受到高等教育领域的重视。大学作为人才培养的重要基地，其劳动教育课程的设计与实施对于提升学生的劳动能力、塑造积极的劳动态度以及培养团队协作精神等方面具有不可替代的作用。本章将围绕大学劳动教育的课程设计展开深入探讨，首先从课程的目标设定出发，明确培养的核心能力和素质；其次，关注课程内容的选择与组织，确保课程内容既符合培养目标又具有时代性和实用性；最后，探讨多元化的教学方法及其创新，旨在通过科学有效的教学手段，全面提升大学劳动教育的质量和效果。

第一节　大学劳动教育课程的目标设定

在大学劳动教育课程的设计与实施过程中，明确并设定合理的培养目标是至关重要的第一步。这不仅关系到课程内容的选择与组织，更直接影响教学方法的选择以及最终的教学效果。本节将首先阐述大学劳动教育课程旨在培养学生的核心能力和素质，明确其总体培养目标。将详细列出具体的培养目标，如劳动技能、劳动态度、团队协作等，以便为后续的课程内容设计和教学方法选择提供明确的指导方向。本节还将深入分析目标设定的理论基础和依据，如教育心理学、课程设计理论等，并说明在设定目标时需要遵循的原则，如以学生为中心、实用性、可操作性等，以确保课程目标的科学性和有效性。

一、大学劳动教育课程的培养目标

（一）以劳树德

通过劳动教育，让大学生正确理解劳动是人的一般本质，理解和形成马克思主义劳动观，崇尚和尊重劳动，尊重普通劳动者，主动投身到祖国各类建设实践中，通过诚实劳动实现人生价值和理想。将个人成长、职业规划与国家发展、民族进步联系起来，把个人理想追求与国家兴旺发达融为一体。劳动不仅是人类生存和发展的基础，更是个人成长和社会进步的重要推动力。在大学劳动教育课程中，我们致力于引导和帮助大学生形成马克思主义劳动观，使他们深刻认识到劳动的价值和意义，从而崇尚和尊重劳动，尊重每一位普通劳动者。鼓励大学生主动投身到祖国各类建设实践中，通过亲身参与和体验，感受劳动带来的成就感和自豪感。我们希望通过这样的实践，让大学生明白，只有通过诚实劳动，才能实现自己的人生价值和理想。这种实现过程不仅是个体自我提升的过程，更是为社会做出贡献、实现社会价值的过程。

（二）以劳育美

通过劳动教育，使学生牢固树立劳动最光荣、劳动最崇高、劳动最伟大、劳动最美丽的观念，坚信美好生活是劳动创造出来的，美好未来也要靠辛勤劳动才能实现。劳动不分贵贱，形成以尊重和肯定劳动者地位为要义的劳动创造财富、创造幸福的态度；引导学生形成以弘扬和践行劳动精神和工匠精神为内核的美好职业追求。这一观念的培养，不仅是对学生价值观的塑造，更是对他们未来生活态度的引导。希望学生能够深刻理解，美好生活并非凭空而来，而是需要通过辛勤的劳动去创造，美好未来的实现也离不开我们每一个人的辛勤付出和不懈努力。在劳动教育的过程中，要强调劳动不分贵贱，每一种劳动都有其独特的价值和意义。引导学生形成尊重和肯定劳动者地位的态度，让他们明白，无论是脑力劳动还是体力劳动，都是创造财富、创造幸福的重要方式。通过这样的教育，使学生能够更加珍惜和尊重每一份劳动，更加理解和感激每一位劳动者的付出。还要鼓励学生将劳动精神和工匠精神融入自己的职业规划中，以高度的责任感和使命感去对待每一份工作，追求卓越、精益求精。通过这样的引导和教育，使学生具备出色的职业素养和工作能力，成为未来社会各行各业的佼佼者。

（三）以劳增智

通过劳动教育，学习劳动知识，培养学生具备满足生存发展需要的基本劳动能力及专业实践能力，教育学生爱劳动、会劳动，在劳动中学以致用，在实践中以用促学，从而锻炼本领，增长才智。劳动教育不仅仅是对学生品德和审美的培养，更是对其智慧和能力的锻炼。通过劳动教育，学生将学习并掌握各种劳动知识，这些知识不仅关乎日常生活的自理能力，更涉及专业领域的实践技能。我们致力于培养学生具备满足生存发展需要的基本劳动能力，使他们能够在生活中游刃有余，我们也注重提升他们的专业实践能力，为未来的职业生涯打下坚实的基础。在劳动教育的过程中，我们始终强调"爱劳动、会劳动"的理念。我们希望学生能够热爱劳动，将劳动视为一种生活态度和人生追求，而不仅仅是谋生的手段。我们也要求学生会劳动，掌握劳动的技巧和方法，能够在劳动中发挥自己的创造力和想象力。鼓励学生将所学的理论知识应用于劳动实践中，通过实践来检验和巩固所学的知识。我们相信，只有在实践中才能真正地学以致用，也只有在实践中才能不断地以用促学，使学生的学习更加深入和全面。通过这样的劳动教育，我们期望学生能够锻炼自己的本领，增长才智，成为既有理论知识又有实践能力的高素质人才。

（四）以劳育人

通过劳动教育，培养学生形成良好的劳动习惯，具备良好的生活自理能力、自主学习能力，良好的沟通合作能力，展现优良的新时代青年精神风貌，肩负起民族复兴的时代重任。劳动教育在培养学生全面发展方面扮演着举足轻重的角色，这不仅包括对待劳动的积极态度和勤奋精神，还涉及在劳动过程中的组织性、纪律性和责任感。我们坚信，良好的劳动习惯是学生未来生活和事业成功的基石。劳动教育也着重提升学生的生活自理能力和自主学习能力。在生活自理方面，我们鼓励学生通过参与家务劳动、校园劳动等，学会独立处理日常事务，培养自我管理和自我服务的能力。在自主学习能力方面，劳动教育强调实践与理论的结合，鼓励学生在劳动中发现问题、解决问题，从而锻炼他们的自主学习和探究能力。劳动教育还注重培养学生良好的沟通合作能力。在劳动过程中，学生需要与他人协作，共同完成任务。这不仅有助于提升他们的团队协作能力，还能培养他们的沟通能力和社交技巧。通过这些经历，学生将学会如何在团队中发挥自己的优势，如何与他人有效沟通，以及如何共同解决问题[①]。

二、目标设定的依据和原则

（一）理论基础

1. 教育心理学

教育心理学指出，学生的学习动机、认知特点和情感因素都是影响学习效果的关键因素。因此，在设定培养目标时，要深入考虑学生的心理需求和发展特点，力求使目标能够与学生的内在学习动机相契合，激发他们的学习热情。同时，也要确保目标符合学生的认知规律，以便他们能够更有效地理解和掌握知识。此外，还要特别关注学生的情感体验，努力创造一个积极的、支持性的学习环境，使他们在学习过程中能够感受到成就感和满足感。

2. 课程设计理论

课程设计理论为我们提供了关于如何构建有效课程的指导原则，目标的明确性、系统性和可达成性是课程设计理论的核心要素。在设定培养目标时，要确保目标具有宏观的指导性，能够为整个课程提供清晰的

---

① 申国昌，申慧宁. 我国劳动教育的历史审思与未来展望 [J]. 全球教育展望，2020，49 (10)：102-113.

方向和框架。同时,也要注重目标的系统性和具体性,将宏观目标分解为一系列具体的、可操作的子目标。这些子目标不仅有助于教师和学生更好地理解和实施课程,还形成了一个完整、系统的目标体系,确保了课程的连贯性和一致性。通过这样的方式,力求使大学劳动教育课程的培养目标既具有理论深度,又具有实践可行性,从而为学生的全面发展提供有力的支持。

(二) 原则

1. 以学生为中心原则

教育的最终目的是服务于学生的成长与发展。因此,在设定培养目标时,要始终将学生置于核心位置,深入关注他们的需求和兴趣。确保所设定的目标能够真正满足学生的发展需求,不仅关注他们的学术成长,更重视他们的身心健康、社交能力、创新思维以及实践能力等全面发展。通过这样的方式,培养出具有全面素养和综合能力的新时代大学生。

2. 实用性原则

教育不应仅仅停留在理论层面,更应与实际生活和工作紧密相连。因此,在设定培养目标时,要特别注重其实用性,要确保所设定的目标能够与实际生活和工作场景紧密相关,使学生所学的知识和技能能够在实践中得到应用。这样的目标设定方式不仅有助于增强学生的就业竞争力,更能提升他们的社会适应能力,使他们在未来的职业生涯中能够游刃有余。

3. 可操作性原则

一个好的培养目标应该是具体、明确且可操作的。在设定培养目标时,要确保所设定的目标具有明确的行为指标和衡量标准,便于教师在教学过程中进行操作和评估。同时,也能够便于学生进行自我检测和反馈,使他们能够清晰地了解自己的学习进度和成果,从而更有针对性地进行学习和提升。通过这样的方式,构建一个既科学又实用的培养目标体系,为学生的全面发展提供有力的支持。

三、大学劳动教育实施探索

(一) 线上学习的教学模式探索

探索实施线上劳动教育课程。通过线上学习，强化大学生的劳动观念，弘扬劳动精神，学习新时代的劳模事迹，培养大学生社会主义的劳动价值观，鼓励学生践行新时代的劳动精神、劳模精神和工匠精神，发挥新时代的青年主体作用，激发劳动热情，创新创造的勇气，掌握基本的劳动概念、职业分类、劳动安全等基础劳动知识。通过劳动人物故事、劳模成长之路、新时代劳动探索实践等教学内容让学生领悟艰苦奋斗、开拓创新、勇于奉献的劳动精神，爱岗敬业、淡泊名利的劳模精神，专注、精益、创新的工匠精神，以及严谨、执着、求实的科学精神。

(二) 线下劳动实践的教学模式探索

由于大学阶段已有了专业的区分，大学毕业生将进入各个专业领域工作，因此可以设计以职业体验为主的劳动实践项目，让学生学习专业的劳动知识、技能、安全及职业规范，学习劳模精神，完成规定的劳动项目，体验劳动过程，解决劳动过程中遇到的实际问题，完成实践并撰写实践执行报告，记录项目执行过程、专业知识、遇到的问题、解决的方法，最后总结不足，提出改进方案。通过多种职业劳动实践，可以学习丰富的职业劳动知识，提高劳动技能，锻炼分析问题、解决问题的能力，同时培养创新能力。通过劳动实践过程，践行新时代的劳动精神、劳模精神和工匠精神。

1. 工业劳动实践

工业的现代化程度及其发展规模，最终决定着整个国民经济的面貌，因此工业是国民经济的主导。工业劳动实践教育可以培养学生从事专业工作的劳动实践能力、创新创业能力，以及在劳动实践中发现新问题和创造性解决问题的能力；培养学生养成良好、规范的劳动习惯，有利于切实理解马克思主义劳动观，并形成社会主义劳动观，切实感受劳动的光荣、崇高与伟大。

2. 农业劳动实践

"民以食为天",粮食是人类基本的生存资料,农业在国民经济中的基础地位突出地表现在粮食的生产上。学生通过参加农业劳作,感受具体的种植管理过程,学习一年四季农作物的种植常识,学习农作物的田间管理和采收方法。学生只有体验过劳作的艰辛与快乐,才会热爱生活、热爱自然、热爱劳动,并尊重劳动者,珍惜劳动果实,从而形成正确的劳动价值观,珍惜今天的幸福生活。

3. 服务业劳动实践

上班族的忙碌成就了服务业的火爆,也成为学生懒惰的"支撑",同时是创新创业最活跃的"基点"。发展服务业成为推动经济增长方式转变,建设资源节约型、环境友好型社会,促进经济社会协调发展的重要举措。通过专业知识的学习与专业技能的锻炼,让学生切身体会"为人民服务"是光荣且快乐的,懂得劳动是不分贵贱的,每一个诚实劳动的劳动者都值得被尊重。让学生体会只有劳动才能创造美好生活,只有劳动、勤俭、奋斗、创新、奉献的人生才是精彩的有价值的人生。

4. 生活劳动实践

生活的美好是多姿多彩的,一个整洁温馨的房间、一份香飘万里的美食、一身得体优雅的装束等,都足以令人赞叹。通过专业的培训与实践锻炼,让学生感受到亲手整理、清洁、消毒的房间才是最干净的;亲手制作的菜肴才是最可口、最美味、最健康的;只有爱生活、爱劳动,才是最美丽、最幸福的。生活劳动实践有利于养成学生良好的生活习惯,给学生营造温馨、舒适、健康、活泼、文明的生活环境,从而影响着学生的生活方式、生活态度、行为规范、价值理念和理想信念,有利于加快我国的精神文明建设。

5. 公益劳动实践

在我国古代,倡导日行一善,就是每天做一些自己力所能及的事情,帮助更多的人,让社会更加美好和谐。如今,公益劳动是学校劳动教育的重要内容,通过做公益推动学生接触社会、深入生活,培养学生为人民服务、为公众谋利益的良好思想品德。公益劳动实践活动围绕学校、社区的需求服务开展。学生通过公益劳动实践能够掌握一定的生活本领、劳动技巧和服务社会的基本知识与基本技能，增强运用科学原理和多学科知识解决实际问题的能力；学生通过公益劳动实践能够增强服务意识，端正劳动态度，培养吃苦耐劳的精神，形成尊重劳动、热爱劳动的情感，树立社会责任感和社会公益意识。

劳动教育需面向全体大学生，让学生树立正确的劳动观，学习与劳动相关的专业知识和技能，获得劳动经验，锻炼学生发现实际问题并解决实际问题的能力，践行劳动精神，使学生在享受劳动过程和劳动成果的同时，切实感受到劳动的快乐。劳动实践项目的训练，教会了学生高标准、严要求的劳动技能，让学生切实体会到良好的劳动习惯带来的精致生活及经济效益，成为学生劳动习惯养成最好的"良药"，以及学生终身受益的"长效法宝"，有利于培养德智体美劳全面发展的社会主义建设者和接班人。[1]

第二节 大学劳动教育课程内容的选择与组织

一、课程内容的选择标准和组织原则

（一）选择标准

课程内容的选择必须与设定的培养目标紧密相连，确保学习者通过课程学习能够实现预期的成长和进步。这一标准强调了课程内容与培养目标之间的一致性。例如，如果培养目标是提升劳动者的法律意识和权益保护能力，那么课程内容就必须涵盖劳动法律法规的相关知识，以确保学习者能够全面掌握并应用所学知识，从而达成培养目标。这种契合度不仅有助于学习者明确学习方向，还能激发他们的学习动力，因为他

---

[1] 陈国安. 论新时代劳动教育 [J]. 江苏教育研究，2020（35）：16-20.

们能够清楚地看到学习成果与自身发展之间的紧密联系。课程内容必须与时俱进，及时反映最新的行业动态和法律法规变化。这意味着课程需要定期更新，以确保学习者掌握的信息是最新的，从而在实际工作中能够应对各种新情况。实用性也是课程内容选择的关键考虑因素。

课程内容必须贴近实际工作和生活，能够解决学习者在实际中遇到的问题，提升他们的实际操作能力。这样的课程内容不仅有助于学习者更好地适应职场环境，还能提高他们在工作中的竞争力和创新能力。课程内容的选择必须基于科学的研究和理论，确保信息的准确性和可靠性。这一标准强调了课程内容来源的权威性和可信度。在编写和选择课程内容时，我们必须避免传播未经证实或错误的信息，以免误导学习者，损害他们的学习成果和未来发展。为了确保课程内容的科学性和准确性，要与相关领域的专家学者合作，进行深入的研究和探讨，以确保课程内容的权威性和实用性，还要对课程内容进行严格的审核和修订，以确保其质量和准确性。

（二）组织原则

在组织课程内容时，要遵循以下核心原则，以确保课程的逻辑性和系统性。课程内容应按照一定的逻辑顺序进行组织，确保学习者能够循序渐进地掌握知识和技能。这种逻辑性不仅体现在单个知识点或技能的讲解上，更体现在整个课程体系的构建上。例如，可以先介绍基础概念，为学习者打下坚实的基础，然后逐渐深入到具体的应用和实践，帮助他们将理论知识转化为实际操作能力。这样的组织方式有助于学习者更好地理解和掌握知识，提高学习效果。课程内容应构成一个完整的体系，各部分之间应有内在联系，共同支撑起整个课程框架。这意味着课程内容不是简单的知识点堆砌，而是经过精心设计和组织的有机整体。要注重课程内容之间的衔接和递进，避免内容碎片化，确保学习者能够获得全面、系统的学习体验。这样的课程体系有助于学习者建立完整的知识框架，提高他们的综合素养和应用能力。课程内容应由浅入深，由易到难，逐步增加学习的难度和深度。要注重根据学习者的认知规律和学习需求来设置课程内容，确保他们在学习过程中能够逐步建立信心和兴趣。

通过逐步挑战和提升自己的能力，学习者将更加扎实地掌握课程内容，为未来的实际工作和生活做好充分准备。循序渐进的组织方式也有助于减少学习者的学习压力，提高他们的学习积极性和参与度。①

二、举例说明合适的课程内容

（一）示例一：基础劳动技能培训

内容描述：基础劳动技能培训课程旨在提供学习者在实际工作中所需的基本技能。这包括操作各种工具和设备的使用方法，以及掌握基本的工艺流程。为了更贴近实际需求，课程内容可以根据特定行业或岗位进行定制化培训。例如，在制造业中，可以重点培训机械加工的相关技能；在服务业中，则可以侧重于客户服务技巧的培训。

如何达到培养目标：通过基础劳动技能培训，学习者可以系统地掌握实际工作中必需的基本技能。这不仅有助于提高他们的工作效率和质量，还能使他们更好地适应工作岗位的要求。掌握这些基本技能后，学习者在实际工作中能够减少因技能不足而导致的错误和事故，从而提升工作的整体表现。此外，定制化的培训内容还能使学习者在特定行业或岗位中具备更强的竞争力，为他们的职业发展奠定坚实的基础。

（二）示例二：劳动法律法规学习

内容描述：劳动法律法规学习课程全面涵盖了劳动法的基本原则、劳动合同的签订与履行、劳动者的权益与保护，以及劳动争议的解决等核心内容。为了增强课程的实用性和针对性，课程还会结合实际案例，深入分析劳动法律法规在实际工作中的应用，帮助学习者更好地理解和掌握相关知识。

如何达到培养目标：通过学习劳动法律法规课程，学习者可以显著增强自身的法律意识和权益保护能力。不仅能够全面了解劳动法的基本规定和原则，还能学会如何在实际工作中运用法律知识来维护自己的合

---

① 吕孝敏，朱华炳，鲍宏，等. 大学劳动教育目标与实践实施探索 [J]. 教育教学论坛，2022（23）：181-184.

法权益。这有助于学习者在实际工作中避免不必要的法律纠纷，减少因法律意识淡薄而导致的损失。同时，增强法律意识和权益保护能力还有助于构建和谐的劳动关系，促进企业的稳定发展，为劳动者和雇主双方创造一个更加公平、公正的工作环境。

三、劳动教育课程体系构建路径

劳动教育课程体系的建构是人才培养的核心，纵观当前高校劳动教育发展现状，教材缺失、教师缺乏、劳动课缺位等问题使得劳动教育不断被窄化、虚化、弱化、淡化。由此可见，完善新时代劳动教育课程体系建设显得极为重要。美国著名课程理论家拉尔夫·泰勒在《课程与教学的基本原理》中提出了课程编制的"四段论"：目标、内容、方法、评价。劳动教育课程体系构建以"泰勒原理"为基本，结合国家人才培养的发展需求，对课程目标、课程内容、课程实施、课程评价等方面进行重构。

（一）课程目标：正确认识劳动价值

根据泰勒的观点，课程目标是整个课程编制的起点，是另外三大环节的归宿，具有举足轻重的作用。目标的确定需要来自三方面的信息：对学生的研究、对当代生活的研究以及学科专家的建议，目标基本确立后还可通过办学宗旨和心理学进行二次筛选。从宏观层面看，当前的教育目标聚焦于实现人的全面发展，根本任务指向"立德树人"，从自我发展和社会发展两个维度出发，其课程目标的界定不能仅限于学科视角，还需从核心素养的视角考虑人的发展，课程重心从教学转向育人，从能力转向素养。劳动教育在立德树人根本任务的前提下，落实教育理念、兼具地域和校本特色进行目标建设。从微观层面看，强调人的自主性，从学生个体需要角度出发，将知识、能力、态度等作为考查的基本指标，实现从整齐划一到个性转变的课程目标方向，注重劳动体验，培养劳动兴趣，实现劳动技能创新。从知识指标上看，重视知识的培养，形成劳动知识学科体系。通过从易到难的课程结构，扎实累积知识储备，在重视劳动知识专业化、完整化的前提下，加强现实关联，形成以学生素养为导向、课程发展为逻辑起点的课程设计准则,实现知识理解—知识迁移—知识创新的递进与突破。具体表现为,在理解教学阶段,传授应知应会的基本知识技能,兼顾相关学科知识,融会贯通,实现学生智力的提升;在实践教学阶段,将抽象知识具体化,应用于生活并解决生活中的问题,对知识进行过程性学习、证实性学习;在思辨阶段,加强证伪性知识的学习,延伸类比应用,实现知识创新。从能力指标上看,侧重能力的积淀,形成劳动技能实践应用。知识与能力密切相关,知识的积累促进能力的产生,能力的应用加深知识的理解,二者相辅相成。劳动课程建构的目的之一是让学生具备技术技能,而技术能力的沉淀一方面来源于认知加工的学习能力,一方面来源于动手操作的行动能力。其中学习能力包含输入样态的阅读能力、加工样态的思考能力以及输出样态的表达能力,这三大能力作为基本能力加深着学生对劳动知识的理解、再现。行动能力,则以生活技能为基本,通过不同的专业门类、岗位门类,借助外在资源,进行针对性的技能训练。从态度指标上看,重视态度的形成,树立科学的劳动观念。劳动教育是落实立德树人教育根本任务的重要途径,因此加深学生的劳动认识,端正学生的劳动态度和劳动价值观是劳动教育的核心。态度目标的设定可从劳动观念、劳动习惯、劳动品格、劳动精神等层面进行传授,培养学生树立正确的劳动价值观,领会"劳动最光荣、劳动最崇高、劳动最伟大、劳动最美丽"的深刻道理,树立尊重劳动、热爱劳动、积极劳动的责任意识。

(二)课程内容:丰富劳动教育资源

课程内容是实现课程目标的基本手段,内容的设置、选择与组织是课程编制的重要组成,是对教什么、学什么的具体阐述。从整体上看,课程内容要丰富充实、选择趋向多元,能够接近生活、指导生活。劳动课程内容的设置要把握劳动教育的基础性、均衡性、科学性、关联性,以基本知识和技能为基础,以德智体美劳全面发展为目标,依托学生身心发展规律,从生存场域出发,形成各学科、各阶段、各渠道相关联的劳动课程体系。劳动课程内容的选择需要秉持三大准则:一是积极吸纳国际劳动教育教学经验,融合民族文化特色,构建民族的、现代的劳动教育读本；二是结合学校的发展状况、人文环境等特点与条件，完善校本课程内容；三是依托学生的能力水平、真实需求，将文化、个人与社会有机结合，实现对学生的生活教育，提升学生的综合素质。劳动课程内容的组织，要形成劳动素质与各学科素养共同发展的组织理念，注重学生发展阶段的纵向组织和校内校外整合的横向组织，加强劳动教育的理解性和过程性，将整体学习的逻辑教学、个别指导的心理教学贯穿始终。劳动课程内容建构可具体划分为"1本劳动教材+3类劳动课程"。

劳动教材的设计应着重从哲学、发展史、学科等层面进行建构。劳动哲学层面，以唯物史观为主线，比较各派劳动哲学思想，解读中国劳动思想的认识论、方法论，揭示劳动的本质、价值、作用，劳动同人、自然、社会、科技的内在关系等内容，明确劳动与人自由全面发展的异化与正解。劳动发展史层面，以人类社会发展阶段为时间轴，分析劳动的实践形式、基本特征，产业革命的重大变化以及劳动发展的未来趋向。劳动学科层面，可分为两方面，一方面为劳动科学的内涵解读，从总体角度，明确劳动的学科性质、意义、研究方法以及学习劳动学科的目的、意义、方法和要求。另一方面，聚焦并列学科，涵盖劳动者在实践过程中所触及的各个方面，如劳动经济学、劳动法学、劳动社会学、劳动伦理学、劳动保障学、劳动管理学、劳动心理学等，通过学习关于劳动的相关学科知识，开阔学生的眼界，丰富学生的认知。劳动课程以劳动目标为基准，形成三类课程。以学科知识、劳动观念为主的认知类课程。如将认知类课程与思政教育相结合，对马克思主义的经典理论进行解读，厘清劳动教育的理论渊源、党在不同时期的劳动观点以及新时期的劳动理念，深刻体会劳动理论的一脉相承和与时俱进。以劳动技能、实践体验为主的实践类课程，如将实践类课程与专业教育相结合，围绕专业教育的关键点，进行劳动指向、劳动属性的拓展，与实习实训、志愿服务相结合，巩固劳动教育效果。以实验研究、探索创新为主的创新类课程，如与创新创业相结合，实现劳动创新，增强创新创业的普适性、实效性。三类课程根据学生不同的发展阶段进行阶段性开设。

（三）课程实施：优化劳动教育模式

课程实施是授者通过一定的方法策略引导学生对知识理解、领会、探究的过程。对于一门新课程来说，其实施过程必定是动态、灵活的。在初始阶段，课程实施要最大限度地遵循课程计划。随着课程开展广度、深度的加强，进入相互调适阶段，要通过不断调整课程内容、优化资源配置以适应变化的教育情境。以劳动知识整体化、劳动教学情景化、劳动实践阶段化、劳动学习自主化、劳动意义价值化为教学策略，与时俱进地更新课程内容、转变教学方式、加强师资建设、改善教育环境等，以此推进新课程的发展。在教学方式层面，结合劳动本身实践、行动的特质，加强体验性、合作性、探究性的教学方式，通过体验性教学实现劳动自治，培养学生生活技能、劳动习惯，树立尊重劳动、热爱劳动的意识，端正劳动态度，增强学生的家庭责任感、社会责任感；通过小组合作的方式，加强学生的交往能力、协作能力；加强以学生为中心的课堂教学，促进学生的个性发展，培养学生的思辨能力，激活学生的主动性、创造性。在师资队伍建设方面，高校要通过多渠道搭建一支专业化、复合型、双师型、社会型、高水平的劳动教育师资队伍。一要成立劳动教育教研室，探索劳动教育规律，总结劳动教学经验。二要拓展师资来源，设立专兼职结合的劳动教师体系，积极引进企业能工巧匠，邀请劳动模范、大国工匠等优秀社会人士，强化师资队伍的工匠情怀、劳模精神。提供企业锻炼、基层挂职，提升教师的实践能力，实现传道授业解惑与实践技能培训的双重指导。三要加强教师素养的提升，定期开展专业培训，鼓励教师参加基层实践，将劳动元素融入人才培养方案，强化劳动教育的影响。充分发挥教师在劳动教育中咨询、指导、合作的角色定位，有效促进师生劳动素养的共同发展。在教学环境层面，构建多渠道、多领域的教育教学环境系统。从外部环境来看，加强与社区的合作，将劳动教育融入志愿服务，利用社区、街道、福利院等公共资源建立服务基地，开展劳动支教、劳动宣讲、慰问演出等活动。加强与企业的合作，推进产教融合，实现以劳动教育为链接的校企利益共同体，充分掌握行业发展需求，了解数字化对企业的改变，及时改革专业教学。加强与家庭的合作，进一步巩固劳动教育效果。从内部环境来看，做好校内劳动资源开发，建设数字化实验室，开设手工、技能社团，借助媒体矩阵，宣扬劳动精神，打造劳动品牌的校园文化。劳动教育模式创新的关键在于构建情境，从真实情境中搭建认知路径，提高自我素养。劳动课程的知识内容要与学生的生活、情感、生命相连接。通过生活化、具体化、形象化、情趣化、问题化、思维化的内容讲解、演练，养成劳动习惯、体味劳动不易、融入意志情绪、感知劳动快乐、正视劳动价值、思考劳动创新、提高劳动效率，切实达到劳动教育的预期效果。

（四）课程评价：提升劳动教育效果

课程评价包括对学生、教师、课程、教学等多维度评价，通过评价可以确定课程目标的达到程度，及时修订课程内容、转变教学方式，对预测教育方向也起到相关作用。劳动教育作为价值认同、价值涵养的重要组成部分，其评价不仅涵盖工具理性，更要体现人文关怀。一要完善对学生素养的评价。结合劳动教育本质，劳动课程的评价方式不再局限于量化的试卷考查，而是将日常观察、发展评估、综合素质、质化考量纳入其中，切实让学生有所知、有所思、有所用、有所行。评价主体从一元变为多元，仍以学生为主，与此同时，教师、学校、家庭、专家评价贯穿其中，注重学生的主体性、参与性，实现对劳动课程教育效果的全方位了解。二要注重对教师能力的评价。对教师能力进行评价有利于提高教学质量，完善课程建设。具体包含教师本身的劳动价值观念，能否以身作则、躬行实践、为人师表；教师的专业技术功底，能否不断充实自己、学习前沿、探索未知；教师的教学能力，是否有较高的心理素质，能否因材施教，能否掌握学生的劳动技能需求，能否将信息教育与劳动教育有效融合；教师的创新素养，是否善于发现问题、善于钻研问题，积极探究各学科之间的关系，利用科技提高对劳动教育的点拨。三要加强对教学过程的评价。劳动课程的评价范围涵盖课程目标、内容、实施过程与结果，以知能并存、实践应用、科学探究、思维创新为指向进行追踪分析，通过了解学生的劳动观念、实践反馈、毕业去向、就业质量等操作性、指导性的指标，形成教育过程与结果的良性互动，实现劳动教育课程体系的闭环。课程评价体系的建立，有利于研判劳动教育方向，细化劳动教育目标。如将培养目标与培养效果、劳动人才定位与经济社会发展需求、劳动教育教师与劳动教育资源、学生劳动表现与用人单位满意度等评价指标进行分析，及时调整劳动教育目标与规划。通过持续跟踪评价，及时发现教学过程中的偏差，分析出现的问题、产生的原因，针对有效反馈，确保劳动教育各项举措的落实。[1][2]

第三节 大学劳动教育课程的教学方法与创新

在当今社会，随着教育理念的不断进步和教学技术的飞速发展，大学劳动教育课程的教学方法也在不断探索与创新。为了更有效地提升劳动教育课程的教学质量和学习者的参与度，我们必须关注并实践多元化的教学方法，并积极寻求教学方法的创新点与有效实施策略。本节将首先探讨案例教学、实践教学、项目式教学等多种教学方法在劳动教育课程中的应用及其优势，进而分析教学方法中的创新元素，如利用现代技术工具进行教学、引入游戏化学习等，并提出实施这些创新教学方法的具体策略和步骤，以期为大学劳动教育课程的教学实践提供有益的参考和指导。

一、多元化的教学方法

（一）案例教学法

案例教学法作为一种以实际案例为基础的教学方法，其核心在于模拟或重现现实生活中的情境，引导学生运用所学知识进行深入的分析和讨论。这种教学方法不仅有助于学生将理论与实际相结合，还能有效培

---

[1] 孟祥燕，张鑫. 新时代背景下构建高校劳动教育实施体系研究［J］. 教育教学论坛，2021（25）：1-5.
[2] 卢玉亮. 新时代加强大学生劳动教育的目标、原则及路径［J］. 山东工会论坛，2020，26（5）：74-79.

养他们的问题解决能力和思辨性思维。在法学教育中，特别是劳动法领域，案例教学法显得尤为重要。劳动法涉及大量的法律条文和实际应用场景，单纯的理论讲解往往难以使学生全面理解其背后的逻辑和实际应用。而通过引入真实的法律案例，学生可以在具体的情境中学习劳动法，深入理解法律条文是如何在实际生活中被运用和解释的。

案例教学法的实施过程通常包括以下几个步骤：①教师选择合适的案例，这些案例应具有代表性，能够涵盖劳动法的主要知识点。②教师引导学生对案例进行初步的阅读和理解，确保学生掌握了案例的基本事实和法律问题。③学生分组进行讨论，运用所学的劳动法知识对案例进行深入的分析，提出解决问题的方案。在讨论过程中，教师应积极参与，提供必要的指导和反馈。④各组学生展示他们的分析成果，并进行全班讨论，通过交流和辩论，进一步加深对劳动法知识和应用的理解。

通过案例教学法，学生不仅能够在模拟或真实的法律情境中学习和应用劳动法知识，还能提高他们的法律实践能力，为未来的职业生涯打下坚实的基础。这种教学方法也有助于激发学生的学习兴趣和积极性，使他们在参与和实践中不断成长和进步。

（二）实践教学法

实践教学法是一种强调通过实际操作和亲身体验来学习知识和技能的教学方法。这种方法在劳动教育中尤为重要，因为它能够直接培养学生的动手能力和实践能力，使学生能够在实践中深入理解劳动的价值和意义，从而树立正确的劳动观念。在实践教学法的实施过程中，教师可以组织学生参与各种实践活动，如社区服务、校园兼职、农田作业等。通过这些活动，学生可以亲身体验劳动的过程，了解劳动的实际要求和挑战，从而在实践中掌握劳动技能，提高解决问题的能力。在社区服务活动中，学生可以参与到环境整治、助老助残等公益活动中，通过实际行动为社会做出贡献，也能够感受到劳动带来的成就感和满足感。在校园兼职中，学生可以担任助教、图书管理员等职位，通过实际工作了解职场环境，培养职业素养和责任感。在农田作业中，学生可以亲身体验农作物种植、收割等全过程，了解农业劳动的艰辛和价值，从而更加珍惜劳动成果。

通过实践教学法的实施，学生不仅能够在实践中掌握劳动知识和技能，还能够培养勤劳、踏实、创新的劳动品质，为未来的职业生涯打下坚实的基础。

(三) 项目式教学法

项目式教学法是一种以学生为中心，强调通过完成具体项目来学习知识的教学方法。在这种方法中，学生需要独立或小组合作，完成一个相对独立的项目，涵盖从项目策划、实施到评估等各个环节。这种方法不仅能够激发学生的创造力和自主学习能力，还能有效促进跨学科知识的整合和应用。在劳动教育中，项目式教学法具有显著的优势。通过参与实际的项目，学生可以将所学的理论知识应用于实际情境中，亲身体验劳动的过程和挑战。这种方法有助于学生深入理解劳动的价值和意义，培养解决实际问题的能力。教师可以设计一个与校园生活相关的劳动项目，如校园绿化改造、垃圾分类推广等。学生需要小组合作，完成项目的策划、实施和评估。在这个过程中，学生需要运用所学的劳动知识和技能，解决实际问题，如植物选择、垃圾分类方案设计等。通过项目的实施，学生不仅能够提升劳动技能，还能培养团队协作、沟通表达等综合素养。[1]

二、教学方法的创新点

(一) 创新元素讨论

在教学方法中引入创新元素，是提升教学质量和效果的重要途径。以下是一些具有创新性的教学方法，特别强调了如何利用现代技术工具进行教学，以增强学生的学习体验和效果。现代技术工具为教学方法的创新提供了无限可能，在线学习平台打破了时间和空间的限制，使学生能够随时随地访问课程内容，进行自主学习。教师可以上传教学视频、

---

[1] 申佩辰. 新时代劳动教育课程设置的策略研究 [D]. 杭州电子科技大学, 2023.

课件、练习题等资源到平台，学生可以在线观看、下载或提交作业，实现远程互动教学。这些工具能够提供丰富的视觉和听觉刺激，使课堂更加生动有趣，吸引学生的注意力，提高他们的参与度。教师可以利用交互式电子白板进行课堂讲解、演示和互动，学生可以通过触摸屏进行操作和练习，增强课堂互动性和趣味性。

（二）引入游戏化学习

游戏化学习是一种创新的教学方法，它将游戏元素和机制融入教育过程中，以激发学生的学习兴趣和动力。在劳动教育中，引入游戏化学习可以使学生在轻松愉快的氛围中掌握劳动知识和技能，提高教学效果。为了使学生在游戏中学习劳动知识和技能，可以设计一系列与劳动教育相关的游戏。这些游戏可以涵盖不同的劳动领域，如农业劳动、工业劳动、服务业劳动等。通过模拟真实的劳动场景和任务，学生可以在游戏中体验到劳动的过程和挑战，从而更好地理解劳动的价值和意义。在设计劳动教育游戏时，要注重游戏的趣味性和互动性。通过丰富的游戏情节、角色和任务，以及多样的游戏玩法和互动方式，可以吸引学生的注意力，使他们在游戏中保持较高的参与度和兴趣。除了设计劳动教育游戏外，还可以利用游戏化元素来激励学生的学习，设置积分系统，学生在完成游戏任务或学习活动时可以获得积分，积分越高表示学生的劳动知识和技能掌握得越好，设置排行榜，展示积分高的学生排名，以激发学生的竞争意识和进取心。利用游戏化元素来增强学生的反馈和互动，在游戏中设置提示和反馈机制，帮助学生及时纠正错误和提高学习效果，鼓励学生之间的合作和交流，通过游戏化的方式促进他们的团队协作和沟通能力。

（三）实施创新教学方法的策略和步骤

要成功实施这些创新的教学方法，需要采取以下策略和步骤：组织专业培训，定期为教师提供关于现代技术工具和游戏化学习的专业培训，提升他们的教学技能和创新能力，并鼓励教师利用业余时间自我学习新的教学方法和技术，保持教学理念的更新。学校应投入必要的资金购买在线学习平台、VR/AR 设备、交互式电子白板等现代技术工具，并开发或引进与劳动教育相关的游戏化学习资源，确保学生有足够的游戏化学习材料。制定明确的教学目标，确保创新教学方法的实施能够有针对性地提升学生的劳动素养和技能，并根据学校的实际情况和教师的准备程度，分阶段实施创新教学方法，确保实施的顺利进行。通过学生反馈、考试成绩等方式定期评估创新教学方法的效果，并根据评估结果和教师、学生的反馈，及时调整教学策略和方法，确保教学效果的最大化。①

三、新时代高校劳动教育课程标准化建设的策略

（一）劳动教育课程标准化建设的组织架构

校级劳动教育课程标准化建设工作领导小组，隶属于校劳动教育服务中心，由主管教学的校级领导担任组长，成员由校教务处、学工处、学院（系/部）、专业课教研室、院团委、后勤处等相关管理者及专家、任课教师所组成。

校教务处负责制定符合本校办学理念的劳动教育课程标准，负责实时跟踪督导劳动教育课程标准化建设全过程，组织专家对实施成果、教学效果、教学质量进行验收、考核与评估；各学院（系/部）成立劳动教育工作实施小组，依据此课程标准负责本部门劳动教育课程建设目标、实施方案的制定与管理；专业课程所在的教研室及院团委负责制定与落实各专业劳动教育课程建设的具体建设目标、实施方案与实施计划。劳动教育课程的具体实施者由劳动教育课程专职教师、专业课程教师、思政辅导员及外聘专家、劳模、国家工匠等组成。建立三级管理模式，明确各岗位责任，进一步确保劳动教育课程标准化建设的顺利进行。

（二）劳动教育课程技术标准的制定与实施策略

1. 课程技术标准的制定

农林类劳动教育课程标准化建设立足于农林类学科专业及专业人才

---

① 李珂. 行胜于言：论劳动教育对立德树人的功能支撑 [J]. 教学与研究, 2019（5）：96–103.

培养定位,以"立德树人"为根本的劳动育人目标,紧密结合农林类各学科、专业、课程的特点和要求等制定与之相对应的劳动教育课程技术标准。课程技术标准用于判定课程内容、教学方案、课程学时、教学进度、课程评价等是否与课程标准要求保持一致。

2. 课程技术标准的实施

依据劳动教育课程技术标准,结合各学科专业特点开设相应的劳动教育课程,开展相关的劳动实践活动,制定课程教学计划进度表和标准课时数,编制劳动教育课程学习指导手册,明确课程定位、课程结构、教学目标、教学内容、教学方法、活动设计、课程时间及场所安排、考核评价标准等,进一步确保劳动教育课程教学活动的稳定、高效运行。劳动教育课程技术标准的实施,有利于规范劳动教育课程教学活动的有序开展,有利于执行对劳动教育课程的教学督导,有利于提高劳动教育课程的教学质量和教学效果。

(三)劳动教育课程管理标准的制定与实施策略

1. 课程管理标准的制定

劳动教育课程的管理标准是规范劳动教育课程教学管理事务的文件,其主要内容有:课程提要(包括标准的中英文名称、课程编号、课程类别、适用专业、计划学时、总学分数、课程标准撰写人与审核人等);课程概况(包括课程定位、设计理念与思路、与其他课程的关系及前后衔接课程等);课程培养目标(包括课程培养总目标:培养和提升学生劳动素养,课程子目标:知识、能力、素质等目标);课程教学安排、课程实施条件、教学方法建议、教材选用与开发、课程考核评价、课程教学资源等。还包括不同管理层级所具有的相应的管理权限、弹性课程管理指导、劳动教育精品课程建设指南、课程实施过程督导等。

2. 课程管理标准的实施

依据劳动教育课程管理标准,不断挖掘、整合和利用劳动教育课程校本资源,加强对劳动教育课程内容、课程资源及教学方案的审核,注重将新时代元素、校本特色及时融入劳动教育课程内容中。循序渐进地优化劳动教育课程教学模式和方法，营造劳动教育课程教学与大学生未来职业需求相关联的学习情境，灵活运用课堂传授、现场教学、案例分析、微课教学、慕课教学、虚拟仿真教学、情境体验等教学方法和手段组织劳动教育课程的教学过程，实现大学生劳动教育课程教学与依托课程教学、生产实践劳动及拓展活动有机结合，促进大学生专业理论水平、劳动素养、劳动技能的全面提高。施行劳动教育课程弹性管理。依据学情及教学情况，选择适用的教学方式和技术手段，适时调整与完善劳动教育课程教学的内容、方式和进程。建立以劳动教育课程任课教师为核心的责任制体系，实行劳动教育课程任课教师考核聘用机制，确保劳动教育课程师资队伍的稳定和教学质量的提升。

（四）劳动教育课程评价标准的制定与实施策略

1. 课程评价标准的制定

将劳动教育课程标准化建设纳入教育督导评价体系，评价劳动教育课程的设置是否符合课程建设目标及社会行业的需求，是否能有效保证劳动教育课程的教学质量和水平。

2. 课程评价标准的实施

课程教学内容的评价应结合大学生所学的专业理论知识，考核评价大学生的劳动技能水平、劳动创新能力、操作实践能力和社会适应能力。课程实施的评价应从教学目标、内容、方法、能力、态度、效果六个方面展开，实现"以评促教"，全面提升劳动教育课程的教学水平。实施效果评价中，应采取劳动理论考试、劳动过程观察、劳动态度考察、劳动实操考核、劳动成果评定、学生自评与互评等多元化考核评价方式，综合评价学生的专业理论水平、劳动技能水平及劳动素养。在课程标准实施过程中依据阶段性评价反馈结果不断对其进行修订完善，为具有本校办学特色的新时代劳动教育课程标准化建设奠定良好的基础。[1]

---

[1] 王琳，张新成，何晓倩. 新时代高校劳动教育课程体系构建路径［J］. 山东工会论坛，2020，26（03）：93-101.

第四章　大学劳动教育的实践环节

在大学劳动教育的体系中，实践环节是不可或缺的重要组成部分。它不仅为学生提供了将理论知识转化为实际操作技能的平台，还通过亲身体验和实际操作，深化了学生对劳动价值的理解和认同。本章将深入探讨大学劳动教育的实践环节，着重从校内劳动实践基地的建设、劳动实践与专业技能的结合，以及大学生劳动实践的组织与管理三个方面进行阐述。通过对这些内容的分析，揭示实践环节在大学劳动教育中的核心地位，以及如何通过有效的实践安排和管理，进一步提升学生的劳动素养和综合能力。

第一节　大学校内劳动实践基地的建设

在大学劳动教育的深入实施过程中，校内劳动实践基地的建设扮演着举足轻重的角色。它不仅为学生提供了一个真实、具体的劳动环境，使得理论知识得以在实践中得到验证和应用，更在无形中塑造和强化了学生的劳动观念和实践能力。本节将首先分析校内劳动实践基地建设的意义及其所承载的要求，进而详细阐述建设实践基地的具体措施和步骤，以期为大学劳动教育的有效推进提供实践层面的支持与指导。

一、校内劳动实践基地的内容——以工程设计训练为例

（一）将工程设计训练纳入学生的培养计划

在当今社会，工程设计能力被视为衡量学生综合素质和创新能力的

重要指标之一。工程设计不仅关乎学生的学术发展，更对其未来的职业生涯具有深远的影响。将工程设计训练正式纳入学校的培养计划，可以确保每位学生都能在这一领域接受到系统、全面的训练。

为了确保工程设计训练的有效性和质量，要制订详细的教学计划和评估标准。要明确训练的目标、内容、方法和预期成果，以使教师和学生能够清晰地了解训练的要求和期望。建立有效的评估机制，定期对学生的工程设计能力进行评估和反馈，以便及时发现并解决问题，确保每位学生都能在工程设计训练中获得实质性的提升。

（二）坚持普遍训练，进行重点培养

在工程设计训练的实施过程中，我们深知每一位学生都应具备基本的工程设计知识和技能，这是他们未来学术和职业发展不可或缺的基础。要坚定不移地坚持普遍训练的原则，确保每位学生都能在这一领域获得必要的训练和提升。为了实现这一目标，采取一系列措施。首先，在课程设置上做出调整，确保每位学生都能接触到与工程设计相关的课程，并通过这些课程获得基本的知识和技能。注重理论与实践的结合，让学生在课堂上学到的知识能够在实践中得到应用和提升。在普遍训练的基础上，还需要对表现出色、有潜力的学生进行重点培养。这些学生可能已经在工程设计方面展现出了独特的才华和兴趣，或者具备了在这一领域取得更大成就的潜力，要为他们提供更多的机会和资源，以进一步提升他们的工程设计能力。

为学生提供更加深入和专业的课程设计，让他们能够接触到更前沿、更复杂的工程设计问题。鼓励他们参与工程设计竞赛、科研项目等实践活动，以提升他们的实践能力和创新能力。还要为他们提供与业界专家、学者交流的机会，让他们能够了解到工程设计的最新动态和发展趋势。坚持普遍训练，进行重点培养是实施工程设计训练的重要策略。通过这样的方式，不仅能够确保每位学生都能获得基本的工程设计知识和技能，还能够为有潜力的学生提供更多的机会和资源，帮助他们在工程设计领域取得更大的成就。

（三）合理确定训练内容

为了确保工程设计训练的有效性和针对性，对训练内容进行精心的设计和合理的确定，这一过程的核心在于确保学生能够在训练过程中学到真正有用且与实际需求紧密相连的知识和技能。选择与学生专业背景紧密相关的工程设计项目作为训练内容，这样的设计能够确保学生在训练过程中能够充分地利用和巩固他们在课堂上学到的专业知识，同时也能够让他们更好地理解和应用这些知识。对于机械工程专业的学生，选择与机械设计和制造相关的工程设计项目；对于电子工程专业的学生，选择与电路设计和电子系统相关的工程设计项目。结合行业发展趋势和实际需求来设置训练课题，密切关注行业的发展动态，了解最新的技术趋势和市场需求，并将这些信息融入训练课题中，确保学生在训练过程中能够接触到最前沿、最实用的工程设计知识和技能。这将有助于提升他们的竞争力，使他们能够更好地适应未来的职业发展，这样的训练内容也能够激发学生的兴趣和动力，让他们更加积极地参与到工程设计训练中来。

二、校内劳动实践基地的建设意义

（一）提升学生实践能力

实践基地为学生提供了一个亲身参与劳动、体验劳动价值的宝贵平台。在这里，学生不再只是被动地接受理论知识，而是有机会亲自动手，将所学应用到实际中去。这种从理论到实践的转变，让学生能够更加深入地理解知识的内涵和应用场景。通过参与基地的各项劳动活动，学生能够得到全面的锻炼和提升。在劳动过程中，他们需要亲自动手操作，这不仅锻炼了他们的动手能力，还让他们学会了如何面对和解决实际问题。劳动活动往往需要创新思维和灵活应变，这也进一步培养了学生的创新思维和解决问题的能力。这种实践经验的积累对于学生未来步入社会、投身工作具有不可估量的预演价值。在实践中，学生会遇到各种挑战和困难，他们需要学会如何与他人合作、如何有效地沟通、如何高效地完成任务。这些经验都是他们未来工作中不可或缺的宝贵财富,实践基地不仅是一个提升学生实践能力的场所,更是一个为他们未来职业生涯做好充分准备的摇篮。

(二) 增强劳动观念

在实践基地中,学生得以亲身体验劳动的艰辛与快乐,这种直观的感受使他们能够更加深刻地理解劳动的价值和意义。他们不再只是停留在书本上的文字描述,而是通过亲身实践,真正感受到每一滴汗水背后的付出和收获。这种体验式的教育方式具有独特的优势。它让学生在实际操作中感受到劳动的辛苦,让他们明白只有通过自己的努力才能创造美好的生活。在劳动过程中,学生也会体会到敬业精神的重要性,学会对自己的工作负责,尽心尽力地完成每一项任务。团队协作也是劳动中不可或缺的一部分,通过实践,学生能够学会与他人合作,共同完成任务,培养出团队协作精神。学生能够更加珍视和尊重劳动,无论是脑力劳动还是体力劳动,都是社会进步和发展的重要推动力。每一种劳动都值得我们去尊重和赞美。这种对劳动的珍视和尊重,会进一步形成学生积极向上的劳动观念,让他们在未来的生活和工作中,都能够以更加积极的态度去面对各种挑战和困难。

(三) 明确实践基地建设的基本要求

安全性是实践基地建设的基石。在实践基地中,学生的安全是首要考虑的因素。基地的建设必须严格遵守相关的安全标准和规定,确保学生在实践过程中的人身安全。这包括设施设备的安全性、操作规程的合理性以及应急处理措施的有效性等。只有确保了安全性,学生才能在实践中放心地学习和探索。实用性是实践基地建设的核心。实践基地的建设必须以满足不同劳动实践项目的需求为出发点,提供多样化的实践场景和工具。这意味着基地应该具备丰富的实践资源,能够支持学生进行各种类型的劳动实践,如手工制作、机械加工、农业种植等。同时,基地还应该根据学生的实际需求和兴趣,不断更新和完善实践项目,以保持其实用性和吸引力。

教育性是实践基地建设的灵魂。实践基地不仅仅是一个提供实践场所和资源的平台，更是一个注重培养学生的劳动观念和实践能力的重要场所。基地的建设应该注重教育性，通过实践活动使学生获得全面的发展和成长。这包括培养学生的勤劳精神、敬业精神、团队协作精神等劳动观念，以及提升学生的动手能力、解决问题的能力和创新思维等实践能力。只有注重了教育性，实践基地才能真正发挥其应有的价值，为学生的成长和发展提供有力的支持。

三、建设实践基地的具体措施和步骤

（一）提出实践基地建设的规划方案

选址作为实践基地建设的首要步骤，其重要性不言而喻。为了确保选址的科学性和合理性，优先选择靠近主要交通干道或公共交通站点的区域，确保师生及外部合作伙伴能够便捷地到达基地。对选址区域的环境质量进行全面评估，包括空气质量、水质、噪声水平等，确保基地环境优美、宜人。优先选择远离工业污染源和交通要道的区域，以减少对实践活动的干扰。对选址区域的地质条件进行详细调查，确保地基稳定，无地质灾害隐患。考虑气象因素，如风速、风向、降水量等，确保基地在极端天气条件下的安全性。与当地政府部门沟通，了解选址区域的发展规划，确保基地在未来一段时间内能够适应城市发展的需要。考虑基地周边的教育资源、科研机构等，以便在未来形成产学研一体化的合作模式。

根据实践基地的功能需求，合理配置以下设施：建设现代化的实验室，配备先进的实验设备，以满足科学研究和实践教学的需要。设立工作坊，提供必要的工具和材料，供学生进行手工制作和实践活动，配置实训设备，如模拟生产线、实验动物房等，以支持专业技能培训。建设舒适的宿舍楼，提供安全、卫生的住宿环境，设立食堂，提供营养均衡的餐饮服务，满足师生的日常饮食需求，配置卫生间、洗衣房等生活辅助设施，确保师生的基本生活需求得到满足。建设图书馆，收藏与专业相关的书籍和期刊，为师生提供丰富的学习资源，设立会议室和研讨室，支持学术交流、项目讨论等活动，建设展示厅，用于展示实践教学成果、学生作品等，增强基地的对外交流能力。

为了确保实践基地的高效运行和管理，集中布置实验室、工作坊等教学设施，形成相对独立的教学空间，配备必要的教学辅助设施，如教室、多媒体教室等。根据不同专业的实训需求，划分专门的实训区域，配置相应的实训设备和工具，确保实训活动的顺利进行，布置宿舍楼、食堂等生活设施，形成舒适的生活空间，考虑绿化、休闲等配套设施，提升生活区的环境质量。设立行政办公室、教师办公室等，支持基地的日常管理和教学工作，配置必要的办公设备和网络设施，确保办公效率。

（二）详细介绍实践基地建设的实施步骤

1. 项目立项

深入了解需求，通过问卷调查、座谈会等形式，全面收集学校、师生及合作企业对实践基地的具体需求和建议，确保项目贴合实际需求。明确建设目标和任务：基于需求分析，确立实践基地的建设目标，如提升学生实践能力、促进校企合作等，并明确具体的建设任务。编制项目建议书：根据项目目标和任务，编制详细的项目建议书，包括建设规模、地点选择、投资估算、预期效益分析等，确保项目的可行性和合理性。提交审批：将项目建议书提交给学校相关部门和上级教育主管部门进行审批，争取获得立项批准。

2. 资金筹措

学校预算和专项基金：从学校年度预算中划拨一部分资金用于实践基地建设，并争取设立专项基金，为项目提供稳定的资金来源。争取政府资助：积极研究国家、地方政府的教育项目资助政策，准备相关材料，争取获得政府资金支持。社会捐赠：通过校友会、基金会等渠道，发动社会各界力量为实践基地建设提供捐赠。企业合作：与企业、行业组织等建立合作关系，共同出资建设实践基地，实现资源共享和互利共赢。

3. 设计规划

设计方案招标：发布设计方案招标公告，吸引具有相关资质的设计单位参与竞标。方案评审与修改：组织专家对提交的设计方案进行评审，从功能性、实用性、美观性等多个方面进行考量，并根据评审意见进行设计方案的修改和完善。完成施工图设计：在设计方案最终确定后，完成详细的施工图设计，包括建筑布局、设备配置、安全设施等，为施工提供翔实的依据。

4. 建设施工

施工招标：按照相关法律法规进行施工招标，选择具有相应资质、经验丰富、信誉良好的施工单位。聘请监理单位：聘请专业的监理单位对施工过程进行全过程监督，确保施工质量符合设计要求和相关标准。组织竣工验收：施工完成后，组织学校相关部门、设计单位、施工单位和监理单位进行竣工验收，对基地的设施、设备、安全等方面进行全面检查，确保基地符合设计要求和使用标准。

（三）强调实践基地建成后的使用和维护管理

1. 使用管理

实践基地建成后的使用管理至关重要，它直接关系到基地的运行效率、使用效果以及可持续发展。为了确保实践基地的有序运行，要制定一套完善的使用管理制度。这套制度应明确实践基地的使用规定，包括允许进行的活动类型、禁止的行为等；还应规定基地的开放时间，以便师生和外部合作伙伴能够合理安排访问时间；为了避免使用冲突，还要制定一套预约流程，确保基地资源得到合理分配。实践基地的使用应紧密围绕学校的教学计划进行。要根据各专业的教学需求，合理安排实践基地的使用时间和内容。这包括确定哪些课程需要使用基地、使用的时间段、需要的设施和设备等。通过合理的教学计划安排，可以确保实践基地得到充分利用，同时满足学校的教学需求。实践基地不仅服务于学校内部的教学和科研活动，还应积极对外开放，与企业、行业组织等开展交流与合作。通过对外交流与合作，可以拓宽实践基地的使用范围和功能，使其成为一个产学研一体化的平台。这不仅可以提升基地的知名度和影响力，还可以为学校带来更多的资源和机会。在对外交流与合作过程中，可以邀请企业专家来基地举办讲座或指导，让学生更深入地了解行业前沿；也可以与企业合作开展科研项目，共同推动技术创新和成果转化；还可以考虑与企业共建实验室或研发中心，实现资源共享和优势互补。通过这些措施，可以将实践基地打造成一个开放、共享、创新的平台，为学校的发展和社会的进步做出更大贡献。

2. 维护管理

实践基地的维护管理是保证其长期、稳定运行的关键环节。为了确保实践基地的日常维护和保养工作得到专业、及时的处理，我们需要组建一支专业的维护团队。这支团队应具备相关的技术背景和工作经验，能够熟练掌握基地内各种设施设备的维护方法和技巧。他们将负责基地的日常巡检、故障排查、维修保养等工作，确保基地的设施设备始终处于良好的运行状态。为了保障实践基地的设施设备能够长期、稳定运行，定期对它们进行检查和维修。这包括制订详细的检查计划，明确检查的时间节点、内容和方法；对于发现的故障或隐患，应及时进行维修处理，确保不会影响基地的正常使用。我们还需要建立完善的维修记录档案，对每次的维修情况进行详细记录，以便为后续的维护和管理工作提供参考。随着技术的不断发展和教学需求的不断变化，实践基地的设施设备也需要适时进行更新升级。这包括引进新的教学设备、替换老化的设施、优化基地的布局等。通过更新升级，我们可以确保实践基地始终保持在行业的前沿水平，能够满足学校的教学需求和行业的发展趋势，还可以提高基地的使用效率和安全性，为师生创造更好的实践教学环境。

3. 评估与改进

为了确保实践基地能够持续、有效地服务于学校的教学和科研活动，并满足合作企业的需求，建立一套科学、全面的评估机制至关重要。这一机制的核心在于定期对实践基地的使用效果进行客观、细致的评估。我们需要设计一套多维度的评估指标，涵盖基地的教学支持能力、科研促进效果、企业合作满意度等多个方面。在评估过程中，广泛收集师生和合作企业的反馈意见是不可或缺的一环。通过问卷调查、访谈、座谈会等多种形式，我们可以深入了解他们在使用实践基地过程中的实际体验和感受，从而全面揭示基地在运行过程中存在的问题和不足。这些第一手的反馈意见将为后续的改进工作提供宝贵的参考。基于评估结果和反馈意见，我们需要对实践基地的建设和管理进行持续的改进和优化。这可能涉及对基地布局的合理性进行调整，以确保空间利用更加高效；对设施设备进行更新和升级，以保持与行业发展的同步；完善管理制度，确保基地运行的规范性和有序性；以及提升服务质量，为师生和企业提供更加优质、便捷的支持。通过这样一套不断循环的评估与改进机制，确保实践基地始终保持与学校教学和行业发展相适应的水平。这不仅有助于提升学校的教学质量和科研实力，还能更好地满足合作企业的需求，从而为社会创造更大的价值。实践基地将成为学校与企业之间紧密合作的桥梁，共同推动教育与产业的融合发展。

第二节　大学劳动实践与专业技能的结合

一、劳动实践与专业技能的融合模式

（一）课程融入法

整体优化课程设置：在学生的专业学习过程中，根据不同学段的特点，分层次开设劳动教育必修课和模块选修课。例如，在高职教育中，大一阶段可以重点突出劳动价值观的培育；大二阶段转向融入专业劳动技术、思维、观念的综合性劳动项目，着重提升学生的专业劳动技能；大三阶段则通过毕业设计和调研、顶岗实习等方式，培养学生的职业劳动素养。

创新专业课程标准：在制定专业课程标准时，充分挖掘专业课程中蕴含的劳动教育资源，坚持显性教育和隐性教育相统一，使劳动教育与专业技能教育有机结合。

（二）项目驱动法

综合实践项目：通过设计一系列与专业技能相关的综合实践项目，让学生在完成项目的过程中学习和应用专业知识。这些项目可以是校园内的实践活动，如水质监测与净化、社区养老服务调研等，也可以是与企业合作的真实项目，如参与企业供应链管理、产品设计等。

项目制学习（Project based learning，PBL）：采用项目制学习的方式，让学生在解决实际问题的过程中学习和掌握专业技能。这种方式强调学生的主动性和探索性，通过团队合作和项目管理经验，提升学生的领导力和团队协作能力。

（三）校企合作法

建立实践基地：学校与企业合作建立实践基地，为学生提供真实的职场环境和实践机会。企业可以根据自身需求提供实践岗位和指导教师，使学生在实践中学习和应用专业技能。

实习实训：组织学生到企业进行实习实训，让学生亲身体验职场生活和工作流程。在实习过程中，学生可以将所学专业知识应用于实际工作中，提升职业技能和职业素养。

（四）社会服务法

社区服务：组织学生参与社区服务活动，如环保宣传、养老服务、支教等。这些活动不仅有助于培养学生的社会责任感和奉献精神，还可以将专业技能应用于社会服务中，提升专业技能的实践应用能力。

志愿服务：结合专业特点开展志愿服务活动，如医学专业学生参与医疗援助、法律专业学生提供法律咨询等。这些活动可以使学生将所学专业知识与实际问题相结合，提升解决实际问题的能力。

（五）竞赛激励法

专业技能竞赛：组织学生参加各类专业技能竞赛，如财会专业技能比赛、计算机编程大赛等。通过竞赛的形式激发学生的学习兴趣和动力，同时检验和提升他们的专业技能水平。

劳动技能展示：举办劳动技能展示活动，让学生展示自己的劳动成果和实践经验。这不仅可以增强学生的自信心和成就感，还可以促进同学之间的交流和学习。

二、如何将劳动实践与专业技能有效结合

（一）劳动实践与专业能力培养融合发展方向

劳动实践要与专业能力培养相融合，才能实现更扎实、有深度、有高度的劳动素养目标。劳动实践指导教师要时刻思考，如何在有限的培养时间、实践内容前提下，提高学生的劳动能力，培养劳动品格，塑造良好的劳动习惯。如果教师或学校将劳动实践安排得可有可无，形式简单，内容教条，偏离各个专业的专业技能轨道，劳动实践的实施将会成为"空中楼阁""无源之水，无本之木"，无法使学生有所成长，还有可能造成学生的逆反心理，得不偿失。通过详细列写劳动实践的各项培养目标要求，深化理论实践，细化创新创业实践，将劳动实践与创新创业实践相结合，不断提高劳动实践的实效性，提高劳动实践在学生培养体系中的地位，提高重视程度。通过创新创业实践，推进理论与实践内容的深度融合。劳动实践与创新创业实践相互结合、共同发展，是高校培养学生德、智、体、美、劳全面发展的重要方式。

在理论层面，劳动实践主要培养学生对于劳动内容的认可和对劳动者的尊重，能够使得进行创新创业活动的学生更加脚踏实地，内心坚定；通过将专业知识与劳动实践相结合，对于创新创业实践对专业知识的要求方面，劳动实践能够做到补充和提高；创新创业活动的成果，更能体现劳动实践与专业能力培养相融合对学生的积极影响。实践活动必须通过课程的形式组织学生参加，同时通过设计和组织实践活动，使得课程能够以更加深刻的方式深入学生内心。劳动实践也是一项课程实践活动，通过理论与实践的有机结合，融入专业技能培养内容，使得学生更加乐于接受劳动实践的教学活动，能够更加有效地发挥劳动实践的综合育人功能。

（二）分析不同专业领域的劳动实践需求

不同专业领域的劳动实践需求因其专业特性和未来职业方向的不同

而有所差异。理工科学生通常需要大量的实验和实地操作巩固理论知识，培养解决实际问题的能力；化学专业学生需要进行化学反应实验；土木工程学生需要参与地质勘探和房屋测量等，提升实验技能、数据分析能力和解决实际工程问题的能力；文科和社会科学专业的学生需要通过社会调查、数据分析等方式了解社会现象，培养思辨性思维和人文关怀；社会学专业学生需要进行田野调查；心理学专业学生需要参与心理咨询实践，增强社会洞察力、沟通能力和理论应用能力；商科与管理专业学生需要了解企业运营流程，掌握管理技能；市场营销专业学生需要参与市场调研；财务管理专业学生需要学习财务分析和决策制定，培养商业意识、团队协作能力和实际管理能力；艺术与设计专业学生需要通过创作实践来提升自己的艺术素养和设计能力；美术专业学生需要参与画作创作；设计专业学生需要完成设计项目，激发创造力、提升审美能力和专业技能。

（三）结合专业技能设计劳动实践项目的思路和方法

在提出结合专业技能设计劳动实践项目的思路和方法时，首先要明确项目的具体目标，这需要根据不同专业的特点和未来职业需求来制定。要整合学校、企业和社会资源，为学生提供丰富多样的实践机会和平台，以便他们能够在实际环境中应用和提升所学技能。结合学生的专业技能，应设计具有针对性、实践性和创新性的劳动实践项目，确保学生能够在实践中获得实质性的成长。在实施过程中，制订详细的实施计划，如时间安排、任务分配、指导与反馈等环节，以确保项目的顺利进行。对劳动实践项目进行定期评估，并收集学生的反馈意见，以便不断优化项目设计，提升实践效果。

在具体实施结合专业技能设计劳动实践项目的步骤中，深入分析专业特点和未来职业需求，确定劳动实践项目的具体目标，如提升学生实际操作能力、解决实际问题能力等。与学校相关部门、企业和社会组织建立合作关系，共同为学生提供实践机会和平台，确定实践地点、设备、资金等资源的配置。根据专业技能要求，设计具有针对性、实践性和创新性的劳动实践项目，制定项目计划书，包括项目背景、目标、内容、预期成果等。详细规划项目的时间安排,包括开始时间、结束时间、各个阶段的关键节点。分配任务和责任,确保每个学生都能参与到项目中,并明确他们的职责,安排指导教师或企业导师,为学生提供必要的指导和支持。按照实施计划,组织学生开展实践项目,监控项目进展,确保按计划进行,并及时解决出现的问题,定期组织项目会议,让学生分享进展和经验,促进交流与合作。对劳动实践项目进行定期评估,包括学生表现、项目进展、成果质量等,收集学生的反馈意见,了解他们对项目的看法和建议,根据评估和反馈结果,对项目进行必要的调整和优化。在项目结束后,组织学生进行总结,回顾项目过程、收获和不足。鼓励学生将实践成果进行展示,如撰写实践报告、制作展示板报、进行口头汇报等,对表现优秀的学生进行表彰,以激励其他学生的积极性。通过以上步骤,可以系统地实施结合专业技能设计的劳动实践项目,确保学生在实践中获得实质性的成长和提升。

(四)举例说明如何将专业技能融入劳动实践中

1. 项目名称:校园水质监测与净化实践

组织化学专业学生深入学习水质监测与净化的理论知识,涵盖水样采集方法、水质指标测定技术以及净化技术原理,在校园内选取具有代表性的不同区域水体作为监测对象。学生实地采集水样,并带回实验室进行专业分析,包括 pH 值、溶解氧、浊度等关键指标的测定。利用所学的净化技术,设计并实施针对校园水体的净化方案,如构建小型湿地系统或应用化学净化剂等,对采集的水质监测数据进行统计分析,评估校园水体的整体水质状况。对比净化前后的水质数据,评估净化效果,并撰写详细的实践报告,记录实验过程、数据分析和结论。组织成果展示会,邀请学校师生参与,学生分享实践经验,展示水质监测与净化的过程和成果,通过成果展示,增强学生的环保观念和化学专业技能的应用能力。

2. 项目名称:社区养老服务调研与志愿服务

组织社会学专业学生学习社会调查方法和老年社会学相关知识,设计针对社区老年人的调研问卷和深度访谈提纲,确保问题具有针对性和实效性。深入选定社区,对老年人进行问卷调查和深度访谈,收集关于老年人养老需求、生活现状及其对社区养老服务的意见和建议的数据,对收集到的调研数据进行统计分析,提炼出关键信息和趋势,撰写调研报告,总结社区老年人的养老需求和现状,并提出改善社区养老服务的具体建议。根据调研结果,组织学生参与社区养老服务志愿活动,如陪伴老人聊天、协助日常生活照料、组织文化娱乐活动等,以满足老年人的实际需求。组织学生进行反思总结会议,分享调研和志愿服务过程中的经历和感悟,引导学生思考如何将所学知识应用于解决实际问题,提升他们的社会责任感和专业素养。

三、大学劳动实践与专业技能对学生职业素养提升的作用

（一）对学生职业技能提升的影响

将劳动实践与专业技能紧密结合,对学生职业技能的提升具有显著的影响。这种结合方式不仅促进了学生对专业技能的深入理解和掌握,还为他们提供了锻炼和提升职业技能的宝贵机会。通过实际的劳动实践,学生能够亲身体验并应用所学的专业技能。这种亲身体验的学习方式使学生能够更加深入地理解专业技能的实际应用,从而加深对专业知识的理解和掌握程度。在实践中,学生能够发现自己的不足之处,并有针对性地进行学习和提升,使自己的专业技能更加扎实和全面。劳动实践为学生提供了模拟真实工作场景的机会。在劳动实践中,学生需要面对各种实际问题和挑战,这需要他们运用所学的专业技能进行解决。通过不断的实践锻炼,学生能够提升自己的团队合作能力、问题解决能力等职业技能,为未来的职业生涯做好充分的准备。结合专业技能的劳动实践使学生能够更好地适应职场需求。通过参与劳动实践,学生能够了解职场的工作环境和要求,熟悉职场的工作流程和规范。这种实践经验使学生能够更好地适应职场的挑战和变化,提前为未来的职业生涯做好准备。劳动实践中的经验也可以作为学生求职时的宝贵资本,增加他们在就业市场上的竞争力。

（二）帮助学生更好地理解职业要求和工作环境

劳动实践与专业技能紧密结合，对学生理解职业要求和工作环境具有显著的帮助。这种结合方式使学生能够更直观地了解所学专业在实际工作中的应用情况，接触并了解真实的职业环境和工作要求，从而更准确地把握职业发展的方向和目标。通过参与专业技能相关的劳动实践项目，学生能够亲身体验所学专业在实际工作中的运用。这种直观的感受使学生更深刻地理解专业知识与实际工作的联系，明白所学知识的实际应用价值，从而增强学习的动力和兴趣。劳动实践为学生提供了接触和了解真实职业环境和工作要求的机会。在实践中，学生需要与职场人士交流互动，了解他们的工作内容、职责和要求。这种实际的接触使学生能够更准确地把握职业发展的方向和目标，为自己的未来职业生涯做出更合理的规划。这种结合方式有助于学生认识到自己所学专业与职业之间的联系。通过劳动实践，学生能够看到所学专业知识在职场中的实际应用，理解专业与职业之间的紧密联系。这种认识不仅增强了学生对专业的认同感和归属感，还激发了他们对未来职业生涯的规划和探索的热情。

（三）对学生未来职业发展的积极作用

劳动实践与专业技能的紧密结合，对学生未来的职业发展具有显著的积极作用。这种结合方式不仅使学生能够积累宝贵的实践经验，提升求职和职业发展的竞争力，还有助于培养他们的职业素养和职业道德，使他们在未来的职业生涯中更加成熟和专业。劳动实践中的团队合作和项目管理经验也为学生提升领导力和团队协作能力提供了重要途径。通过劳动实践与专业技能的结合，学生能够在实际工作场景中运用所学知识，积累宝贵的实践经验。这些实践经验将成为学生求职和职业发展中的重要资本，使他们在面对职场挑战时更加自信和有准备。与仅依赖理论知识的求职者相比，具有实践经验的学生往往更受雇主的青睐，因为他们能够更快地适应工作环境，更有效地解决实际问题。这种结合方式有助于培养学生的职业素养和职业道德。在劳动实践中，学生将学会如何与同事、客户和上级进行有效沟通,如何处理工作中的冲突和挑战,以及如何保持专业态度和职业操守。这些职业素养和职业道德的培养将使学生在未来的职业生涯中更加成熟和专业,有助于他们在职场中建立良好的声誉和人际关系。劳动实践中的团队合作和项目管理经验对学生未来的职业发展具有重要意义。在实践中,学生将有机会担任团队领导或项目经理的角色,负责协调团队成员的工作、制订项目计划并监督执行。这些经验将有助于学生提升领导力和团队协作能力,使他们能够在未来的职业生涯中更好地与他人合作,共同实现团队和组织的目标。这些技能对于任何职业都是至关重要的,因为它们有助于建立良好的工作关系,推动项目的成功,并实现个人和团队的职业成长。

第三节　大学生劳动实践的组织与管理

大学生劳动实践作为高等教育的重要组成部分,不仅旨在培养学生的劳动观念和职业技能,还通过实践活动促进学生综合素质的提升。为了确保劳动实践活动的顺利进行并达到预期效果,合理的组织与管理显得尤为重要。本节将首先阐述大学生劳动实践的常见组织形式及其特点,随后分析如何有效组织和管理大学生劳动实践,以期为实现高质量的劳动教育提供指导。

一、多样化的组织形式

(一)集中实践

集中实践是大学生劳动实践的一种重要组织形式。在这种形式下,学校会在特定的时间段内,将所有参与劳动实践的学生集中在一起,共同进行实践活动。集中实践使得学校能够更方便地对所有参与实践的学生进行统一的管理和指导,学校可以制订详细的实践计划和方案,确保实践活动的有序进行,指导教师也能够更直接地与学生互动,提供即时的反馈和指导。集中实践有利于学校对实践场地、设备和指导教师等资源进行集中利用，通过共享资源，学校可以更有效地分配和利用有限的资源，提高实践活动的效率和质量。学生也能够在实践过程中充分接触到各种资源和设备，获得更全面的实践体验。尽管集中实践具有诸多优势，但它也可能受限于场地、设备等资源条件。如果学校没有足够的实践场地或设备，或者这些资源已经被其他活动占用，那么集中实践可能难以实施。学生的时间安排也可能成为集中实践的受限因素。如果学生的课程表或其他活动安排与集中实践的时间冲突，他们可能无法参与。

（二）分散实践

分散实践是大学生劳动实践的另一种重要组织形式。在这种形式下，学生根据自己的时间安排和实际情况，在指定的时间段内进行劳动分散实践。分散实践给予了学生更大的自主权，使他们能够根据自己的学业进度、兼职工作或其他个人事务来安排实践时间。这种灵活性使得分散实践能够适应不同学生的需求和实际情况，确保每位学生都能在合适的时间进行劳动实践。对于那些需要兼顾学业、兼职或其他个人责任的学生来说，分散实践提供了一种更加切实可行的实践方式。学生可以在不影响其他重要事务的前提下，灵活地安排劳动实践，从而更好地平衡学习和生活。尽管分散实践为学生提供了更大的灵活性，但也意味着学校需要提供更为详细的实践指导和支持。学校需要制定明确的实践要求和指导方案，确保学生在分散实践的过程中能够明确实践目标、内容和方法。学校还需要提供必要的资源和支持，如实践场地、设备、指导教师等，以确保分散实践的顺利进行和实践质量。

（三）小组合作

小组合作是大学生劳动实践中一种富有成效的组织形式。在这种模式下，学生被划分为不同的小组，每个小组负责特定的实践任务或项目。小组合作要求学生共同完成任务，这自然促进了他们之间的团队协作。在合作过程中，学生需要学会如何分工、如何协调不同意见，以及如何共同解决问题，这些都是团队协作的基本要求。小组合作为学生提供了一个沟通与交流的平台，在实践中，学生需要不断地与小组成员沟通想法、分享信息，这有助于提升他们的沟通技巧和表达能力。小组内成员往往拥有不同的知识背景和技能，通过合作，他们可以相互学习、取长补短。这种知识与技能的共享不仅有助于实践任务的完成，还能拓宽学生的视野，提升他们的综合素质。虽然小组合作具有诸多优势，但也需要学校进行有效的管理和指导。学校需要制定明确的小组实践规则和要求，确保每个小组都能明确自己的任务和目标。学校还需要提供必要的指导和支持，如定期的小组会议、实践进度的跟踪与反馈等，以确保小组实践能够顺利进行并达到预期效果。

二、明确的计划与方案

（一）实践目标的设定

实践目标的设定是劳动实践计划与方案中的核心环节，它直接关系到实践活动的方向、内容和效果。为了确保实践活动的有序进行和学生的积极参与，实践目标的设定应与学校的教育目标紧密结合，确保实践活动能够为实现教育目标提供有力支持。通过实践活动，学生应能够在知识、技能、态度等方面全面提升，在设定实践目标时，应充分考虑学生的实际需求、兴趣和发展方向。目标应贴近学生的实际生活和学习经验，以便能够更好地激发他们的参与热情和积极性。实践目标应具有明确性和可衡量性，避免模糊和笼统地表述。具体可衡量的目标有助于学生清晰地了解实践活动的要求和期望成果，从而更有针对性地进行准备和努力。实践目标应具有一定的挑战性，以激发学生的潜力和进取心，目标也应具有可实现性，确保学生在付出努力后能够达成目标，从而获得成就感和自信心。通过与教育目标相结合、考虑学生的实际需求、设定具体、可衡量的目标以及确保目标的挑战性和可实现性，我们可以制定更加科学、合理的实践目标，为劳动实践活动的成功开展奠定坚实基础。

（二）实践内容的规划

实践内容的规划是劳动实践计划与方案中的重要环节，它直接关系实践活动的质量和效果。为了确保实践内容的针对性和实效性,实践内容的规划应紧密围绕实践目标展开,确保每一项内容和任务都与实现目标密切相关。通过明确的内容和任务,引导学生有针对性地参与实践活动,从而达成预期的实践目标。实践内容应贴近学生的生活实际和社会实际,具有实用性和可操作性。通过设计与学生生活紧密相关的实践任务,增强学生对实践活动的兴趣和参与度,同时提升他们的实际应用能力。实践内容的规划应注重学生的技能提升,确保学生在参与实践活动的过程中能够获得实质性的技能增长。通过设置具体的技能训练任务,引导学生在实践中不断锤炼和提升自己的技能水平。实践内容的规划应充分考虑多样性和创新性,避免单一和重复的实践任务。设计多样化的实践内容和创新性的实践任务,激发学生的探索精神和创新意识,提升他们的综合素质。制定详细的时间表,包括实践的起始和结束时间、各个阶段的时间节点等,时间安排应充分考虑学生的学业和其他活动安排,确保实践活动的顺利进行。根据实践内容和需求,合理配置实践场地、设备、指导教师等资源,确保资源的充足和有效利用,以支持实践活动的顺利进行。在实践过程中,严格按照计划和方案执行,确保实践活动的有序进行。根据实际情况和学生的反馈,及时调整计划和方案,以确保实践活动的灵活性和适应性。

(三) 时间安排的制定

时间安排的制定是劳动实践计划与方案中至关重要的一个环节。一个明确、合理且可行的时间表能够确保实践活动的有序进行,同时充分尊重学生的学业和其他活动安排。在制定时间表时,首先需要确定实践活动的起始日期和结束日期。这两个时间点为整个实践活动提供了一个清晰的时间框架,有助于学生提前规划并安排好自己的时间。为了更好地管理实践活动,应将整个实践过程划分为不同的阶段,并为每个阶段设定明确的时间节点。这些时间节点可以作为进度监控的依据,确保实践活动按计划有序进行。在制定时间表时,必须充分考虑学生的学业进度和其他活动安排,如考试、课程作业、社团活动等。通过与学生沟通,了解他们的时间限制和优先级,以确保实践活动不会与他们的其他重要任务发生冲突。时间安排应具有一定的灵活性，以适应可能出现的意外情况或变化。应预留一定的缓冲时间，以应对不可预见的问题，从而确保实践活动的顺利进行。制定好的时间表应提前通知所有参与实践的学生，并与他们进行确认。这可以确保每个学生都清楚实践的时间安排，并有机会提出任何可能的时间冲突或问题，以便进行必要的调整。时间安排的制定是劳动实践计划与方案中不可或缺的一部分。通过明确实践的起始和结束时间、设定各个阶段的时间节点、充分考虑学生的学业和其他活动安排、确保实践活动的顺利进行以及提前通知与确认，我们可以制定更加合理、可行的实践时间安排，为劳动实践活动的成功开展奠定坚实的基础。

三、严格的安全管理与风险防控

（一）加强对实践过程的安全管理

在劳动实践活动中，加强对实践过程的安全管理是至关重要的。这不仅能够确保学生的安全，还能为实践活动的顺利进行提供有力保障。在实践活动开始之前，必须进行一次全面的安全检查。这包括对实践场地、设备、工具等进行细致的检查，确保它们都符合相关的安全标准。对于发现的安全隐患，必须及时进行整改，确保在实践活动开始之前，所有的安全隐患都得到有效的消除。在实践过程中，可能会涉及各种危险源，如机械设备、化学品、高温环境等。需要对这些危险源进行准确的识别，并进行全面的风险评估。根据风险评估的结果，制定相应的监控措施，确保这些危险源在实践过程中始终处于可控范围内。为了确保实践活动的安全进行，需要安排专门的安全管理人员。这些人员将负责实践活动的安全监督和指导，确保所有的安全规定都得到严格的执行。安全管理人员还需要定期对实践场地、设备、工具等进行检查，确保它们始终保持在安全状态。加强对实践过程的安全管理是劳动实践活动中不可或缺的一部分。通过进行全面的安全检查、对危险源进行识别、评估和监控，以及安排专门的安全管理人员，我们可以为劳动实践活动的安全顺利进行提供有力的保障。

（二）制定完善的安全制度和应急预案

为了确保劳动实践活动的安全进行，制定完善的安全制度和应急预案是至关重要的。这一环节涉及对实践活动特点和潜在风险的深入分析，以及制定相应的安全操作规程、注意事项和应急预案。根据实践活动的具体内容和潜在风险，制定详细的安全操作规程。这些规程应明确学生在实践过程中应遵守的安全规定，以及实践指导教师应承担的安全责任。制定安全注意事项，提醒学生和实践指导教师注意可能存在的安全风险，并提供相应的防范措施。针对实践活动过程中可能发生的火灾、急救、突发事件等紧急情况，制定详细的应急预案。这些预案应明确应急处理流程、责任人、联系方式和必要的应急资源。应急预案应定期进行更新和修订，以适应实践活动环境和条件的变化。为了提高学生和实践指导教师的安全意识和应急处理能力，应定期组织安全培训和演练，安全培训应包括安全操作规程、应急预案的学习，以及实际操作中的安全注意事项。演练应模拟真实的紧急情况，让学生和实践指导教师熟悉应急处理流程，提高应对突发事件的能力。制定详细的安全操作规程和注意事项、制定应急预案，以及定期组织安全培训和演练，我们可以有效地提高学生和实践指导教师的安全意识和应急处理能力，为实践活动的顺利进行提供有力保障。

（三）确保学生在实践过程中的安全

在劳动实践活动中，确保学生的安全是首要任务。为了实现这一目标，需要采取一系列措施，包括对学生进行安全教育、要求学生严格遵守安全规定和操作规程，以及提供必要的安全防护装备和设施。在实践活动开始之前，必须对学生进行全面的安全教育。这包括向学生介绍实践过程中可能遇到的各种安全风险，以及相应的防范措施。安全教育应以易懂、生动的方式呈现，以使学生能够充分理解并记住关键的安全信息。通过安全教育，学生应能够识别潜在的安全隐患，并知道如何在紧急情况下采取适当的行动。学生必须被明确要求严格遵守所有与安全相关的规定和操作规程。这包括穿戴适当的个人防护装备、遵循特定的操作步骤、不擅自操作危险设备等。教师应定期监督学生的行为，确保他们始终遵守安全规定。对于违反规定的学生，应及时进行纠正和教育。为了确保学生在实践过程中的安全，必须提供必要的安全防护装备和设施。如安全帽、防护眼镜、防护服、急救箱等。所有安全防护装备和设施都应符合相关的安全标准，并定期进行检查和维护，以确保其有效性。学生应被要求在使用这些装备和设施时遵循正确的使用方法，并了解其重要性。对学生进行全面的安全教育、要求他们严格遵守安全规定和操作规程，以及提供必要的安全防护装备和设施，我们可以最大限度地降低学生在实践过程中面临的安全风险。

（四）降低风险

在劳动实践活动中，降低风险是确保活动顺利进行和保障学生安全的重要环节。为了实现这一目标，需要采取一系列具体且有效的措施。通过合理的实践设计和组织，尽量避免高风险的活动或操作，在设计实践活动时，应充分考虑活动的安全性和可行性，尽量避免包含高风险的活动或操作。如果某些高风险活动或操作是必需的，那么应确保它们得到充分的规划和准备，包括制定详细的安全措施和应急预案。在组织实践活动时，应合理安排时间和资源，确保活动的顺利进行，同时降低潜在的风险。对实践过程中可能出现的风险进行持续监测和评估。这包括定期检查实践场地、设备、工具等是否符合安全标准，以及评估学生的行为是否符合安全规定。如果发现潜在的风险或安全隐患，应及时调整实践方案，采取相应的措施来降低风险，如更改活动流程、增加安全防护装备、提供额外的培训等。教师应保持高度的警觉性，时刻关注学生的安全状况，并准备在紧急情况下采取迅速的行动。应建立风险报告和反馈机制，鼓励学生和实践指导教师及时报告他们发现的任何安全隐患或风险。风险报告应简单易懂，方便学生和实践指导教师使用，同时应确保报告的信息得到及时的处理和回应。通过风险报告和反馈机制，我们可以及时发现并解决潜在的安全问题，从而降低实践活动过程中的风险。

四、科学的评估与反馈机制

科学的评估与反馈机制是任何实践活动或项目实施过程中不可或缺的一环,它不仅能够确保活动的有效性和质量,还能为未来的改进和优化提供宝贵的参考。需要明确评估的具体目标,如实践成果的质量、实施过程的效率、参与者的满意度等多个方面。根据评估目标,制定具体、可衡量的评估标准。这些标准应该既客观又全面,能够真实反映实践活动的各个方面。采用多种评估方法,如问卷调查、访谈、观察、测试等,以获取更全面的数据和信息。按照预定的评估计划和标准,对实践活动进行系统的评估。确保评估过程的公正性和客观性。对收集到的数据进行深入分析,识别出实践活动中存在的问题和不足。将发现的问题进行归类,区分是实施过程中的问题、资源分配的问题,还是策略本身的问题。对于每个问题,进一步分析其产生的根源,以便更有针对性地提出解决方案。基于评估结果和问题分析,制订具体的改进计划,明确改进的目标、措施和时间表。根据评估结果,调整和优化资源的分配,确保资源能够更有效地支持实践活动的实施,针对评估中发现的问题和不足,更新或调整原有的策略和方法,以提高实践活动的质量和效率。

建立多种反馈渠道,如在线问卷、面对面访谈、意见箱等,方便学生和教师随时提供反馈意见。通过激励措施和积极的文化氛围,鼓励学生和教师积极参与反馈过程,提出他们的意见和建议。对于收集到的反馈意见,及时进行分析和响应。对于合理的建议和需求,应尽快纳入改进计划并实施。将反馈意见作为持续改进和完善组织与管理策略的重要依据,确保实践活动能够不断适应新的需求和挑战。[1]

---

[1] 李丹,唐非,张志佳,等. 大学生劳动教育与专业能力培养的融合发展研究[J]. 现代职业教育,2022(44):8-10.

第五章　大学劳动教育与职业素养的培养

在当今快速变化的社会环境中,职业素养已成为衡量个人职业竞争力的重要标准之一。大学作为人才培养的重要基地,不仅承担着传授专业知识的任务,更肩负着培养学生职业素养的重任。劳动教育,作为大学教育体系中的关键组成部分,对于促进学生职业道德的形成、团队合作精神的培养以及自我管理与自我提升能力的提高具有不可替代的作用。本章将深入探讨大学劳动教育与职业素养培养之间的内在联系,分析劳动教育在塑造学生职业道德、团队合作精神以及自我管理与自我提升能力方面的独特价值,并提出具体的实施策略和方法,以期为大学劳动教育的实践提供有益的参考和指导。

第一节　大学劳动教育与职业道德的关系

职业道德是职场成功的基石,它涵盖了诚实、敬业等一系列核心品质,是个人在职业生涯中必须坚守的原则。大学作为人才培养的摇篮,不仅要进行专业知识的传授,更肩负着培养学生良好职业道德的重任。而劳动教育,作为大学教育体系中的重要一环,对于帮助学生理解并内化职业道德准则,塑造其诚实、敬业等职业道德品质具有不可替代的作用。本节将深入探讨劳动教育在培养职业道德方面的独特作用,并提出通过劳动教育提升学生职业道德水平的有效途径和方法。

一、大学劳动教育对于培养职业道德的作用

（一）提供真实的实践环境，增强职业道德的直观感受

劳动教育在培养学生职业道德方面，首要的优势就是能够为学生提供真实的实践环境。这种环境不仅贴近学生的生活，还能够使他们在其中亲身体验和感知职业道德的重要性和实际应用。劳动教育通过组织各类劳动实践活动，如社区服务、工厂实习、农田劳作等，为学生创造了一个与日常生活紧密相连的实践环境。在这个环境中，学生不再是被动接受知识的对象，而是积极参与、亲身体验的劳动者。他们需要与不同的人交流、合作，完成各种任务，从而深刻体会到职业道德在实际工作中的重要性。无论是时间管理、工作质量还是团队协作，都离不开职业道德的支撑。一个守时的员工能够赢得同事和客户的信任，一个注重工作质量的员工能够为企业创造更大的价值，而一个善于团队协作的员工则能够推动整个团队的发展。

（二）培养诚实、敬业等核心职业道德品质

劳动教育在培养学生职业道德方面，应着重培养诚实、敬业等核心品质。这些品质不仅是职业道德的重要组成部分，也是学生在未来职业生涯中取得成功的关键。在劳动过程中，学生不可避免地会遇到各种挑战和困难。劳动教育则要求他们学会诚实地面对问题，不逃避、不隐瞒。诚实是职业道德的基石，它要求人们在工作中保持真实、坦诚的态度，不夸大成绩，也不掩盖错误。通过劳动实践，学生能够深刻体会到诚实的重要性，并学会在实际工作中坚守这一原则。劳动教育还强调责任的重要性。在劳动过程中，每个学生都需要对自己的工作任务负责，并尽力完成任务。责任感是职业道德的核心之一，它要求人们在工作中尽职尽责、尽心尽力。通过劳动实践，学生能够逐渐培养出强烈的责任感，学会在工作中勇于担当、不推诿扯皮。敬业精神是职业道德的高尚表现，它要求人们在工作中兢兢业业、勤奋努力。在劳动过程中，学生需要不断锤炼自己的敬业精神，学会在工作中追求卓越、创造价值。

(三) 内化职业道德准则，形成良好的行为习惯

劳动教育在培养学生职业道德的过程中，不仅注重学生对职业道德准则的理解和遵守，更强调将这些准则内化为学生的行为标准，从而形成良好的职业道德及行为习惯。劳动教育不仅仅停留在理论层面，更强调实践的重要性。在实践过程中，学生需要不断地理解和体验职业道德准则，如诚信、敬业等。这些准则不仅仅是文字上的规定，更是实际工作中的行为指导。劳动教育通过具体的实践活动，引导学生将这些准则融入自己的思维方式和行为模式中，使其成为他们自然而然的行为标准。长期的劳动实践是学生形成良好职业道德行为习惯的关键。在反复的实践中，学生会逐渐养成守时、负责、敬业等良好的职业道德习惯。这些习惯不仅能够帮助他们在当前的学习和实践中取得更好的成绩，更重要的是，它们将成为学生未来职业生涯中的宝贵财富。一个守时的人能够赢得他人的信任和尊重；一个负责的人能够承担更多的责任和挑战；一个敬业的人能够在工作中不断追求卓越和成长。学生在劳动教育中形成的良好职业道德行为习惯将对他们未来的职业生涯产生积极的影响。这些习惯将成为他们职业生涯中的基石，帮助他们在工作中保持高效、专注和负责任的态度，这些习惯也将成为他们"个人品牌"的一部分，使他们在职场中更加具有竞争力和影响力。

二、劳动教育提升学生职业道德水平研究

（一）组织多样化的劳动实践活动

组织学生参与社区清洁、绿化、助老助残等志愿服务活动，让学生在服务中感受到劳动对社会的贡献，培养学生的社会责任感和奉献精神。安排学生到企业或工厂实习，让他们亲身体验生产流程，了解职业规范和操作要求，培养学生严谨的工作态度和团队合作精神。组织学生参与农田耕种、收割等农事活动，让他们了解农业发展的艰辛和重要性。

在劳动实践活动中，设置不同的职业角色，让学生扮演并体验不同职业的道德要求，如医生的救死扶伤、教师的教书育人等。通过模拟职

场中的道德困境，如利益冲突、责任选择等，引导学生在实践中思考和解决职业道德问题，培养他们的道德判断力和决策能力。在劳动实践活动中设置具体的项目任务，要求学生按照职业道德规范完成任务，如保证产品质量、遵守工作时间等，从而在实践中学习和体验职业道德的重要性。要求学生撰写劳动实践报告，反思自己在实践中的表现和收获，特别是关于职业道德方面的感悟和体会。组织学生进行劳动实践经验的分享和交流，让他们相互学习、相互启发，共同提升职业道德水平。对在劳动实践中表现突出、职业道德水平高的学生进行表彰和奖励，激励更多的学生积极地参与到劳动实践中来，不断提升自己的职业道德素养。

（二）融入职业道德教育的策略和方法

精心挑选真实的职场案例，确保案例具有代表性、时效性和教育意义，能够涵盖职业道德的多个方面，如诚信、公正等。引导学生深入分析案例中的职业道德问题，包括问题的产生原因、涉及的利益关系、可能的解决方案及其后果等。鼓励学生从不同角度思考问题，培养他们的思辨性思维和判断力。在案例分析结束后，组织学生总结案例中的职业道德原则和教训，并引导他们思考如何将这些原则和教训应用到自己的学习和未来的职业生涯中。根据职业道德教育的目标，设计具有挑战性和教育意义的职场情境，如利益冲突、客户隐私保护、团队协作等。将学生分成小组，并为每个小组分配不同的角色，如经理、员工、客户等。确保每个角色都有其特定的职业道德要求和行为准则。让学生按照分配的角色进行模拟表演，体验不同职业道德要求下的行为选择。在表演的过程中，鼓励学生充分展示角色的内心世界和道德冲突。表演结束后，组织学生进行反馈和讨论，分析不同角色在职业道德方面的表现，探讨更好的行为选择，并引导学生将所学应用到实际生活中。

选择与职业道德相关的话题作为小组讨论的主题，如"如何在职场中保持诚信""如何处理工作中的利益冲突"等。将学生分成小组，并为每个小组分配一个话题。要求学生在小组讨论前进行充分的准备，收集相关资料和观点。在小组讨论过程中，鼓励学生积极发言、分享观点，并尊重他人的意见。引导学生就话题进行深入探讨，共同探索和形成正确的职业道德观念。每个小组选派代表向全班汇报讨论结果,分享小组的观点和结论。教师进行总结和评价,强调职业道德的重要性,并鼓励学生将所学应用到实际生活中。案例分析、角色扮演和小组讨论等策略和方法,可以有效地运用到职业道德教育中,培养学生的判断力、解决问题的能力和道德敏感性,共同探索和形成正确的职业道德观念。

(三)评估与反馈机制

为了全面了解和有效提升学生的职业道德水平,建立一套科学的评估体系至关重要。这一体系不仅能够帮助教师及时发现问题,还能为学生提供明确的改进方向,鼓励他们持续进步。评估体系应包含多个维度,以确保全面评价学生的职业道德水平。这些维度可以包括学生的责任感、诚信度、团队协作精神、对待工作的态度以及面对道德困境时的决策能力等。通过设计具体的评估指标和评分标准,我们可以更准确地衡量学生在这些方面的表现。评估应定期进行,以便及时跟踪学生的进步和发现潜在问题。如可以通过课堂观察、作业评估、项目评审以及同事和导师的反馈等多种方式实现。定期评估不仅有助于教师了解学生的学习状况,还能为学生提供及时的反馈和指导。

在提供反馈时,我们应注重具体性和建设性。这意味着反馈应明确指出学生在职业道德方面存在的具体问题,并提供具体的改进建议。通过与学生进行面对面的交流,可以帮助他们更好地理解自己的表现,并鼓励他们制订具体的改进计划。评估与反馈机制还应鼓励学生进行自我反思和自我评价。通过引导学生回顾自己的学习过程和职业道德表现,帮助他们培养自我认知和自我提升的能力,鼓励学生之间的相互评价和反馈也是提升职业道德水平的有效途径。

三、劳动教育中职业道德教育的创新路径

(一)跨学科整合

在劳动教育中,为了更有效地进行职业道德教育,我们可以尝试将其与其他学科进行跨学科整合。这种整合不仅有助于拓宽学生的视野,还能使他们从多个角度深入理解和探讨职业道德的内涵和要求。通过心理学课程，帮助学生理解职业道德与个人价值观、情感反应之间的关系。分析职业道德决策过程中的心理机制，如道德判断、道德冲突和道德行为的选择。培养学生的自我反思和自我调节的能力，以便在职场中更好地应对道德挑战。研究社会文化对职业道德的影响，探讨不同文化背景下的职业道德差异，分析社会结构、职业角色和社会期望如何影响个体的职业道德行为。培养学生的社会责任感和公民观念，理解职业道德在社会中的重要作用。讲解与职业道德相关的法律法规，使学生了解职业道德的法律基础，分析职场中的法律案例，探讨职业道德与法律之间的关系。培养学生的法律意识和合规思维，以便在职场中遵守法律法规并维护职业道德。不仅有助于打破传统学科之间的壁垒，促进知识的交叉融合和创新发展，也有助于学生形成更加完整的职业道德观念，提升他们在职场中应对复杂道德问题的能力。

（二）实施项目制学习

在劳动教育中，实施项目制学习是一种创新且有效的方法，可以让学生在完成具体项目的过程中自主探究职业道德的准则和要求。这种方式不仅有助于增强学生的实践能力和解决问题的能力，还能使他们更深入地理解职业道德的内涵和价值。要选择与学生专业或未来职业相关的真实项目，确保项目具有实际应用价值，在项目设计中融入职业道德的情境和挑战。鼓励学生以小组合作的形式进行项目探究，共同讨论和制定职业道德准则，提供相关资源和指导，帮助学生深入了解职业道德的理论和实践。引导学生通过案例分析、角色扮演等方法，自主探索职业道德的要求。要求学生在项目实施过程中严格遵守职业道德准则，实践所学理论，鼓励学生在项目完成后进行反思和总结，分析自己在职业道德方面的表现和不足。通过项目展示和分享，让学生相互学习和借鉴，共同提升职业道德水平。制定明确的评估标准，包括职业道德准则的遵守情况、项目完成质量等。给予学生及时的反馈和建议，帮助他们在职业道德方面不断进步，将项目制学习的成果纳入学生评价体系，激励学生更加重视职业道德的培养。这种方式也有助于提升学生的综合素质和职业能力,为他们未来的职业发展奠定坚实的基础。

(三)建立校企合作机制

为了更有效地进行职业道德教育,与企业建立合作关系是一种有成效的策略。通过共同开发职业道德教育课程和实践项目,可以使学生更加直观地了解职业道德在职场中的重要性。可以邀请企业专家参与职业道德教育课程的开发,确保课程内容与职场实际需求紧密相连,结合企业的实际案例,讲解职业道德在职场中的具体应用和重要性,根据企业反馈和职场趋势,定期更新课程内容,保持其时效性和实用性。与企业合作开展实践项目,为学生提供真实的职场环境,让他们在实践中学习和体验职业道德,鼓励学生参与企业的实际项目,了解职业道德在项目执行过程中的关键作用。通过企业导师的指导,帮助学生将理论知识应用于实践,提升他们的职业道德素养。利用校企合作关系,为学生提供职场体验和实习机会,让他们亲身体验职业道德在职场中的重要性。通过实习期间的观察和体验,学生可以更加深入地了解职场文化、职业道德规范以及企业对员工的职业道德要求,实习期间的表现也可以作为学生职业道德教育成果的重要评估依据。

定期与企业进行沟通,了解学生在实习和职场体验中的表现,以及企业对职业道德教育的反馈。根据企业反馈和评估结果,对职业道德教育课程和实践项目进行持续改进,确保其与企业需求保持一致。鼓励学生分享他们在实习和职场体验中的经验和感悟,以便对课程内容进行进一步的优化和调整。通过建立校企合作机制,我们可以将职业道德教育与职场实际需求紧密结合,为学生提供更加实用和有效的教育体验。这种合作不仅有助于学生更好地了解职业道德在职场中的重要性,还能为他们未来的职业生涯做充分准备。

第二节　大学劳动教育培养团队的合作精神

在当今这个快速变化且充满挑战的社会中，团队合作精神不仅是个人职业发展的基石，更是组织成功的关键要素。随着工作环境的日益复杂和多样化，单打独斗的模式已难以满足现代社会的需求，团队合作的重要性愈发凸显。大学作为人才培养的重要基地，其劳动教育不仅承载着传授技能、培养职业素养的重任，也肩负着塑造学生团队合作精神的使命。本节将深入探讨团队合作精神在现代社会中的重要性，并分析大学劳动教育如何通过具体实践培养学生的这一关键能力。

一、团队合作精神在现代社会中的重要性

（一）对个人职业发展的必要性

在当今职场环境中，团队合作已成为一种常态。面对复杂多变的工作任务和挑战，一个人很难独自完成所有任务，通常需要与团队成员紧密合作，共同应对各种挑战。这种背景下，具备团队合作精神对于个人的职业发展显得尤为必要。具备团队合作精神的人能够更好地适应职场环境。他们懂得如何与他人有效沟通，理解并尊重他人的观点和需求，从而建立良好的工作关系。在团队中，他们能够积极倾听他人的意见，表达自己的观点，并与团队成员共同协商解决问题。这种良好的沟通技巧和协调能力使他们在职场中更加得心应手，能够更好地应对各种工作场景和挑战。团队合作精神有助于提升个人的工作效率和质量。

在团队中，成员之间可以相互支持、协作和补充，共同完成任务。通过团队合作，个人可以借鉴他人的经验和知识，学习新的技能和方法，从而提高自己的工作能力。团队成员之间的互相监督和激励也能够促使个人更加努力地工作，提高工作质量和效率。团队合作精神能够增强个人的职业竞争力。在现代职场中，团队合作已经成为一种重要的工作方式。具备团队合作精神的人能够更好地适应这种工作方式，与团队成员

共同协作,实现团队和个人的目标。这种能力不仅使个人在职场中更加受欢迎,还能够为个人的职业发展创造更多的机会和空间。通过团队合作,个人可以拓展自己的人脉和资源,为未来的职业发展奠定坚实的基础。

(二) 对组织成功的关键性

一个团队的成功并非偶然,它往往取决于成员之间的默契配合与共同努力。在这个过程中,团队合作精神发挥着至关重要的作用,它能够促进团队成员之间的紧密合作和相互支持,为团队的成功奠定坚实的基础。当团队成员能够共同应对各种挑战,实现更大的目标时,团队合作精神的价值就得到了充分的体现。这种精神不仅能够激发团队成员的积极性和创造力,提高工作效率和创新能力,还能够增强团队的凝聚力和向心力。在团队中,每个成员都能够感受到自己是团队的一部分,自己的努力和贡献对于团队的成功至关重要。这种归属感和责任感进一步激发了团队成员的积极性和合作精神,使得团队能够更加紧密地团结在一起,共同应对各种挑战。在现代社会和职场中,团队合作的普遍性和重要性愈发凸显。无论是企业、政府还是社会组织,都需要团队成员之间的紧密合作和有效沟通来实现共同的目标。在这种背景下,培养团队合作精神对于组织的长期发展至关重要。一个具备团队合作精神的组织能够更加高效地完成任务,更加灵活地应对各种变化和挑战,从而在竞争中脱颖而出。

团队合作精神还能够促进组织的创新和发展,在团队中,成员之间可以相互启发、相互学习,共同探索新的思路和方法。这种创新的氛围和机制使得组织能够不断保持活力和竞争力,适应不断变化的市场环境和社会需求。团队合作精神对于组织的成功具有关键性的作用。它能够促进团队成员之间的紧密合作和相互支持,提高工作效率和创新能力,增强团队的凝聚力和向心力,为组织的长期发展奠定坚实的基础,我们应该高度重视团队合作精神的培养和发扬,为组织的成功和发展注入强大的动力。

二、劳动教育：培育学生团队合作精神的有效途径

集体劳动项目是劳动教育中一种极具实践性和挑战性的形式，它要求学生们共同完成任务，促使他们必须相互协作、分工合作。在这样的项目中，每个学生都是团队不可或缺的一部分，他们的努力和贡献直接关系到整个团队的成败。在项目的执行过程中，学生们不可避免地会遇到各种挑战和问题，如资源分配不均、工作进度滞后、意见不合等。这些问题都需要他们共同面对和解决，而解决的过程正是锻炼他们团队协作能力的绝佳机会。学生需要学会倾听他人的意见，理解并尊重他人的观点，同时也需要表达自己的想法和建议。通过不断的沟通和协商，他们能够找到最佳的解决方案，从而推动项目的顺利进行。

更重要的是，通过集体劳动项目，学生能够深刻体会到团队合作的力量和价值。他们能够学会如何与他人有效沟通，如何协调不同利益方的需求，如何在团队中发挥自己的优势并弥补他人的不足。这些宝贵的经验和技能对于他们未来的职场生涯和人生发展都至关重要。在职场中，团队合作已经成为一种重要的工作方式，而具备团队合作精神和团队协作能力的人往往更受欢迎，也更容易取得成功。通过集体劳动项目的锻炼，学生们能够更好地适应未来的职场环境，实现个人的成长和发展。[①]

第三节 大学劳动教育中的自我管理与自我提升

在大学教育中，自我管理与自我提升的能力被视为个人成长与发展的重要基石。而大学劳动教育，作为培养学生实践能力和综合素质的关键环节，不仅注重技能的传授，更强调学生在自我管理和自我提升方面的成长。本节将深入探讨大学劳动教育如何有效促进学生的自我管理能

---

① 许为宾. 高校劳动教育与创新创业教育融合发展研究［J］. 教育文化论坛，2022（2）：62 – 67.

力培养,以及如何通过这一平台实现学生的自我提升,进一步分析这些能力对学生未来职业生涯的深远影响,并提出具体的实施策略。

一、自我管理的培养

自我管理需要一定的方法,如果没有自我管理方法做后盾,学生自我管理能力的提高也将流于空谈。一个优秀的教师善于指导学生掌握诸多自我管理的方法。以情绪管理为例,由于学生不合理的认知而引起的抑郁、焦虑、自卑等不良情绪,严重影响着学生的身心健康,学生只有通过情绪的自我管理,才能成为情感的主人。要保持良好的情绪,让学生了解情绪管理的原则,掌握情绪管理的方法是十分必要的。学生的自我管理能力在学生培养中起着举足轻重的作用,重视自我管理能力的培养,是提高学生综合素质的基础。如何提高学生的自我管理能力不仅是一个理论问题,而且是一个稳定教育秩序、提高教育质量的现实问题。

(一)时间与任务管理的核心要素

在劳动教育的广阔舞台上,学生频繁地面对各种实际任务和项目,这无疑对他们提出了严峻的挑战。掌握并运用有效的时间管理和任务分配技能,不仅关乎他们能否顺利完成眼前的任务,更对他们未来的学习和职业生涯产生深远影响。合理安排时间是每位学生必须掌握的基本功。在劳动教育的实践中,学生需要学会如何精打细算地使用每一分钟,确保每项任务都能得到充足的时间去完成。这要求他们制订详细而周密的计划,明确每个任务的时间节点和所需资源。他们还需要学会根据任务的紧急程度和重要性来设置优先级,确保首先完成最重要、最紧急的任务。在这个过程中,避免拖延症是每个学生都需要克服的难关。只有养成按时完成任务的良好习惯,他们才能在劳动教育的实践中不断取得进步。将大型任务分解成更小、更易于管理的部分也是学生必须学会的技能。面对庞大而复杂的任务时,学生往往会感到无从下手。他们需要将任务进行拆分,将其变成一系列更小、更具体的子任务。这样不仅可以降低任务的难度和复杂性,还可以让学生更加清晰地了解每个子任务的具体要求和完成标准。通过逐步完成这些子任务,学生最终能够成功地完成整个大型任务。在不断的实践过程中，学生会逐渐培养出良好的时间管理习惯和自我约束能力，学会如何更加高效地利用时间，如何更加专注地完成任务，如何更加自律地约束自己的行为。这些习惯和能力不仅对他们在劳动教育中的实践有着积极的影响，更对他们未来的学习和职业生涯产生着深远的影响。

掌握时间与任务管理技能的学生将在学习和职业生涯中更加游刃有余。他们能够更加高效地完成任务，更加专注地投入学习和工作，更加自律地约束自己的行为。这些优势将让他们在未来的竞争中脱颖而出，成为各个领域的佼佼者。我们应该在劳动教育中更加注重时间与任务管理技能的培养，让学生在实际操作中不断锻炼和提升这些技能，为他们的未来奠定坚实的基础。

（二）情绪与压力管理

在劳动教育的实践过程中，学生不可避免地会遇到各种挑战和困难。这时，情绪与压力管理的能力就显得尤为重要。劳动教育不仅是一个学习技能和知识的过程，更是一个锻炼学生情绪与压力管理能力的绝佳平台。学生需要学会识别和管理自己的情绪，在情绪涌上心头时，及时察觉并加以管理，避免情绪化的决策和行为。他们可以通过深呼吸、暂时离开现场、寻求他人意见等方式来平复情绪，确保自己能够冷静、理智地面对问题。学生需要学会积极寻求解决方案，而不是被问题所困扰。当遇到困难和挑战时，应该保持积极的心态，相信问题总有解决的办法，可以尝试从不同的角度思考问题，寻求创新的解决方案，也可以向他人求助，共同寻找解决问题的方法。从失败中吸取教训是情绪与压力管理的重要环节。在劳动过程中，学生可能会遭遇失败。然而，失败并不可怕，重要的是要从失败中学习，吸取教训。学生应该学会分析失败的原因，找出自己的不足之处，并努力改进。通过不断从失败中成长，学生可以逐渐培养出坚韧不拔的精神和应对压力的能力。情绪与压力管理是劳动教育中不可或缺的一部分。通过实践和学习，学生可以逐渐掌握这些技能，并在未来的学习和职业生涯中更好地应对各种挑战和困难，保持积极的心态和高效的工作状态。

(三) 团队合作与沟通

劳动教育不仅仅是个体技能的培养，更重要的是团队合作与沟通能力的锻炼。在劳动教育的实践中，学生往往需要与他人组成团队，共同完成任务和项目。这就要求他们必须学会与他人有效沟通、协作和解决问题。在团队中，学生首先需要学会倾听他人的意见。每个人都有自己的观点和想法，而有效的沟通始于真正的倾听。学生需要尊重他人的观点，认真听取他人的意见和建议，才能建立起良好的沟通基础。学生也需要学会表达自己的看法和想法。在团队中，沉默并不是金，而是沟通的障碍。学生需要勇敢地表达自己的观点和想法，与团队成员进行积极的交流和讨论，这样才能共同制订更好的计划和方案。

除了倾听和表达，学生还需要学会如何协调团队成员之间的分歧。在团队合作中，难免会出现意见不合或分歧的情况。学生需要学会以开放的心态接纳不同的观点，通过协商和妥协找到双方都能接受的解决方案，养成良好的团队协作精神；学会如何与他人共同制订计划、分配任务、解决问题，并在团队中发挥自己的作用。他们还要锻炼自己的领导力，学会如何引导团队、激励团队成员，并带领团队共同完成任务。团队合作还能帮助学生提升社交技能。在团队中，学生需要与不同的人打交道，学会如何处理人际关系、化解冲突、建立信任。这些社交技能对于他们未来的职业发展和个人成长都具有重要的意义。团队合作与沟通是劳动教育中的核心能力培养。通过团队合作的实践，学生能够更好地与他人合作、沟通，共同解决问题，实现更大的成就。

二、自我提升的实现

(一) 知识与技能的增进

自我提升的过程，首要且核心地体现在知识与技能的积累和提升上。这不仅是对外在信息的学习与掌握，更是内在能力和智慧的增长与深化。学习新知识是自我提升的基石，在快速变化的世界里，新知识层出不穷，掌握它们意味着我们能够更好地适应环境，抓住机遇。通过学习，我们不断拓展知识视野，了解不同领域、不同文化的精髓，从而丰富我们的思维方式和认知体系。掌握新技能则是自我提升的实践环节。技能是知识的应用，是将理论转化为实际操作的能力。掌握新技能意味着我们能够在实践中更加游刃有余，解决复杂问题，提高工作效率和创造力。无论是专业技能还是通用技能，都是我们在职场和生活中不可或缺的竞争力。

深化对已有知识和技能的理解和应用，是自我提升的深化阶段。这不仅仅是对已有知识的简单回顾和复习，更是对它们的深入思考和创新应用。通过不断地实践、反思和总结，我们能够发现新的应用场景，创造新的价值，实现知识和技能的升华。个人通过持续学习，不仅能够拓宽知识视野，还能够提高专业技能，更好地适应不断变化的环境和需求。在竞争激烈的社会中，只有不断学习、不断提升，才能保持竞争力，实现个人价值和梦想。知识与技能的增进是自我提升不可或缺的一部分，也是我们不断追求进步和卓越的基石。

（二）情感与态度的成熟

自我提升的过程不要局限于知识与技能的增进，它同样涵盖了个体在情感与态度层面的成长与蜕变。这一层面的提升是自我提升过程中不可或缺的内在动力，它深刻地影响着我们的行为选择、人际互动以及面对挑战时的态度。培养更加积极、乐观的心态是情感与态度成熟的重要标志。一个拥有积极心态的人，能够在逆境中看到希望，在挑战中寻找机遇。这种心态不仅有助于我们更好地应对生活中的起伏，还能激发我们的内在潜能，促使我们不断追求进步。

增强自我意识和自我认知是情感与态度成熟的另一重要方面。通过深入的自我反思，我们能够更加清晰地认识到自己的优点与不足，理解自己的情感需求和行为模式。这种自我认知的提升有助于我们更好地管理自己的情绪，避免情绪化的决策，从而做出更加理智和成熟的选择。学会更好地管理自己的情绪和情感是情感与态度成熟的直接体现。

情绪管理不仅关乎我们个人的幸福感，还影响着我们的工作效率和人际关系。通过有效的情绪管理策略，我们能够更好地调控自己的情绪，避免情绪的过度波动对我们造成负面影响。通过自我反思和情绪管理，个人能够更加理性地面对挑战和困难，保持坚韧不拔的精神状态。这种精神状态是我们在追求自我提升过程中不可或缺的支撑力量。它使我们在面对挫折时能够保持冷静和理智，从失败中吸取教训，不断前行。

（三）价值观与人生观的塑造

自我提升的过程，不仅仅是对外在知识与技能的追求，更是对内在价值观与人生观的深刻塑造。这一层面的提升，是自我提升的精神内核，它决定了我们的行为方向、生活态度以及人生追求的深度与广度。个人在成长过程中，会逐渐形成自己的价值观念。这些价值观念是我们对事物好坏、对错、美丑等的根本看法，它们深深地植根于我们的内心深处，并影响着我们的每一个选择和决策。一个有着清晰、积极价值观念的人，往往能够在复杂多变的社会环境中保持自己的方向，不随波逐流，坚持做正确的事情。个人在成长过程中也会逐渐明确自己的人生追求。这种追求不仅仅是对物质生活的渴望，更是对精神世界的充实和提升。它可能表现为对知识的无尽探索，对艺术的深深热爱，对社会的无私奉献，或对个人成长的不断追求。这种人生追求是我们生活的动力源泉，它激励着我们不断前行，不断超越自我。这些价值观念和人生追求，一旦形成，就会成为我们行为和决策的重要指导。它们像一盏明灯，照亮我们前行的道路，让我们在面临选择时能够迅速做出判断，在遇到困难时能够坚持不放弃。

价值观与人生观的塑造是自我提升过程中不可或缺的一部分。它关乎我们的精神成长和内心世界的丰富。通过不断地反思、学习和实践，我们可以逐渐明确自己的价值观念和人生追求，并在它们的指引下，实现更高层次的自我提升。

（四）发挥个人潜能与追求卓越

自我提升的过程，不仅仅是对外在知识与技能的积累，对内在情感与态度的培养，更是对个人潜能的深度挖掘与卓越追求的不懈奋斗。这一层面的提升，是自我提升的终极追求，它关乎我们能否充分发挥自己的潜能,实现自我价值和人生意义。实现个人潜能,意味着我们要不断地挑战自己,超越自我限制。每个人都有自己独特的才能和潜力,但往往由于各种原因,这些潜能并未得到充分的发挥。自我提升的过程,就是要我们勇敢地面对自己的不足,敢于挑战自己的极限,通过不断的学习和实践,激发内在的潜能,实现自我超越。追求卓越,则是自我提升的更高境界。它不仅仅是对外在成就的追求,更是对内在品质的锤炼。一个追求卓越的人,会不断地设定更高的目标,追求更高的标准,无论在哪个领域,都会力求做到最好。这种追求卓越的精神,会推动我们不断前进,不断突破自己,实现更大的成就。

通过持续的努力和奋斗,我们可以在各个领域取得卓越的成就。这些成就不仅仅是对我们努力的认可,更是对我们自我提升过程的最好证明。当我们看到自己的成长和进步,当我们感受到自己的潜能被充分挖掘,当我们体会到追求卓越的喜悦和满足,我们就会明白,自我提升的过程,就是实现自我价值和人生意义的过程。实现个人潜能与追求卓越是自我提升的终极追求。它要求我们不断地挑战自己,超越自我限制,发挥最大的潜能和创造力,才能在人生的道路上不断前行,实现自我价值和人生意义。

三、劳动教育对于学生自我管理和自我提升的意义

(一)培养学生自律与时间管理能力的有效途径

1. 培养自律性

培养学生的自律性与时间管理能力是教育过程中的重要一环,这不仅关乎学生在校期间的学习表现,更对其未来的职业生涯和个人发展有着深远的影响。在劳动教育中,教师应与学生共同设定清晰、可达成的小目标,如每日或每周的劳动任务。这些目标不仅限于劳动成果,还应包括时间管理和自律行为的具体指标。通过实现这些小目标,学生可以体验到成功的喜悦,从而增强自我约束的动机。分配给学生具体的劳动职责,让他们感受到自己对完成任务的责任。这种责任感是推动学生自

律的内在动力。鼓励学生反思自己的劳动过程与结果，思考如何改进以提高效率和质量，从而培养他们的自我管理能力。定期对学生的劳动表现和时间管理进行评估，提供具体的反馈，指出进步与不足，设立奖励机制，表彰那些在时间管理和自律方面表现突出的学生，以此作为榜样激励其他同学。引导学生养成写日记或劳动日志的习惯，记录每日的劳动活动、时间分配及自我感受。通过反思，学生可以识别自己在时间管理和自律方面的弱点，并制定策略进行改进。教授学生如何制订计划、优先级排序、使用日历或时间管理工具等基本技能，通过实例演示和练习，帮助学生掌握有效的时间分配和监控方法。在劳动实践中，要求学生按照计划执行任务，体验时间管理的实际效果，让学生交流各自的时间管理策略，相互学习，共同进步。帮助学生识别拖延的原因，如恐惧失败、缺乏兴趣等，并提供相应的应对策略。教授"分块工作法"或"番茄工作法"等技巧，帮助学生克服拖延，提高工作效率。在劳动教育中，学生需要合理安排时间以完成任务，这要求他们具备有效的时间管理技能。学生需要学会如何分配时间、设置优先级以及如何在有限的时间内高效工作，这些技能对于他们未来的学术和职业生涯都至关重要。

2. 提升时间管理能力

在劳动教育中，教师应引导学生制订，详细的时间表或计划，包括任务的开始与结束时间、中间的检查点等。学生需要学会将大的任务分解成小的、可管理的部分，并为每个部分分配合理的时间。教会学生识别任务的紧急性和重要性，并根据这两个维度对任务进行排序。通过实例分析，让学生理解为什么某些任务需要优先处理，以及如何处理突发的紧急任务。在劳动实践中，故意设置一些有时间限制的任务，让学生体验时间压力，并学会如何在压力下高效工作，教授学生一些应对时间压力的技巧，如深呼吸、集中注意力等。鼓励学生在劳动结束后进行反思，思考自己在时间管理上的成功与失败，并分析原因。根据反思的结果，学生可以调整自己的时间管理策略，以提高未来的效率。引导学生使用日历、提醒事项、时间管理应用等工具来帮助他们更好地规划和管理时间。教授学生如何有效地使用这些工具,并确保他们理解工具背后的时间管理原理。在劳动教育中,强调专注力的重要性,并教授学生如何减少干扰、提高专注力,通过一些专注力训练的游戏或活动,帮助学生提高他们的专注能力。鼓励学生为自己设定具体、可衡量的时间管理目标,如"在 30 分钟内完成这项任务"。通过实现这些小目标,学生可以逐渐建立对时间的掌控感,并提高他们的自信心。

（二）自我管理和自我提升对于学生未来职业生涯的影响

1. 增强职场竞争力

自我管理和自我提升能力对于学生在未来职业生涯中的发展具有深远的影响,具备自我管理和自我提升能力的学生能够更快地适应新的工作环境和团队文化。他们擅长观察和学习,能够迅速理解并融入新的工作流程和规范。这种适应性不仅体现在对新环境的快速融入,还包括在面对变化和挑战时能够灵活调整策略,保持高效的工作状态。自我管理能力强的学生懂得如何合理规划时间和资源,他们能够在规定的时间内高效完成任务,并保证工作质量。他们擅长设置优先级,能够识别并专注于最重要的任务,避免在不必要的事务上浪费时间。自我提升意识强的学生不会满足于现状,他们总是寻求新的挑战和学习机会,以不断提升自己的能力和技能。他们善于从失败中吸取教训,将每次经历都视为成长的机会,这种积极的心态使他们在职场中不断进步。具备自我管理和自我提升能力的学生往往也展现出更强的领导力和团队合作能力。他们能够以身作则,激励团队成员共同追求目标。他们擅长沟通协调,能够在团队中发挥桥梁作用,促进成员之间的合作与信任。职场中难免会遇到各种压力和挑战,而具备自我管理和自我提升能力的学生通常能够更好地应对这些压力。他们懂得如何调整自己的心态,保持积极乐观的态度,即使在困难面前也能保持冷静和专注。

2. 促进长期职业发展

自我管理和自我提升在职业生涯中起着举足轻重的作用,它们是促进长期职业发展的关键要素。具备自我管理和自我提升能力的学生倾于在工作中主动承担责任，他们不畏惧挑战，愿意接受并努力完成任务。这种主动性的表现往往能够获得上级和同事的认可，为他们的职业发展铺平道路。在职业生涯中，持续学习和成长是至关重要的。具备自我提升意识的学生会不断寻求新的学习机会，提升自己的专业技能和知识水平。他们能够适应不断变化的工作环境，保持竞争力，并为自己创造更多的晋升机会。自我管理能力强的学生通常也擅长与同事、上级和客户建立良好的工作关系。他们懂得如何有效沟通，解决冲突，并在团队中发挥积极作用，这种能力对于长期职业发展至关重要。职业生涯中难免会遇到各种变化和挑战，具备自我管理和自我提升能力的学生能够更好地适应这些变化。他们能够灵活调整自己的策略，应对不同的工作环境和任务要求，这种适应性是长期职业发展中不可或缺的品质。由于具备自我管理和自我提升能力的学生在工作中表现出色，他们更有可能获得更好的工作机会和晋升机会。他们的能力和潜力会被上级和雇主所认可，从而为他们打开更广阔的职业发展空间。

3. 培养领导力和团队合作能力

在劳动教育中，团队项目为培养学生的领导力和团队合作能力提供了宝贵的平台，参与团队项目使学生有机会与不同背景和技能的同学合作，共同完成任务。在这个过程中，学生需要学会倾听他人意见、表达自己的观点，并找到共识，从而具备有效的沟通和协作能力。在劳动教育中，学生可以担任团队项目的领导角色，负责规划、组织和执行项目，通过实际操作，学生能够学习到如何制定目标、分配任务、激励团队成员以及解决冲突，这些都是成为优秀领导者所必需的技能，学生通过观察和分析团队内部的互动，可以学习到团队动力学的重要性，他们将了解每个团队成员的角色、贡献以及如何协同工作以达到最佳效果。在团队项目中，每个学生都需要对自己的任务负责，并按时交付成果，这种责任感的培养对于未来职业生涯中的团队合作至关重要，因为它确保了团队成员之间的信任和依赖。劳动教育中的团队项目往往涉及多元化的成员，包括不同性别、年龄、文化和背景的学生，学生需要学会在这种多元化环境中有效合作，尊重差异，并找到共同点，这对于未来在全球化的职场中成功至关重要。在团队项目中,学生可以通过同伴和导师的反馈来评估自己的领导力和团队合作能力,他们可以利用这些反馈来识别自己的优点和不足,并制订计划进行改进。

四、如何通过劳动教育引导学生进行自我管理和自我提升

(一)设置个人目标和挑战以激发学生的自我驱动力

在劳动教育中,设置个人目标和挑战是激发学生自我驱动力的关键策略,要向学生明确解释设定明确、可衡量的个人目标对于自我管理和自我提升的重要性。目标设定不仅有助于规划学习和工作路径,还能为个人的成长和进步提供明确的方向。强调目标在激发内在动力、维持持久兴趣以及促进自主学习方面的作用。一个清晰的目标能够让学生更加专注于任务,减少拖延和分心。要引导学生理解目标如何帮助他们保持动力。当面临困难或挑战时,一个明确的目标可以作为激励,提醒学生为什么要继续努力。要解释目标如何帮助学生集中注意力。通过将精力集中在实现特定目标上,学生可以更有效地管理时间和资源,避免在不重要的任务上浪费精力。强调目标在衡量进步方面的作用。定期回顾目标并评估自己的进展,学生可以更清楚地看到自己的成长和变化,从而增强自信心和成就感。

鼓励学生在劳动教育过程中设定具体的挑战,这些挑战可以涉及技能提升、任务完成时间、工作质量、创新思维等多个方面。如提高某项技能的熟练度、在规定时间内完成一项任务、提升工作的准确性和效率、提出创新的解决方案等。通过设定挑战,学生可以激发自己的潜能。面对挑战时,学生需要调动更多的资源和能力来应对,这有助于发现和发展新的技能。还要强调在实现挑战的过程中获得成就感的重要性。当学生成功克服一个挑战时,他们会感到自豪和满足,这种积极的情绪体验会进一步增强他们的自我驱动力。

教师在学生设定目标和挑战时提供必要的支持和指导。这包括帮助学生理解目标设定的原则、如何制订实际可行的计划以及如何监控和评估进展。提供具体的资源和工具,如目标设定工作表、时间管理技巧、

技能提升资源等,以帮助学生更好地实施制订的计划。定期与学生回顾目标进展,了解他们在实现目标过程中遇到的困难和挑战。提供具体的反馈和建议,以帮助学生保持动力并调整策略。如鼓励、肯定学生的努力,提供解决问题的建议,或者帮助学生重新设定更合适的目标。

(二)利用反思和评估环节促进学生的自我认知和改进

在劳动教育中,反思和评估环节是促进学生自我认知和改进的关键,在劳动教育过程中,建立定期的反思机制,为学生提供时间和空间来思考自己的表现、进步以及需要改进的地方。鼓励学生将反思作为一种习惯,不仅仅是在特定的反思时间,而是在日常的学习和工作中也能时刻进行自我反思。鼓励学生记录反思日志,详细记录他们在劳动教育活动中的经历、感受、学到的知识和技能,以及他们认为需要改进的地方。通过记录反思日志,学生可以更好地跟踪自己的成长和变化,发现自己的学习轨迹和进步模式。

教师为学生提供具体的评估标准,以便他们能够客观地评估自己的工作和表现。这些标准应该清晰、具体,并且与劳动教育的目标相一致。评估标准可以包括技能水平、工作效率、团队合作能力、创新思维、解决问题的能力等多个方面。引导学生应用这些评估标准来审视自己的工作和表现,让他们学会如何客观地评价自己,发现自己的优点和不足,鼓励学生将评估标准作为自我提升的目标,努力达到或超越这些标准。

鼓励学生之间进行同伴评估,提供建设性的反馈和建议。同伴评估可以帮助学生从另一个角度了解自己的表现,发现他们可能忽略的方面。通过同伴的反馈,学生可以更全面地了解自己的优点和不足,并获得来自同伴的支持和鼓励。在同伴评估的基础上,学生可以制定具体的改进计划,明确需要提升的领域和具体的行动步骤。鼓励学生将同伴的反馈纳入改进计划中,并设定可衡量的目标来跟踪自己的进步。

学生在反思和评估的基础上制订明确的改进计划,确保计划具体、可行,并且与他们的学习目标和职业发展相一致。改进计划应该包括具体的行动步骤、时间表以及预期的成果。教师定期与学生回顾改进计划的进展,提供必要的支持和指导。这可以包括解答学生的问题、提供额外的资源或建议,以及帮助学生调整策略以应对挑战。通过定期的回顾和支持,教师可以确保学生能够持续地进行自我提升,并在必要时提供额外的帮助和指导。[1]

---

[1] 游飞. 劳动教育新型态—一体化教材开发的思考与实践探索 [J]. 中国培训, 2022, (09): 83-85.

第六章　大学劳动教育与创新创业能力的结合

在当今社会,创新创业已成为推动经济发展、促进社会进步的重要力量。对于大学生而言,具备创新创业能力不仅意味着个人竞争力的提升,更是实现自我价值和社会贡献的重要途径。大学教育应将创新创业理念深植于教学之中,与劳动教育紧密结合,以培养学生的实践能力、创新精神和创业能力。劳动教育作为高等教育的重要组成部分,不仅关乎学生职业技能的培养,更是塑造其全面发展人格的关键环节。将创新创业理念融入劳动教育,不仅能够丰富劳动教育的内涵,还能有效提升学生的综合素质,为其未来的职业生涯和社会发展奠定坚实基础。本章将从大学劳动教育中的创新创业理念、劳动实践培养的创新思维,以及劳动教育与创业实践的融合三个方面,深入探讨大学劳动教育与创新创业能力结合的重要性和实施路径。

第一节　大学劳动教育中的创新创业理念

随着社会的快速发展和技术的不断革新,创新创业已成为时代主题,对个人成长和社会进步具有深远影响。在这一背景下,大学劳动教育作为培养学生实践能力和创新精神的重要平台,其融入创新创业理念显得尤为重要。本节将首先阐述创新创业理念在大学劳动教育中的重要性,随后分析如何将这一理念有效融入劳动教育之中,以期提升学生的创新创业能力,为其未来的职业发展和社会贡献打下坚实的基础。

一、创新创业理念在大学劳动教育中的重要性

（一）当前社会背景下的重要意义

在当今这个快速变化的社会环境中，创新创业能力已经不再是附加的优势，而是成为衡量个人竞争力和社会适应能力的重要指标。随着技术的迅猛发展和市场的不断变化，传统的职业模式和行业格局正在经历深刻的变革。在这样的背景下，那些能够勇于创新、敢于创业的人才更有可能脱颖而出，成为引领社会发展的重要力量。

对于学生个人而言，具备创新创业能力不仅仅意味着他们在就业市场上拥有更多的选择机会，更意味着他们在职业生涯中有可能取得更高的成就。创新创业能力包括发现问题、解决问题的能力，创新思维和团队协作的能力等，这些都是现代职场中极为宝贵的素质。拥有这些能力的学生，无论是在传统的职场环境中还是在新兴的创业领域，都能够展现更强的竞争力和适应能力。

对于社会进步而言，创新创业是推动经济发展、科技进步和社会变革的重要动力。历史上无数次的科技革命和产业变革都是由创新创业者引领的。他们通过发现新的市场需求、提供新的产品或服务、优化生产流程等方式，不断推动社会生产力的提升和经济结构的优化。创新创业也是解决社会问题、改善人们生活质量的重要途径，环保技术的创新可以帮助我们更好地应对环境污染问题，医疗健康的创新可以提升人们的健康水平和生活质量，鼓励和培养创新创业精神对于社会的持续进步和发展具有深远的意义。

（二）劳动教育作为培养平台

劳动教育在高等教育体系中占据着举足轻重的地位，它没有局限于对学生职业技能的单一培养，是一个全面塑造学生实践能力与创新精神的综合性平台。在劳动教育的实施过程中，学生们被鼓励走出课堂，参与到真实的工作环境中去，这种亲身体验的教学方式极大地丰富了他们的学习经历。通过劳动教育的深入实施，学生们有机会亲身接触并了解

实际的工作环境。他们可以在实践中观察到社会对于各类技能与知识的真实需求，也能紧跟行业的发展动态，从而为自己未来的职业规划提供有利的参考。这种与实际工作环境的紧密连接，为学生们后续的创新创业活动奠定了坚实的实践基础。

更为关键的是，劳动教育中的实践环节为学生提供了大量解决问题的机会。在面对实际工作中的各种挑战时，学生需要运用所学知识，并结合实际情况进行创新思维，寻找解决问题的最佳路径。这一过程不仅锻炼了他们的创新思维能力，也极大地提升了他们解决实际问题的能力。这种能力的培养，对于学生们未来无论是选择就业还是自主创业，都将是一笔宝贵的财富。

（三）融入创新创业理念的必要性

将创新创业理念融入劳动教育，不仅是教育改革的必然趋势，也是时代发展的迫切需求。传统的劳动教育往往侧重于职业技能的传授和实践能力的培养，但随着社会的快速发展和市场的不断变化，仅仅具备职业技能已经无法满足现代社会的需求。将创新创业理念融入劳动教育，可以极大地丰富其内涵，使其更加符合时代发展的需求，培养出既具备职业技能又拥有创新精神和创业能力的高素质人才。通过创新创业理念的引导，劳动教育可以更加有效地提升学生的综合素质。在创新创业的过程中，学生需要不断运用创新思维来发现问题、解决问题，这需要他们具备敏锐的观察力和独特的思考能力。创新创业往往需要团队合作，这可以锻炼学生的团队协作能力，学会与他人沟通、协调、合作。创新创业还需要对市场有深入的了解和敏锐的洞察力，这可以培养学生的市场敏锐度，使他们更加了解市场需求和行业动态。

融入创新创业理念的劳动教育还有助于培养学生的创业精神。创业精神是一种勇于尝试、敢于创新、不畏艰难、追求成功的精神品质。通过劳动教育中的创新创业实践，学生可以亲身体验到创业的全过程，了解创业的艰辛和乐趣，从而培养出坚韧不拔的创业精神和勇于尝试的创新意识。这种精神品质将伴随他们未来的职业生涯，鼓励他们在面对挑战和机遇时勇于尝试、敢于创新，不断追求个人的成长和事业的发展。

二、创新创业理念融入劳动教育的实施路径

（一）明确融合内容，进行有效规划

教师要明确劳创融合的具体内容。推进新时代高校劳动教育与创新创业教育充分融合，实际上就是将劳动教育贯穿创新创业教育工作全过程，在创新创业教育中弘扬劳动精神。实施劳动教育的目的是让学生具备劳动精神，更积极地投入创新创业实践。在创新创业教育中，教师要进一步凸显劳动的本质。融入勤俭奉献精神，教师要将勤俭和奉献的劳动精神融入创新创业教育，让学生珍惜自己及他人的劳动成果，意识到财富得来不易，帮助学生增强节约意识，不要只考虑短期利益，而应做长远的打算。融入奋斗精神，多数学生在毕业后会按部就班，寻找相对稳定的工作，积极投入创业的学生有限。教师可以将奋斗精神融入创新创业环节，推动学生勇担时代使命，大胆尝试创业，有想法就主动付诸实践。融入以创新为灵魂的劳动精神，为进一步提升学生就业竞争力，教师必须培养学生的创新意识，使之运用创新思维更好地为企业服务。在推进劳创融合阶段，教师应有意识地激发学生的创造活力，发展其创新思维。

（二）融合课程体系，发挥教育合力

教师要将劳动教育与创新创业教育融入人才培养全过程、全领域，实现教育内容全覆盖。通过"必修课+拓展课"的形式，合理构建融合课程体系。在劳动教育过程中，教师可以选择一些创新创业实践案例。如针对创业过程中的机遇或风险，可以合理地选择案例为学生进行分析。借助这种方式，让学生意识到创新创业和劳动本身是不可分割的，只有持续学习，才能促进自身综合发展。在大学教育实施环节，高校要针对各个部门进行合理统筹，制订有效的人才培养计划，才能确保培养出来的人才契合社会的实际需要。在融合劳动教育和创新创业教育过程中，高校教师要围绕这两部分内容，从理论架构和实践体制两方面进行统筹设计。育人是整个社会共同的目标和任务，高校应发动社会各界力量，

开展协同育人，提升院校、企业、劳模一体化育人水平，保证育人质量。

（三）合理转换方式，搭建实践平台

实践是大学教育的重要环节，实践出人才，在融合劳动教育和创新创业教育的过程中，教师应组织多样化的教学实践活动，以实践作为二者融合的载体。如尝试组织创新创业大赛、学科竞赛以及社会实践等。在参与实践的过程中，学生会逐步了解创新创业和劳动教育的实际关联。除了利用校园资源，教师还可以组织多种课外实践活动。如在寒暑假，可以鼓励学生参与基层生产劳动，不仅能了解劳动的艰辛，还可以让学生掌握更多的劳动技能，促进全面发展。为进一步深化学生对教育内容的理解，教师还可以邀请一些优秀企业家进校园，开展引领性教育示范活动，构建更为完善的实践教学模式。在实践中，学生进一步了解了社会对于劳动技能和创新创业能力的需求，从而会有意识地提高自身的劳动素养和创新创业素养。

（四）发挥技术优势，丰富课程资源

在移动互联网普及的时代，教师在教育实施环节应积极创新，如利用互联网技术搭建网络媒体平台。高校可以和企业联合，建设"劳动教育+创新教育"媒体平台。无论是大学还是企业，都可以围绕着劳创融合提供更多的课程资源。学生随时登录平台，获取资源，了解现阶段市场环境和不同行业的动态，在全面了解行业现状的情况下，找到更多的创新创业机会。一些大学生在创业过程中可能会出现迷茫心态，教师可以发挥大数据、人工智能等技术的优势，对学生加以引导。教师还可以利用现代信息技术建设慕课、微课或精品课程，让学生有更多的机会了解创造性劳动教育的实际内容。对于那些具备良好创新意识的学生，教师可以鼓励他们积极参与创业实践。高校应给予一些基础的帮扶，以提升创新创业教育与劳动教育融合的效果。

（五）注重"双师型"教师培训，提升指导能力

劳创融合对教师提出了更高的要求。高校应不断加强"双师型"教师队伍建设，完善教师培训机制。高校应鼓励教师之间互相探讨，分享

不同的教育观念。为提高教师的创新创业能力和劳动能力，高校应为教师提供更多的培训和提升机会。如积极推动校企合作，让教师深入企业参与实际工作，真正了解创新创业实际过程。高校应与有代表性的企业协商，选择创业经验丰富的创业者到校兼职，对学生进行有效的思想引导，培养学生的劳动意识。在创新创业指导中进一步发挥劳动教育的引领作用，使劳动教育和创新创业教育更紧密地结合起来，帮助学生树立正确的思想观念。

劳动教育和创新创业教育本身就是不可分离的教育内容。在新时代背景下，大学教师需要深入思考，将劳动教育贯穿于创新创业教育全过程，在创新创业教育中弘扬劳动精神。通过劳创融合，高校可以培养更多的新时代建设者和接班人，并提升其就业竞争力。

三、创新创业理念教育的实践探索

（一）项目式学习

在劳动教育过程中引入项目式学习模式，是一种将理论知识与实践操作紧密结合的有效方法。这一模式的核心在于，让学生围绕真实或模拟的项目展开学习和实践，通过亲身参与项目的全过程，来培养他们的创新思维、团队协作和问题解决能力。在项目式学习中，学生首先需要参与项目的策划阶段。这一阶段要求他们根据实际需求或市场趋势，提出创新性的项目想法，并制订详细的实施计划。这一过程不仅锻炼了学生的创新思维，还让他们学会了如何将理论知识应用于实际问题的解决中。在这一阶段，学生需要按照策划阶段制订的计划，分工合作，共同推进项目的进展。这一过程中，他们需要不断面对各种挑战和问题，并通过团队协作和集思广益来寻找解决方案。这样的实践经历不仅提升了学生的团队协作能力，还让他们学会了如何在压力下保持冷静，寻找有效的方法来解决问题。最后是项目的总结阶段。在这一阶段，学生需要对整个项目的实施过程进行回顾和反思，总结成功的经验和失败的教训。这一环节不仅有助于学生巩固所学知识，还让他们学会了如何从实践中提取有价值的信息，为未来的创新创业活动提供借鉴。项目式学习在劳动教育中的应用,为学生提供了一个将所学知识与实际应用相结合的平台。通过参与项目的全过程,学生不仅提升了实践操作能力,还培养了创新思维、团队协作和问题解决能力等多方面的素质。这些能力的提升,为他们未来的职业发展和社会贡献打下坚实的基础。

(二) 创业模拟训练

在创新创业理念教育的实践探索中,创业模拟训练是一种极具价值的教学方法。它充分利用了虚拟现实、在线平台等先进的技术手段,为学生提供了一个仿真的创业环境,使他们能够在虚拟的空间中亲身体验创业的全过程。通过创业模拟训练,学生可以模拟创业过程中的各个环节和场景,如市场调研、商业计划书撰写、资金筹集、团队组建、产品开发、市场推广等。在每个环节和场景中,学生都需要根据模拟的实际情况做出决策,并应对可能出现的各种挑战和风险。这样的训练不仅让学生了解了创业所需的知识和技能,还让他们深刻体会到了创业的艰辛和乐趣。在创业模拟训练过程中,学生还可以发现自己的不足之处。他们可能会发现自己在市场调研方面缺乏经验,或者在资金筹集方面遇到困难。通过模拟训练的反馈和指导,学生可以及时发现自己的问题,并有机会在模拟环境中进行改进和提升。这种即时的反馈和改进机制,对于培养学生的创新创业能力具有非常重要的意义。

创业模拟训练为学生提供了一个安全、低风险的创业实践环境。在这里,他们可以尽情尝试自己的创业想法,锻炼自己的创新创业能力。通过模拟训练中的反馈和指导,他们还可以及时发现自己的不足之处,并加以改进和提升。这样的教学方法不仅有助于培养学生的创新创业精神,还能为他们未来的创业活动提供宝贵的经验和教训。

(三) 校企合作育人

在创新创业理念教育的实践探索中,校企合作育人模式被视为一种有效的人才培养策略。这一模式强调大学与企业之间的深度合作,共同参与到人才培养的全过程中,包括制定人才培养方案、开发课程资源以及实施实践教学等环节。通过校企合作育人模式,大学能够紧密跟随行业的发展趋势和市场需求，及时调整人才培养方案，确保学生所学知识与实际应用紧密相连。企业则能参与到课程设置和教学资源的开发中，将自身的实践经验和行业前沿技术融入教学内容中，使学生能够更好地掌握创新创业所需的实际技能和知识。

在实践教学环节，校企合作育人模式更是发挥了其独特的优势。企业可以为学生提供真实的实践环境和项目，让他们在实际工作中学习和成长。这种"学中做，做中学"的方式，不仅提高了学生的实践操作能力，还让他们有机会亲身体验创业的艰辛和乐趣，从而更好地理解创新创业的实质。对于企业而言，校企合作育人模式也是一个选拔优秀人才的有效途径。通过与学生的共同合作和实践，企业能够更直观地了解学生的能力和潜力，从而提前锁定优秀的人才资源。这种合作模式有助于企业构建稳定的人才供应链，为企业的长期发展提供有力的人才保障。

校企合作育人模式在创新创业理念教育的实践探索中展现了巨大的潜力。它不仅能够提升学生的实践能力和创新创业精神，还能为企业输送优秀的人才资源，实现学校和企业的双赢局面。我们应该进一步深化和推广校企合作育人模式，为培养更多具有创新创业能力的高素质人才做出贡献。

第二节　大学劳动实践培养的创新思维

创新思维是推动个人成长和社会发展的关键要素。大学教育不仅注重理论知识的传授，更强调实践能力的培养。劳动实践作为大学教育的重要组成部分，为学生提供了一个将理论知识与实际操作相结合的平台，尤其在培养创新思维方面发挥着不可替代的作用。本节将深入探讨劳动实践对于培养创新思维的作用，并分析如何通过劳动实践有效激发学生的创新思维。

一、劳动实践对于培养创新思维的作用

（一）劳动实践中的问题与挑战激发学生的创新思维

在劳动实践中，学生常常会遇到各种预期之外的问题和挑战，这些问题和挑战往往超出了他们原有的知识框架和经验范围。面对这些突如其来的难题，学生不得不跳出传统的思维模式，积极寻找新的解决方案。在制作一个手工制品时，学生可能会发现原本计划使用的材料不足，或者某些工具并不适用。这时，他们需要开始思考如何利用现有的资源，或者寻找替代材料来完成作品。这个过程需要他们充分发挥想象力和创造力，尝试不同的组合和方式，以找到最合适的解决方案。这种面对实际问题的思考过程，正是激发学生创新思维的关键。它要求学生不仅要有扎实的理论知识，还要具备灵活的思维方式和解决问题的能力。在劳动实践中，学生需要不断地试错、调整和改进，直到找到最佳解决方案。这种实践性的学习方式让他们更加深入地理解问题的本质，也让他们更加明白创新思维的重要性。劳动实践中的问题与挑战是他们创新思维培养的催化剂。通过不断地面对问题、解决问题，学生的创新思维能够得到有效的锻炼和提升。

（二）动手实践培养学生创新思维与解决问题的能力

劳动实践作为一种动手的过程，其核心在于要求学生将所学的理论知识转化为实际操作。这一过程并非简单地复制粘贴，而是需要学生在实践中不断尝试、摸索和修正。在实践中，学生往往会遇到各种问题，如材料的使用不当、工具的操作不熟练、制作流程的混乱等。面对这些问题，学生需要不断地试错，即尝试不同的解决方法，看看哪一种更为有效。这种试错的过程实际上就是一种创新思维的培养过程，因为它要求学生不拘泥于传统的做法，而是敢于尝试新的、可能更为有效的方法。在试错的基础上，学生还需要根据实践的结果进行调整和改进。例如，他们可能会发现某种材料的使用效果并不理想，于是就会思考是否可以用其他材料替代；或者他们可能会发现某种制作流程存在瓶颈，于是就

会尝试优化流程，提高效率。这种调整和改进的过程同样是一种创新思维的培养过程，因为它要求学生不仅要有发现问题的能力，还要有解决问题的能力。通过劳动实践，学生能够更加深入地理解问题的本质。他们不再只是停留在理论的层面上，而是能够亲身体验到问题的实际影响，从而更加深刻地认识到问题的严重性和解决的紧迫性。由于实践中的问题是具体而微的，学生也能够更加清晰地看到问题的细节和关键点，从而更容易找到解决问题的突破口。①

二、通过劳动实践激发学生的创新思维

（一）设置开放性问题以激发创新思维

在劳动实践中，为了有效激发学生的创新思维，教师可以设置一些具有挑战性和开放性的问题。如教师可以提出"如何用最少的材料制作出最美观的作品？"这样的问题。这个问题要求学生不仅要考虑作品的美观性，还要关注材料的节约性。为了解决这个问题，学生需要思考如何更有效地利用材料，或者寻找替代材料来达到预期的效果。这样的思考过程能够激发学生的创新思维，促使他们尝试不同的方法和组合。"如何在保证质量的前提下提高制作效率？"的问题则要求学生同时考虑制作的质量和效率，寻找两者之间的平衡点。为了解决这个问题，学生需要分析制作过程中的瓶颈环节，并思考如何通过优化流程、采用新技术或工具来提高效率，同时保证作品的质量。通过设置这些开放性的问题，教师能够引导学生跳出传统的思维模式，鼓励他们勇于尝试和创新。学生在解决问题的过程中，不仅能够锻炼他们的创新思维，还能够提升他们的实践能力和团队协作能力，设置开放性问题是劳动实践中激发学生创新思维的一种有效策略。

（二）强调教师的引导作用以激发创新思维

在劳动实践中，教师的角色不仅仅是简单地指示学生如何操作，更

---

① 杨柳. 大学生劳动精神培育存在的问题及对策研究［D］. 牡丹江师范学院，2024.

重要的是通过提问、讨论等方式引导学生，激发他们的创新思维。当学生遇到问题时，教师不应立即给出答案，而是应该通过提问的方式引导他们深入思考问题的本质。例如，教师可以用"你觉得这个问题出在哪里？"这样的问题引导学生分析问题的根源，从而有针对性地寻找解决方案。除了提问，教师还可以组织小组讨论、分享会等活动，让学生互相交流思想和经验。在小组讨论中，学生可以围绕一个主题或问题展开深入的讨论，通过交流不同的观点和想法，激发彼此的创新思维。而在分享会上，学生可以分享自己在劳动实践中的经验和发现，通过互相学习和借鉴，进一步拓宽思路，提高创新能力。强调教师的引导作用在劳动实践中对于激发学生的创新思维具有重要意义。通过提问、讨论和分享等方式，教师可以引导学生深入思考问题的本质，鼓励他们从不同角度寻找解决方案，从而培养他们的创新思维和实践能力。

第三节 大学劳动教育与创业实践的融合

在当今高等教育体系中，劳动教育与创业实践作为培养学生综合素质的重要环节，受到广泛关注。劳动教育不仅关乎学生动手能力的培养，更在于通过实践活动，塑造学生的创新精神和团队协作能力。而创业实践，则是将理论知识转化为实际行动，让学生在真实的市场环境中锻炼问题解决能力和风险应对能力。二者虽侧重点不同，但在培养学生全面素质方面有着共同的目标和相辅相成的关系。探索如何将大学劳动教育与创业实践有效融合，以提升学生的创业能力，成了一个值得深入研究的课题。

一、劳动教育与创业实践的关系

（一）共同目标分析

1. 实践能力培养

劳动教育和创业实践都着重于通过实际操作和亲身体验来增强学生

的实践能力。劳动教育通过各类劳动活动,如手工制作、机械加工、电子技术应用等,使学生掌握基本的生活技能和职业技能,为他们日后的职业生涯打下坚实的基础。而创业实践则更进一步要求学生在真实的市场环境中运用所学知识,进行商业策划、运营管理、市场推广等实际操作,从而让他们在实践中不断锻炼和提升实践能力,更好地适应社会的需求。

2. 创新精神培育

劳动教育和创业实践都深刻认识到创新精神对于个人和社会发展的重要性,因此都鼓励学生在实践中勇于创新,尝试不同的方法和思路。劳动教育通过引导学生参与劳动过程,让他们在实践中发现问题并寻求解决方案,从而培养其创新意识和解决问题的能力。而创业实践则更是一个充满挑战和机遇的领域,它要求学生在创业过程中不断尝试、创新,以应对市场的快速变化和激烈的竞争挑战,从而培养出具有敏锐洞察力和创新思维的创业人才。

3. 团队协作能力提升

在劳动教育和创业实践中,团队协作能力都被视为一项至关重要的能力。在劳动教育中,学生需要与他人合作完成任务,这要求他们学会沟通、协调和分工,以达成共同的目标。而在创业实践中,团队协作更是不可或缺的一部分。学生需要与团队成员紧密合作,共同面对创业过程中的各种挑战,如市场调研、产品开发、资金筹措等。通过这样的实践锻炼,学生可以更好地理解和掌握团队协作的精髓,提升他们在团队中的协作能力和领导力。

(二)劳动教育为创业实践提供基础技能和经验积累

1. 基础技能掌握

劳动教育为学生打下了一系列坚实的基础技能,这些技能在创业实践中具有广泛的应用价值。例如,手工制作技能不仅锻炼了学生的动手能力和创造力,还可以直接应用于产品原型制作,帮助他们在创业初期快速制作出实物样品,进行市场测试和反馈收集。机械加工技能则使学生掌握了基本的机械操作和制造流程，这对于创业中可能涉及的设备维护、生产线搭建或产品制造等环节都至关重要。同样，电子技术技能也是现代创业中不可或缺的一部分，无论是智能硬件开发、电子产品设计还是互联网技术应用，都需要学生具备一定的电子技术基础。

2. 经验积累

劳动教育中的实践活动为学生提供了积累经验的机会。在项目管理方面，学生学会了如何规划项目进度、分配任务资源、监控项目执行等，这些经验在创业实践中同样适用，可以帮助学生更有效地管理创业项目，确保项目按时按质完成。在时间管理方面，劳动教育使学生学会了如何合理安排时间、提高工作效率，这对于创业中需要同时处理多项任务、应对紧急情况等场景尤为重要。此外，资源调配也是劳动教育中不可或缺的一部分，学生学会了如何在有限的资源下做出最优的决策，这种经验在创业实践中同样宝贵，可以帮助学生更好地控制成本、优化资源配置。

3. 心态培养

劳动教育还能培养学生的耐心、细心和责任心等良好心态，这些心态在创业实践中同样至关重要。创业过程充满了不确定性和挑战，需要学生具备坚忍不拔的精神来应对各种困难和挫折。劳动教育中的实践活动往往需要学生反复尝试、不断修正，这个过程锻炼了学生的耐心和细心，使他们学会了在面对问题时保持冷静、细致分析。劳动教育也强调了责任心的重要性，无论是对自己的工作还是与他人的合作，都需要学生认真负责、尽职尽责。这种责任心在创业实践中同样重要，可以帮助学生更好地履行自己的职责、对团队和项目负责。[1]

---

[1] 许宝丰. 大学劳动教育与创新创业教育融合路径研究 [J]. 辽宁开放大学学报, 2023 (02): 110-112.

二、分析如何将二者有效融合，提升学生的创业能力

（一）在劳动教育中引入创业项目

在劳动教育中引入创业项目，是一种创新且富有成效的教学模式。具体而言，这意味着将创业的实际操作和挑战融入劳动教育的课程体系中，让学生在亲身体验中学习并熟悉创业的各个环节。市场调研是创业项目的起点。学生需要学会如何识别市场机会，了解目标客户的需求和偏好，以及分析竞争对手的优势和劣势。通过这一过程，学生可以培养敏锐的市场洞察力和商业敏感度，为后续的创业活动打下坚实的基础。学生需要制订商业计划，明确创业项目的目标、策略、预算和时间表。这一环节要求学生具备逻辑思维和规划能力，能够将市场调研的结果转化为具体的商业行动方案。

在产品设计环节，学生可以将劳动教育中掌握的手工制作、机械加工、电子技术等技能应用于实践中，亲手制作产品原型。这一过程不仅锻炼了学生的动手能力和创造力，还让他们更加深入地理解了产品设计与市场需求之间的关系。生产制造环节则要求学生了解并掌握基本的生产流程和质量控制方法。通过参与实际的生产过程，学生可以更加直观地了解产品从原材料到成品的转变过程，以及如何在保证质量的同时提高生产效率。市场推广是创业项目中至关重要的一环。学生需要学会如何制定营销策略，选择合适的推广渠道，以及与客户进行有效的沟通。通过这一环节的学习，学生可以提升自己的市场推广能力和销售技巧。财务管理也是创业项目中不可忽视的一部分。学生需要了解基本的财务知识，如成本核算、预算制定和利润分析等。通过掌握这些技能，学生可以更好地管理创业项目的财务状况，确保项目的可持续发展。

（二）强调学校与企业的合作

强调学校与企业的合作在提升学生的创业能力方面具有不可替代的作用。学校与企业的紧密合作可以为学生提供一个更加真实、更加贴近市场的创业环境，使他们能够更好地了解行业趋势，掌握市场需求，从

而为未来的创业道路做好充分准备。学校可以通过与企业建立合作关系，为学生提供宝贵的实习机会，让学生亲身体验企业的运营和管理，了解企业的文化和工作流程，积累宝贵的工作经验。在实习过程中，学生还可以与企业员工进行深入交流，学习他们的专业技能和工作经验，为自己的创业之路打下坚实的基础。学校可以与企业共同建立创业孵化基地，为学生提供一个集研发、生产、销售于一体的创业实践平台。在这个平台上，学生可以充分展示自己的创业才能，将所学的知识和技能转化为实际的商业成果。孵化基地还可以为学生提供一系列的支持和服务，如资金支持、法律咨询、市场推广等，帮助他们更好地实现创业梦想。学校还可以与企业合作，共同为学生提供资金支持。如设立创业基金、提供贷款担保等方式，帮助学生解决创业过程中的资金瓶颈问题。通过与企业的合作，学生可以更加容易地获得市场的认可和支持，为自己的创业项目赢得更多的机会和资源。学校与企业的合作还可以帮助学生更好地了解市场需求和行业趋势。企业可以为学生提供最新的市场信息和行业动态，帮助他们把握市场机遇，制订更加符合市场需求的商业计划。企业还可以为学生提供专业的指导和建议，帮助他们在创业过程中避免走弯路，提高创业成功率。通过合作，学校可以为学生提供更加真实、更加贴近市场的创业环境和资源支持，帮助他们更好地了解行业趋势和市场需求，为未来的创业之路做好充分准备。

（三）建立创业导师制度

建立创业导师制度是学校在提升学生创业能力方面的一项重要举措。这一制度旨在邀请具有丰富创业经验的企业家、投资人或专业人士作为导师，为学生提供个性化的创业指导和帮助。创业导师可以根据学生的具体情况和需求，提供针对性的建议和指导。每个学生都有其独特的背景和优势，也面临着不同的挑战和困难，个性化的指导和帮助对于学生来说至关重要。导师可以通过与学生的深入交流，了解他们的创业想法、计划和目标，然后根据这些信息提供具体的建议和指导，帮助学生更好地制定和实施创业计划。导师在创业过程中扮演着重要的角色，他们可以帮助学生解决遇到的问题和挑战。创业之路充满了未知和风险，学生在创业过程中难免会遇到各种困难和挑战。而导师作为过来人，他们有着丰富的经验，可以为学生提供宝贵的建议和解决方案，可以帮助学生分析市场趋势、制定营销策略、解决财务问题等，从而让学生在创业过程中更加顺利。①

三、实施策略：构建劳动教育与创业实践相融合的教学模式

（一）课程设置注重实践与理论的结合

在构建劳动教育与创业实践相融合的教学模式中，课程设置是核心环节。为了确保学生在掌握基础技能的同时，也能深入了解创业的基本知识和方法，要在开设劳动教育课程的基础上，巧妙地引入创业相关的理论和实践内容。理论与实践课程应相互穿插，形成互补。学生在学习理论知识的同时，应通过实践活动来应用和巩固所学知识。在劳动教育课程中，可以设置与创业相关的实践项目，如市场调研、产品设计、营销策划等，让学生在实践中亲身体验创业的各个环节，从而更深入地理解创业知识。课程内容应与时俱进，紧跟时代步伐。创业环境和市场动态是不断变化的，课程内容也需要及时更新，以反映最新的创业趋势和市场动态。这样，学生就能更好地了解当前的市场环境，为未来的创业之路做好充分准备。在课程设置中，可以增加一些创新性的实践项目，鼓励学生发挥想象力，提出新颖的创业想法，并通过实践来验证这些想法的可行性，还应加强学生的团队协作能力、沟通能力和解决问题的能力，这些都是未来创业过程中必不可少的技能。

（二）采用灵活多样的教学方法

在教育教学过程中，采用灵活多样的教学方法对于提升学生的学习效果、培养其创新思维与实践能力具有至关重要的作用。特别是在创业教育中，这一点显得尤为重要。实施项目制教学是一种极为有效的教学方法。它不再局限于传统的课堂教学，而是让学生围绕具体的创业项目

---

① 胡荣宝. 新时代地方应用型本科高校开展劳动教育的实践路径研究 [J]. 蚌埠学院学报, 2021, 10（1）: 103-106.

展开学习和实践。从项目的策划阶段开始,学生就需要进行市场调研、分析竞争对手、制定营销策略等,这一系列的活动都能够极大地锻炼他们的实际操作能力。在实施阶段,学生需要亲自去执行项目计划,这不仅能够提升他们的团队协作能力,还能够让他们在实践中发现问题、解决问题。在成果展示阶段,学生需要将自己的项目成果进行展示和汇报,这不仅能够提升他们的演讲和表达能力,还能够让他们从中学会如何推销自己的产品和想法。引入导师制也是提升创业教育质量的重要手段。每位学生都配备一位具有丰富创业经验的导师,为学生提供个性化的指导和帮助,避免在创业过程中走弯路。导师可以帮助学生分析市场趋势、制订商业计划、解决创业过程中遇到的问题等,他们的经验和指导对于学生来说是无价之宝。小组讨论、案例分析、角色扮演等多种教学方法也是提升创业教育质量的有效途径。小组讨论可以让学生在交流中碰撞出思想的火花,激发他们的创新思维;案例分析可以让学生从真实的创业案例中学习到成功的经验和失败的教训;角色扮演则可以让学生模拟真实的创业场景,提升他们的应变能力和实际操作能力。

(三)建立客观的评价机制

建立客观的评价机制是提升劳动实践和创业教育质量的关键环节。为了确保评价的公正性和有效性,要制定明确的评价标准,对学生的劳动实践和创业成果进行客观、全面的衡量。评价机制应注重过程评价与结果评价的结合。过程评价能够关注学生在实践过程中的表现和努力,包括他们的参与度、团队协作能力、问题解决能力等。这种评价方式能够鼓励学生积极参与并持续努力,即使最终成果不尽如人意,也能因为过程中的付出和努力而得到认可。而结果评价则更加关注最终成果的质量和创新性,它能够激励学生在实践中不断探索和创新,追求更好的成果。

通过评价机制激励学生积极参与劳动实践和创业活动是非常重要的。评价机制应该设立明确的奖励和激励措施,对于那些在实践和创业活动中表现突出的学生给予充分的肯定和奖励。这不仅能够激发学生的积极性和创造力,还能够为其他学生树立榜样,形成积极向上的学习氛围。评价机制还应为教师提供反馈,以便他们不断调整和优化教学模式。通过对学生的劳动实践和创业成果进行评价，教师可以更加清晰地了解学生在哪些方面存在不足，需要进一步加强指导和培养。

四、面临的挑战与应对策略

（一）挑战一：平衡劳动教育的普遍性与创业实践的特殊性

1. 具体表现

劳动教育与创业实践在教育目标、内容和方法上存在一定的差异。劳动教育主要注重培养学生的基本劳动技能和素养，如手工技能、操作技巧、劳动态度等，它具有普遍性，适用于所有学生。而创业实践则更强调学生的创新思维、市场洞察力、团队协作和实际操作能力，它更具有特殊性，通常针对有创业意向或创新精神的学生。如何在融合这两种教育形式时，既保持劳动教育的普遍性，又突出创业实践的特殊性，是一个重要的挑战。

2. 应对策略

为了确保劳动教育与创业实践在融合过程中的互补性，学校需要制订详细的教学计划。这个计划应该明确两种教育形式的目标和内容，以及它们如何相互补充。可以在教学计划中设定一些跨学科的课程或项目，让学生在学习劳动技能的同时，也能接触到创业实践的相关知识和方法。为了满足不同学生的需求，学校应该设计多样化的教学活动。这些活动应既包含普遍的劳动技能培训，如手工艺制作、机械加工等，也涵盖特定的创业实践项目，如商业计划书撰写、模拟创业等。通过这样的设计，学生可以根据自己的兴趣和职业规划选择适合自己的学习活动。为了使学生在实践中体验劳动的价值，并理解创业实践的挑战和机遇，学校可以通过案例分析、角色扮演等方法将劳动教育的元素融入创业实践中。例如，可以选取一些成功的创业案例，让学生分析其中的劳动技能应用和创业策略；或者组织学生进行角色扮演游戏，模拟创业过程中的各种情境，让他们在实践中学习和成长。

（二）挑战二：确保学生在实践中的安全与权益

1. 具体表现

在创业实践中，学生往往会踏入一个全新的、充满变数的环境，他们可能会面临资金安全、合同纠纷、知识产权侵犯，甚至人身安全等各种风险和挑战。这些实际问题不仅可能影响学生的创业进程，更可能对他们的权益造成严重损害。因此，如何全面、有效地保障学生在实践过程中的安全和权益，确实是一个亟待我们深入思考和解决的问题。

2. 应对策略

制定完善的安全预案是首要任务。需要对学生在创业实践中可能遇到的各种风险进行全面、细致的评估，并据此制定出一套具体、可行的应对措施和预案。针对资金安全问题，可以设立专门的监管机制，确保资金的合法、合规使用，并为学生提供必要的财务指导和建议；对于合同纠纷，可以为学生提供法律咨询和支持，帮助他们在签订合同前进行充分的审查，避免不必要的法律纠纷。

加强与企业的合作与沟通也是关键。学校应积极寻求与企业的深度合作，共同为学生打造一个安全、有益的实践环境。为此，我们可以与企业签订详细的合作协议，明确双方的责任和义务，确保学生在企业实践中的权益得到充分保障。同时，学校和企业还应定期进行沟通，及时解决学生在实践中遇到的问题和困难，确保他们能够在一个稳定、和谐的环境中成长和发展。

对学生进行全面的安全教育和培训同样重要。可以通过讲座、研讨会等形式，增强学生的安全意识，让他们对创业实践中可能遇到的风险和挑战有更深入的了解和认识。还可以提供专门的风险防范技能培训，如何如识别合同中的陷阱、如何保护自己的知识产权等实用技能。通过模拟实践的方式，让学生在安全的环境中体验可能遇到的问题，并学习如何应对，也是提高他们风险防范能力的有效途径。[①]

[①] 任校莉. 大学生创新创业劳动融合机制研究［J］. 产业创新研究，2021，(24)：157－159.

第七章　大学劳动教育的评价体系

劳动教育作为高等教育体系中的重要组成部分，不仅承载着培养学生劳动技能与职业素养的重任，还肩负着塑造学生正确劳动价值观、增强其社会责任感的历史使命。为了全面、科学地评估大学劳动教育的成效，确保教育目标的实现，构建一个完善、合理的评价体系显得尤为关键。本章将从大学劳动教育的评价标准、评价方式以及反馈机制三个方面进行深入探讨，旨在为高校劳动教育的实践提供理论指导与实践参考，促进劳动教育的持续优化与创新发展。

第一节　大学劳动教育的评价标准

一、大学劳动教育的重要性

大学劳动教育可以弘扬劳动精神。在一个以知识为主导的时代，大学生的精神面貌应该是积极向上的，脚踏实地的。通过参与劳动，可以使学生深刻认识到"勤劳能改变命运"的道理，通过参与劳动实践，学生能克服懒惰等不良习惯，进一步培养刻苦、勤奋、务实、拼搏等劳动精神，以更积极的态度面对学习和未来的职业发展。大学劳动教育可以培养学生的实践能力。通过参加劳动实践，学生能接触和了解社会生产、管理、服务等各个领域。学生不仅可以积累操作技能和专业知识，还可以培养创新精神、团队协作能力和职业操守，有利于破除"知识分子"与"劳动者"之间的二元对立，促进社会各阶层之间的交流与融合。大学劳动教育可以推动社会进步。大学生的劳动教育涉及多个方面的知识和技能，如劳动安全、环境保护、职业技能等，通过实践，学生能加深对这些知识和技能的理解和掌握，进而提升自身综合素质，更好地适应社会需求。可见大学劳动教育在加强学生实践能力、提高综合素质、促进社会交流等诸多方面发挥着应有的作用。劳动教育的实践也需要从认识上、组织上和保障上进行多个方面的完善和升华，以保证这种教育方式可以真正发挥其应有的效益和价值。

二、大学劳动教育的评价标准制定原则

（一）强调评价标准的科学性

在制定大学劳动教育的评价标准时，科学性是首要考虑的原则。这要求评价标准必须建立在教育学、心理学等相关学科的理论基础之上，确保评价内容的合理性和逻辑性。评价标准的制定应遵循教育规律，反映劳动教育的本质和要求，同时符合学生的心理发展特点和学习规律。为了实现评价标准的科学性，需要采用科学的方法和工具进行标准制定。如进行专家调研，邀请教育学、心理学等领域的专家对评价标准进行论证和修订，以确保标准的准确性和权威性。还可以利用数据分析等手段，对劳动教育过程中的各种数据进行收集和分析，以客观的数据为依据来制定评价标准。强调评价标准的科学性是制定大学劳动教育评价标准的重要原则。只有确保评价标准的科学性和合理性，才能有效地评估劳动教育的成效，为改进教学方法和提高教育质量提供有力的支持。

（二）注重评价标准的客观性

在制定大学劳动教育的评价标准时，注重客观性是一个至关重要的原则。这意味着评价标准应尽可能减少主观判断的影响，确保评价的公正性和一致性。为了实现这一目标，评价标准应以客观、可量化的指标为主，这样不仅可以减少主观判断的干扰，还能使评价结果更加准确和可靠。客观性的评价标准应避免受到个人偏见、情感因素等非客观因素的干扰。在评价学生的劳动技能时，应采用具体的技能测试或操作演示

来评估，而不是仅仅依赖教师的主观印象或情感倾向。这样可以确保评价结果的客观性和公正性，同时也能更准确地反映学生的真实水平。为了确保评价标准的客观性，还可以采用多元化的评价方法和数据来源。可以结合学生的自我评价、同伴评价以及教师的评价，从多个角度全面评估学生的劳动教育成效。还可以利用现代技术工具，如在线评价系统和学习分析工具，收集和分析学生的客观数据，为评价提供更有力的支持。注重评价标准的客观性是制定大学劳动教育评价标准的重要原则。通过采用客观、可量化的指标和多元化的评价方法，可以确保评价结果的公正性和一致性，为改进劳动教育质量和提高学生学习效果提供有力的保障。

（三）确保评价标准的可操作性

在制定大学劳动教育的评价标准时，确保标准的可操作性是一个至关重要的原则。这意味着评价标准不仅需要理论上合理，还必须能够在实际教学中得到有效执行和应用。评价标准应具有明确、具体的操作性定义。这意味着每个评价标准都应该有清晰、具体的描述，使得评价者能够准确理解并应用这些标准。例如，对于劳动技能的评价标准，应该具体列出需要掌握的技能点、技能水平的要求以及评价的方法等，以便评价者能够准确地进行评估。评价标准还需要考虑实际教学环境和资源条件。不同的学校和专业可能拥有不同的教学资源和环境，因此评价标准需要具有一定的灵活性和适应性，以确保在实际劳动教育过程中能够得到有效执行。对于需要特定设备或场地的劳动项目，评价标准应该考虑这些资源条件的限制，并给出相应的解决方案或替代方案。

为了确保评价标准的可操作性，制定过程中还需要充分征求一线教师和学生的意见。他们作为实际教学的参与者和受益者，对于评价标准的可行性和实用性有着最直接的感受和建议。通过他们的反馈和意见，可以进一步完善评价标准，使其更加符合实际教学的需求和条件。通过明确具体的操作性定义和考虑实际教学环境和资源条件，可以使得评价标准更加实用和有效，从而更好地服务于劳动教育的实际教学过程。

（四）与劳动教育的目标和内容相一致

在制定大学劳动教育的评价标准时，确保标准与劳动教育的目标和内容相一致是至关重要的。这一原则要求评价标准不仅要与大学劳动教育的总体目标紧密相连，还要涵盖劳动教育的核心内容，以确保评价的全面性和针对性。评价标准应与大学劳动教育的总体目标紧密相连。这意味着评价标准必须能够真实反映教育目标的实现程度。如果劳动教育的目标是培养学生的劳动技能和职业素养，那么评价标准就应该重点关注学生在这些方面的表现和发展。通过评价学生在劳动技能掌握、职业素养提升等方面的成果，可以评估教育目标的实现程度，并为进一步改进教学提供有力依据。评价标准应涵盖劳动教育的核心内容。劳动教育涉及多个方面，包括劳动技能、劳动态度、劳动习惯等。评价标准应该全面涵盖这些内容，以确保评价的全面性和针对性。对于劳动技能的评价，可以包括技能操作的熟练程度、技能应用的创新能力等方面；对于劳动态度的评价，可以关注学生在劳动过程中的积极性、责任心等；对于劳动习惯的评价，则可以考查学生是否养成了良好的劳动习惯、是否能够自觉遵守劳动纪律等。

与劳动教育的目标和内容相一致是制定大学劳动教育评价标准的重要原则。通过确保评价标准与总体目标紧密相连，并涵盖劳动教育的核心内容，可以使得评价更加全面、有针对性，从而更好地服务于劳动教育的实际教学过程，促进教育质量的提升和学生全面发展。

（五）确保评价的针对性和有效性

在制定大学劳动教育的评价标准时，确保评价的针对性和有效性是至关重要的。这一原则要求评价标准不仅要针对不同年级、不同专业的学生进行差异化设计，还要通过定期评估和调整来确保其与实际教学需求保持一致。评价标准应针对不同年级、不同专业的学生进行差异化设计。由于不同年级和专业的学生在劳动教育方面的需求和目标可能存在差异，因此评价标准也需要相应地进行调整和优化。对于低年级的学生，评价标准可以更加注重基础劳动技能的培养和劳动态度的形成；而对于高年级的学生，评价标准则可以更加注重专业劳动技能的掌握和职业素养的提升。通过差异化设计，可以使得评价标准更加符合学生的实际需求和特点，从而提高评价的针对性和适用性。通过定期评估和调整评价标准，确保其与实际教学需求保持一致。劳动教育是一个动态的过程，随着教学环境和教学需求的变化，评价标准也需要不断地进行更新和调整。制定评价标准时应该建立定期评估和调整的机制，对评价标准进行持续的监测和评估。通过收集教师、学生和教学管理人员的反馈意见，以及分析实际教学过程中的数据和情况，可以及时发现评价标准存在的问题和不足，并进行相应的调整和改进。这样可以确保评价标准始终与实际教学需求保持一致，从而提高评价的有效性和实用性。

确保评价的针对性和有效性是制定大学劳动教育评价标准的重要原则。通过针对不同年级、不同专业的学生进行差异化设计，以及通过定期评估和调整评价标准来确保其与实际教学需求保持一致，可以使得评价更加符合学生的实际需求和特点，从而更好地服务于劳动教育的实际教学过程，促进教育质量的提升和学生全面发展。

三、大学劳动教育具体的评价标准内容

（一）劳动技能掌握程度

劳动技能掌握程度是评价大学劳动教育成效的重要指标之一，它主要关注学生在劳动教育过程中对特定劳动技能或技术的掌握和应用能力。这一评价标准旨在评估学生在劳动实践中的技能水平，以及他们能否将所学技能有效地应用于实际情境中。劳动技能掌握程度的内涵丰富，它不仅要求学生掌握基本的劳动技能，还要求学生能够在实践中灵活运用这些技能，甚至进行技能创新。具体来说，它涵盖了学生对劳动工具、设备的使用能力，对劳动过程的理解和掌控能力，以及在实际操作中表现出的技能水平等。

为了全面评价学生的劳动技能掌握程度，我们需要关注多个观测点。首先是技能操作的熟练度，这包括学生操作劳动工具或设备的熟练程度、动作的流畅性和准确性等。其次是技能应用的准确性，即学生能否将所

学技能准确地应用于实际情境中,达到预期的劳动效果。最后是技能创新的能力,这要求学生能够在掌握基本技能的基础上,进行技能的创新和拓展,以适应不同的劳动需求和情境。为了准确评价学生的劳动技能掌握程度,我们需要采用多种评价方法。实际操作测试是一种直接有效的评价方式,通过让学生在实际操作中展示技能,可以直观地评估他们的技能水平。此外,技能竞赛也是一种很好的评价方式,它可以激发学生的竞争意识,促使他们更加努力地提升技能水平。同时,项目作品展示也是一种有效的评价方式,它可以让学生将所学技能应用于实际项目中,通过项目的完成情况来评估他们的技能掌握程度和应用能力。这些方法各有优势,可以相互补充,共同构成全面、客观的评价体系。

(二)劳动态度与习惯

劳动态度与习惯是评价大学劳动教育成效的另一个重要方面,它主要关注学生在劳动过程中的积极性、责任心以及是否养成了良好的劳动习惯。这一评价标准旨在评估学生对待劳动的态度是否端正,是否能够以认真负责的态度参与到劳动实践中,并形成良好的劳动习惯。

劳动态度与习惯的内涵十分丰富,它要求学生具有劳动的主动性,能够积极主动地参与到劳动实践中,而不是被动地等待或逃避。对待劳动的认真程度也是重要的评价内容,学生应该以认真的态度对待每一项劳动任务,尽力做到最好。此外,遵守劳动纪律也是必不可少的;学生需要遵守劳动过程中的各项规定和纪律,保证劳动的顺利进行。为了全面评价学生的劳动态度与习惯,我们需要关注多个观测点。首先是劳动的主动性,观察学生是否能够积极主动地参与到劳动实践中,是否愿意承担更多的劳动任务。其次是对待劳动的认真程度,观察学生在劳动过程中的专注度、努力程度以及完成任务的质量。再次是遵守劳动纪律的情况,观察学生是否能够严格遵守劳动过程中的各项规定和纪律,如按时到岗、不偷懒等。最后是劳动后的整理与清洁,观察学生在完成劳动任务后,是否能够及时整理劳动现场,保持环境的整洁和卫生。

为了准确评价学生的劳动态度与习惯,我们需要采用多种评价方法,教师可以通过观察学生在劳动过程中的表现,对学生的劳动态度和习惯进行直接的评价。学生自评也是一种有效的评价方式，它可以让学生对自己的劳动态度和习惯进行反思和评价，从而更好地认识自己的优点和不足。同伴互评也是一种很好的评价方式，它可以让学生之间相互评价，从同伴的角度了解自己在劳动态度和习惯方面的表现，以便更好地进行改进和提升。

（三）团队合作精神

团队合作精神是大学劳动教育中不可或缺的一部分，它主要关注学生在与他人合作时所展现出的能力，这包括沟通、协调、分享等多个方面。这一评价标准旨在评估学生在团队合作中是否能够有效地与他人协作，共同完成任务，并在这个过程中展现出良好的团队精神。团队合作精神的内涵十分丰富，它要求学生能够在团队中找到自己的角色定位，明确自己的职责和任务，与团队成员形成互补，良好的沟通与协作能力是团队合作精神的核心，学生需要学会与他人有效沟通，协调不同意见，以达成共识。对团队目标的贡献也是评价团队合作精神的重要方面，学生应该积极为团队目标付出努力，与团队成员共同追求成功。

为了全面评价学生的团队合作精神，我们需要关注以下几点。在团队中的角色定位，观察学生是否能够明确自己的职责和任务，与团队成员形成有效的协作关系。与他人的沟通与协作，观察学生在团队合作中是否能够积极与他人沟通，协调不同意见，以达成共识。对团队目标的贡献，观察学生是否能够为团队目标付出努力，与团队成员共同完成任务，并为团队的成功做出贡献。为了准确评价学生的团队合作精神，我们需要采用多种评价方法。可以通过团队项目来评价学生的团队合作精神，观察他们在项目中的协作能力和对团队目标的贡献。小组讨论也是一种有效的评价方式，它可以让学生围绕特定主题进行讨论，评价他们在讨论中的沟通与协作能力。角色扮演也是一种很好的评价方式，它可以让学生模拟不同的角色和情境，评价他们在角色扮演中展现出的团队合作精神。

（四）劳动安全意识

劳动安全意识是大学劳动教育中至关重要的一部分，它主要关注学生在劳动过程中对安全规范和操作规程的了解和遵守情况。这一评价标准旨在评估学生是否具备足够的安全意识，能否在劳动实践中有效地识别并应对潜在的安全隐患，从而确保自身和他人的安全。劳动安全意识的内涵十分丰富，它涵盖了学生对劳动安全知识的掌握程度、对安全操作规程的执行情况，以及他们在面对潜在安全隐患时的识别和应对能力。学生需要了解并掌握与劳动相关的安全知识，如安全操作规程、防护设备的使用等；他们还需要在实际操作中严格遵守这些规程，确保自己的行为符合安全标准；学生还需要具备敏锐的安全意识，能够及时发现并应对潜在的安全隐患，防止事故的发生。

为了准确评价学生的劳动安全意识，我们需要采用多种评价方法。可以通过安全知识测试来评估学生对劳动安全知识的掌握程度，测试内容包括安全操作规程、防护设备的使用等相关知识。可以通过观察学生在实际操作中的安全表现来评价他们的安全操作规程执行情况，如是否佩戴防护设备、是否按照规程进行操作等。可以通过模拟安全演练来评估学生在面对潜在安全隐患时的识别和应对能力，演练可以模拟真实的工作场景，让学生在实际操作中体验并应对各种安全隐患。这些方法各有优势，可以相互补充，共同构成全面、客观的评价体系，以更准确地评估学生的劳动安全意识。

（五）劳动成果的质量与效率

劳动成果的质量与效率是评价大学劳动教育成效的重要方面，它主要关注学生在劳动过程中完成的成果的质量和效率。这一评价标准旨在评估学生是否能够以高效的方式完成劳动任务，并产出具有实用性和创新性的成果。为了全面评价学生劳动成果的质量与效率，我们需要关注多个观测点。首先是成果的实用性，观察学生完成的劳动成果是否能够满足实际需求，具有实用价值。其次是成果的创新性，评估学生在劳动过程中是否能够展现出独特的思维和创造力，产出具有创新性的成果。再次是完成任务的准确性和速度，记录学生完成任务所需的时间，并评估他们完成任务的准确性和效率。最后是对任务的持续优化和改进，观察学生是否能够在完成任务后，对成果进行持续的优化和改进，以提升其质量和效率。

这些具体的评价标准内容涵盖了大学劳动教育的多个方面，通过详细的内涵描述、观测点的设定以及评价方法的提供，可以确保评价的全面性和针对性，从而更好地评估学生在劳动教育过程中的表现和发展。

四、优化大学劳动教育的策略

（一）完善大学劳动教育体系

1. 加强实践教学

大学不仅是知识的殿堂，更是培养未来社会栋梁的摇篮。在大学教育中，实践教学应扮演着至关重要的角色。通过亲身参与不同种类的劳动活动，大学生不仅可以增强自己的动手能力和责任心，还可以了解到不同行业的工作要求和标准，提升对未来职业的认知和理解。可以采取以下措施来加强实践教学。实验室实践：大学实验室是开展实践教学的重要场所。学生可以通过参与实验项目，了解科学研究的步骤和方法，提高实验技能和数据分析能力。工厂实习：大学可以与周边企业建立合作关系，为学生提供工厂实习的机会。通过参与实际生产过程，学生可以了解现代化工业生产的流程和技术要求，培养生产实践能力和团队协作精神。农田体验：农业是我国的基础产业，大学可以安排学生在农田中进行实践。通过参与农事活动，学生可以了解农作物生长规律和农业生产的艰辛，增强对农业发展的关注度和责任感。社区服务：大学可以组织学生参与社区服务活动，如义务劳动、志愿服务等。通过为社区做贡献，学生可以培养公民观念和社会责任感。通过以上多种形式的实践教学活动，大学生可以获得更全面的经验和技能。这些活动还可以帮助学生更好地理解社会和职业，激发他们的学习热情并发扬积极进取的精神。大学应该继续加强对实践教学的关注和投入，为学生提供更多高质量的实践机会，帮助他们更好地适应未来社会的发展需求。

2. 合理安排课程

大学应该积极推动劳动教育，通过开设各种适合大学生的劳动课程，让学生在实际操作中体验到劳动的乐趣,从而培养他们的实践能力和劳动精神。如可以设立种植课程,让学生在学习植物生长的过程中,了解自然规律,增强环保观念,同时也能体验种植的乐趣。学生可以通过自己的努力,见证植物的成长过程,体会生命的力量和劳动的价值。可以开设手工艺课程,如编织、陶艺、木工等,让学生在制作手工艺品的过程中锻炼动手能力和创造力,同时也能感受到优秀传统文化的魅力。可以开设烹饪课程,如中式烹饪、西式烹饪、烘焙等,让学生在学习烹饪技巧的同时体验食物的美味和制作的乐趣。可以开设服务性劳动课程,如社区服务、志愿者活动等,让学生在帮助他人的过程中培养社会责任感和奉献精神。

这些课程的开设可以丰富学生的校园生活,提高他们的综合素质和实践能力。同时也能让学生感受到劳动的乐趣和价值,培养他们勤奋、创新和团结合作的精神。

3. 鼓励社会参与

鼓励学生积极参与志愿服务,不仅有助于增强学生的社会责任感,更能帮助他们发现自我价值。通过参与各种志愿服务项目,如支教、义工和环保活动,学生能深入社区、了解社会,并在服务他人和社会的过程中,实现自我成长和提升。这些志愿服务活动能让学生学习到如何在现实生活中解决问题,提升他们的团队协作能力和领导力。这些活动也能让学生感受到助人为乐的满足感和成就感,从而进一步增强他们的社会责任感和公民观念。此外,学校可以组织学生进行志愿活动,让学生了解志愿服务的重要性及其与劳动教育之间的联系,从理论和实践两个层面深入理解志愿服务对于个人成长和社会发展的意义。通过这些方式,可以为学生提供一个更广阔的舞台,让他们在志愿服务中锻炼自己、提升自我价值,也能帮助他们更好地理解和回馈社会。这样的教育不仅有助于增强学生的公民观念和社会责任感,更能帮助他们成为具有自我价值和贡献社会的优秀人才。

(二)创新大学劳动教育的理念和模式

大学劳动教育应当鼓励支持创新和发展,通过强化人文关怀和师生互动来创新大学劳动教育的理念和模式。创新和创业是现代社会发展的重要动力，也是未来经济发展的重要方向。为学生提供充足的实践机会，推动他们参与到创新和发展中，培养他们的创新和创业精神，对于学生的未来发展和国家的经济发展都具有重要意义。为了实现这一目标，可以举办各种形式的创新创业竞赛，如创业计划大赛、科技创新大赛等，鼓励学生发挥想象力和创造力，提出新的创意和创业计划，并为学生提供展示和交流的平台。

引导学生参与各种创新项目，如社会调研、科技创新、文化创新等，让学生在实践中学习创新的方法和技巧，提高他们的创新能力和实践能力。在课程设计中融入更多的人文元素，如社会、环境、道德等，这种综合性的教育方法不仅可以提高学生的知识技能，还可以帮助他们树立良好的社会价值观和责任感。教师可以设计一些涉及社区服务和实践活动的课程，组织学生参与社区的绿化工作，让他们了解环境的重要性，通过劳动让学生理解社区的公共设施背后的艰辛付出。这些人文元素的融入可以帮助学生在课程中加深对社会、环境和道德问题的理解，从而培养他们的社会责任感和道德意识。研讨会和讨论课是一种非常有益的教学方式，可以促进学生与教师之间的交流和讨论，让学生在与教师的互动中获得更多的指导和帮助。通过这些形式，学生可以与教师建立更紧密的联系，获得更多的指导和帮助，同时也可以在与学生的交流中拓宽自己的视野和思路，提升劳动能力和综合素质。创新和优化大学劳动教育的理念和模式，需要深化教育教学改革，推进多方合作和协同发展，加强对学生综合素质的培养，帮助学生更好地适应未来社会的发展和人才需求。

大学劳动教育的意义是多维的，通过劳动教育实践，学生可以获得关键的职业技能、具有社会责任感和领导能力，更好地适应现代社会和全球化的竞争环境；有助于增强学校和社会的联系，促进公益事业的发展，推动社会的可持续发展。

第二节　大学劳动教育的评价方式

劳动教育是大学教育体系中不可或缺的一环，它旨在培养学生的劳动技能、劳动态度和劳动习惯，以及团队合作精神和劳动安全意识。为了全面、客观地评估学生在劳动教育过程中的表现和发展，我们需要采用多元化的评价方式。这些评价方式不仅关注学生的劳动成果和效果，还注重学生在劳动过程中的表现和发展。本节将深入探讨多元化的评价方式，并分析各种评价方式的优缺点及适用范围，以期为大学劳动教育提供更科学、更有效的评价指导。

一、多元化的评价方式

（一）过程性评价

过程性评价的核心在于对学生劳动或学习过程的持续关注和及时反馈。这种评价方式不仅仅关注学生的最终成果，更重视学生在达成目标的过程中所展现的努力、进步以及遇到的挑战。过程性评价要求教师对学生的劳动或学习过程进行实时的观察和记录，以便及时捕捉到学生的表现和发展变化。教师通过定期的反馈，可以帮助学生了解自己的进步和不足，从而调整学习策略或劳动方法。通过过程性评价，教师可以从多个维度了解学生的学习态度、努力程度、应对策略等，这有助于教师更全面地认识每一个学生。

这种评价方式有助于教师发现学生的潜在能力和特长，从而为他们提供更有针对性的指导和支持。过程性评价不仅关注学生的学业成绩，还重视学生的情感、态度、价值观等非智力因素的发展。通过及时的反馈和指导，学生可以学会如何面对挑战、克服困难，从而培养他们的坚韧性和自信心。过程性评价通过持续的关注和反馈，可以让学生感受到自己的努力和进步是被认可和重视的。这种评价方式有助于增强学生的学习动力，激发他们的学习兴趣和积极性。

过程性评价要求教师和学生之间保持密切的沟通和互动，这有助于建立良好的师生关系。通过频繁的交流和反馈，学生可以更加信任教师，更愿意向教师寻求帮助和建议。过程性评价允许教师根据学生的个体差异和实际需求进行灵活调整，以实现更个性化的评价。这种评价方式有助于满足不同层次和类型学生的学习需求，促进他们的个性化发展。

（二）结果性评价

结果性评价的核心在于对学生最终完成的劳动作品、项目或任务进行全面而客观的评估。结果性评价首要关注的是学生劳动成果的质量，包括作品的完成度、细节处理、技术运用等方面。通过评估成果质量，教师可以判断学生在劳动过程中的技能掌握情况和努力程度。除了质量，结果性评价还特别强调学生劳动成果的创新性和实用性，创新性体现在学生是否能够在作品中展现独特的思维和创新点，而实用性则关注作品在实际应用中的价值和效果。通过结果性评价，学生可以直观地看到自己的劳动成果和进步，从而增强自信心和成就感，教师也可以根据学生的成果，为他们提供有针对性的奖励和激励，进一步激发学生的学习积极性。结果性评价是检验劳动教育成效的重要方式之一，通过评估学生的劳动成果，学校和教育部门可以了解劳动教育的实施效果，进而对教学内容和方法进行调整和优化。

在结果性评价过程中，学生需要对自己的劳动成果进行展示和解释，这有助于他们进行自我反思和总结。通过反思，学生可以认识到自己的不足和需要改进的地方，从而明确未来的学习目标和方向。结果性评价通常采用明确的评价标准和指标，这有助于增强评价的客观性和公正性。通过标准化的评价方式，教师可以更公平地判断每个学生的劳动成果和价值。

（三）其他评价方式

除了过程性评价和结果性评价之外，劳动教育中确实还包含了许多其他重要的评价方式。这些评价方式为学生提供了更全面、多元的评价视角，有助于促进他们的全面发展。自我评价是一种重要的评价方式，它要求学生反思自己的劳动过程、成果以及所遇到的挑战。通过自我评价，学生可以更深入地了解自己的优点和不足，从而提升自我认知和自我管理能力。自我评价还有助于培养学生的自主性和责任感，使他们能够更好地规划自己的学习和发展路径。同伴评价是指由学生之间互相评价对方的劳动成果或表现，这种评价方式能够为学生提供来自同龄人的反馈和建议，使他们能够从不同的角度了解自己的劳动成果和表现。

家长评价在劳动教育中同样具有重要意义。家长可以从家庭生活的角度出发，评价孩子在劳动中的表现和成长。家长的反馈和建议能够为学生提供更多的鼓励和支持，同时也有助于家校合作，共同促进学生的全面发展。教师观察评价是指教师在日常教学中，通过观察学生的劳动过程、态度、技能等方面的表现来进行评价。这种评价方式能够捕捉到学生在劳动中的细节表现，为教师提供更全面、准确的评价信息，教师观察评价还有助于教师及时调整教学策略，以满足学生的不同需求。作品展示评价是一种将学生的劳动成果进行公开展示，并由教师、同学、家长等多方进行评价的方式。通过作品展示评价，学生可以锻炼自己的表达能力和自信心，同时也能够从多方的反馈中了解自己的优点和不足。在一些劳动教育项目中，学生需要提交项目报告来总结自己的劳动过程和成果。项目报告评价不仅关注学生的劳动成果，还重视他们在项目过程中的思考、学习和成长。这种评价方式能够培养学生的总结能力和反思能力，同时也为教师提供了更全面的评价信息。

二、各种评价方式的优缺点及适用范围

（一）过程性评价

过程性评价能够实时关注学生的劳动过程，提供及时的反馈和指导，这有助于学生及时纠正错误，调整策略，从而提高劳动效率和质量。通过过程性评价，教师能够更容易地发现学生的潜力和存在的问题，这有助于教师针对学生的个体差异提供个性化的指导和支持，促进学生的个性化发展。过程性评价不仅关注学生的劳动成果，还重视学生的劳动态度、技能掌握情况、创新思维等方面，这有助于促进学生的全面发展，

培养他们的综合素养。过程性评价需要教师投入大量的时间和精力进行实时观察和记录，这可能会增加教师的工作负担，影响其他教学任务的完成。过程性评价在很大程度上依赖教师的观察和判断，可能受到教师主观因素的影响。不同的教师可能对同一学生的劳动过程有不同的评价，导致评价结果的客观性受到质疑。

过程性评价适用于需要密切关注学生劳动过程的场景，如实验操作、手工制作、项目式学习等。在这些场景中，学生的劳动过程比最终的成果更为重要，教师需要实时了解学生的操作情况、思维过程、技能掌握情况等，以便提供及时的指导和支持。通过过程性评价，教师可以更好地把握学生的学习进度和存在的问题，为他们的个性化发展提供有力的支持。过程性评价也有助于培养学生的自主学习能力、创新思维和实践能力，为他们的未来发展打下坚实的基础。

(二) 结果性评价

结果性评价的核心优势在于其能够直观、明确地展示学生的劳动成果。无论是项目展示、作品提交还是技能测试，结果性评价都能让教师、学生和其他评价者清晰地看到学生的最终成果，从而对其技能掌握情况和劳动效果做出准确判断。结果性评价通常基于明确的评价标准和指标，这使得量化评估成为可能。通过设定具体的评分标准或等级制度，教师可以对学生的劳动成果进行客观、公正的量化评价。这种量化方式也便于在不同学生之间进行比较，以识别他们在劳动成果上的差异和优劣。

结果性评价的一个主要缺点是它可能过于关注最终成果，而忽视了学生在劳动过程中的努力和进步。这可能导致学生为了追求好的结果而采取不正当的手段或忽略过程中的学习和成长机会。另一个潜在的缺点是，过于注重结果的评价方式可能引导学生只关注最终成果的质量，而忽视了劳动过程本身的价值和重要性。这可能导致学生在面对挑战时缺乏应对策略，因为他们没有充分体验到过程中的学习和成长。

结果性评价特别适用于那些需要评估学生最终劳动成果的场景。例如，在项目式学习中，学生需要完成一个具体的项目或作品，并通过展示或提交来呈现他们的劳动成果。在这种情况下，结果性评价能够提供一个清晰、客观的评价标准，以便教师和学生共同评估项目的完成情况和学生的学习成效。同样，在技能竞赛或作品展览中，结果性评价也是评估学生技能水平和作品质量的有效方式。需要注意的是，在使用结果性评价时，教师应结合其他评价方式（如过程性评价、自我评价等），以全面、多元地评价学生的劳动表现和学习成效。这样可以确保评价既关注最终成果，又重视学生在劳动过程中的努力和成长。

（三）自我评价与同伴评价

自我评价与同伴评价是劳动教育中两种重要的评价方式，有助于提升学生的自我管理和团队合作能力。自我评价鼓励学生深入反思自己的劳动过程、成果以及所遇到的挑战。通过这种反思，学生可以更清楚地了解自己的优点和不足，从而制定更明确的学习目标和发展计划。同伴评价通常更加贴近学生的实际需求，有助于学生更好地了解自己的劳动表现，并学习同伴的成功经验。通过自我评价，学生可以学会如何更好地管理自己的学习和劳动过程，提升自我管理能力。而同伴评价则能促进学生之间的交流和合作，增强他们的团队协作能力。

自我评价的准确性可能受到学生自我认知的限制。有些学生可能对自己的能力或表现有过高或过低的评价，导致自我评价不够客观。同伴评价可能受到学生之间人际关系的影响。如果评价者与被评价者之间关系紧张或存在偏见，那么同伴评价可能不够公正或客观，自我评价与同伴评价适用于需要促进学生自我反思和同伴交流的场景。在小组讨论中，学生可以对自己的贡献和表现进行自我评价，并从同伴那里获得反馈和建议。在团队项目中，学生可以通过自我评价来反思自己在项目中的角色和表现，并通过同伴评价来了解自己在团队中的合作情况和贡献度。这些评价方式有助于营造一个更加开放、互动的学习环境，促进学生的全面发展。

三、开展大学生劳动教育实践的有效路径

（一）丰富大学生劳动教育实践形式

劳动实践作为劳动教育的重要环节，有着极其重要的作用。高校在

开展劳动教育过程中，要结合当代大学生的特点，结合大学生成长发展需求，充分利用校内外资源，设计内容充实、形式丰富多样、育人成效显著的劳动实践项目。首先要利用好校园科技文化活动、志愿服务项目、勤工助学、三下乡暑期社会实践等，开发相应的劳动实践项目，将锻炼劳动技能和提升社会责任感有机结合。其次要利用好实训实习机会，实训课当中有大量动手操作的环节，要在这些动手环节中培养劳动技能，培育工匠精神。要认真组织好企业顶岗实习各项工作，顶岗实习是高校人才培养中理论联系实际最关键的内容。要充分挖掘实训实习中的劳动教育元素，把劳动教育和技能提升有机结合。利用好校内外资源，深入社会和基层，把握时代性，把劳动教育融入学生学习生活的方方面面，不断丰富劳动教育实践形式，才能提升劳动教育实效。

（二）营造大学生劳动教育良好氛围

良好的氛围能够促进大学生劳动教育效果提升。高校要在课堂教学、环境布置、论坛报告、榜样引领等方面共同发力，立体式、多样化地营造劳动教育氛围。首先是利用好思政课堂，思想政治理论课作为大学生思想政治教育的主渠道，将劳动理念贯穿于思想政治教育的全过程和全领域是时代的要求。高校要通过思政课，教育引导大学生养成热爱劳动的习惯。此外，还要引导全体教师在课堂教学中挖掘劳动教育元素，形成育人合力，发挥学生的主体性和教师的主导性。要开设一批同学们喜爱、有用的劳动技能选修课程，邀请劳模、技能大师等开设主题讲座。大学生已经成为当前互联网用户最大的群体，高校要利用好网络平台，定期推送"劳动模范"、"大国工匠"爱岗敬业的感人故事，实现信息时代下劳动教育在培养人才方面的作用。利用好校园的文化长廊、海报栏等阵地，进行劳动教育宣传，多措并举，营造劳动教育良好氛围。

（三）打造大学生劳动教育师资队伍

人才培养的关键在教师，素质全面、能力过硬的师资队伍是劳动教育有效推进的重要保障。劳动教育作为近几年高校开始关注的重点，师资的专业化程度明显不足，高校要结合实际，打造一支专兼结合的劳动教育师资队伍。要挖掘校内教职工当中劳动技能突出的成员,组建团队,共同研究劳动教育的实施。要聘请企业工匠、劳动模范、优秀校友等组建校外兼职教师团队,吸纳他们参与到学校劳动教育中来。高校要加大对劳动教育的资金投入,定期开展劳动教育教师的培训学习,提升他们的专业水平,更好地实施教学。构建以"五育"为核心的劳动教育师资队伍,推动"家校社"劳动实践育人基地,丰富育人载体。

(四) 开设大学生劳动教育实践课程

劳动教育主要包括对劳动思想、劳动技术知识和劳动技能的教育,新时代劳动教育的社会功能和个体功能否有效发挥,很大程度上取决于劳动教育的专门化、课程化、独立化进程。近年来高校的劳动教育实践一般采取"劳动教育周"形式,实践内容有打扫校园卫生、校内单车摆放、食堂值班等,专业性不强且效果甚微,因此开设大学生劳动教育实践课程是十分必要的。高校应将劳动教育的目标融入人才培养方案中,分年级、分专业设置劳动课程和目标,在日常教学中融入实践教学法。课程应该包含传统的生活服务类劳动技能,如卫生清洁、绿化养护等,也应和所学专业结合。计算机专业的学生在系统学习知识后可以对校园机房进行计算机日常维护,通信技术专业的学生可以对网络进行故障诊断与排查等。在开设课程的同时也要注重将学生兴趣与劳动教育实践相结合,以学生发展需求为导向,让学生在实践中不断成长,深化对劳动的认同感。

(五) 完善大学生劳动教育评价机制

劳动实践课不是为了实践而实践,而是让学生通过劳动实践正确认识劳动的意义,培养他们热爱劳动的优秀品质,从而树立正确的劳动观。劳动实践后的评价总结和反思非常重要,从学生层面来说,要建立多元化的劳动教育实践考核评价体系。多元化的劳动教育实践评价体系可以有效调动学生参与劳动教育的积极性和主动性,促进劳动教育实践的规范化。要坚持理论与实践相结合,既要以笔试的方式检验学生对劳动课程理论的掌握程度,又要以劳动实践经验和答辩交流的形式检验学生的劳动实践成果。要坚持自我评价与其他评价相结合。自我评价是学生写出实践经验,详细讲解劳动实践的内容、过程、结果,以及自己的劳动实践感悟;其他评价是课程老师根据劳动实践过程对学生的组织纪律、劳动态度、劳动素质、劳动能力等进行评价。评价结果将引导大学生更加科学地开展劳动实践活动。从高校层面来说,需要完善对劳动教育推进情况的督导评价机制,要健全督导机构,完善相关政策,明确各部门的职责和任务,做到检查、考核和评估时有据可依、有章可循,要对大学生劳动教育实施情况定期进行检查评估。

加强大学生劳动教育对学生自身、高校育人、中华民族伟大复兴具有十分重要的作用。高校需高度重视顶层设计,明晰大学生劳动教育实践路径,主动拓展校内外资源,形成育人合力,加大投入,切实增强大学生劳动教育的实效,助力大学生全面发展,为社会主义现代化国家新征程提供人才支撑。

第三节 大学劳动教育的反馈机制

在大学劳动教育中,构建一个高效、全面的反馈机制是至关重要的。这一机制不仅关乎教学方法的持续优化与提升,还直接影响学生的学习效果和整体教育质量。一个健全的反馈机制能够确保教育过程中的各个环节得到及时、准确的监测与评估,从而为教师提供宝贵的调整策略,同时也为学生注入持续的学习动力。本节将首先阐述反馈机制在大学劳动教育评价中的重要性,进而分析如何建立有效的反馈机制,以期达到提高教育质量的目的。

一、反馈机制在大学劳动教育评价中的重要性

(一)改进教学方法

反馈机制在大学劳动教育评价中起着至关重要的作用,尤其在改进教学方法方面,它为教师提供了宝贵的信息和指导。反馈机制是教师了

解自身教学过程中的优点和不足的重要途径。通过学生的反馈，教师可以直观地了解到自己的教学方法、教学内容以及教学态度等方面在学生中的接受度和效果。这种来自学生的第一手资料，对于教师来说是非常宝贵的，它可以帮助教师更准确地把握教学的重点和难点，更有针对性地调整和优化教学方法。通过学生的反馈，教师可以及时调整和优化教学方法，确保教学更加贴近学生的实际需求。在大学劳动教育中，学生的需求和期望是多种多样的，而反馈机制正是教师了解这些需求和期望的重要窗口。教师可以根据学生的反馈，对教学方法进行灵活的调整，如增加实践环节、调整课程难度、改变教学方式等，以确保教学更加符合学生的实际需求，提高教学的针对性和有效性。这种基于反馈的教学改进有助于提高教学的有效性和吸引力，从而提升整体教育质量。当教师能够根据学生的反馈进行教学方法的调整和优化时，学生的学习体验和学习效果都会得到显著的提升。学生会更加积极地参与到教学过程中来，对劳动教育产生更浓厚的兴趣，从而形成一个良性循环，推动整体教育质量的不断提升，反馈机制在改进教学方法、提升教育质量方面发挥着不可替代的作用。

（二）提高学生学习效果

反馈机制在提高学生学习效果方面同样发挥着重要作用，及时、具体的反馈能够帮助学生清晰地了解自己的劳动成果和存在的问题。在大学劳动教育中，学生需要不断地进行实践和学习，而及时的反馈可以让他们及时了解自己的劳动成果是否符合要求，存在哪些问题，需要如何改进。这种明确的反馈可以让学生更加明确自己的学习目标和方向，从而更加有针对性地进行学习和实践。反馈机制引导学生进行有针对性的改进，从而提升他们的学习效果。通过反馈，学生对自己在学习和实践中的不足之处有针对性地进行改进不仅可以提高学生的学习效果，还可以让他们更加深入地理解和掌握所学知识，提高学习的深度和广度。通过反馈，学生可以培养自我反思和自我管理能力，进一步提高学习效果。

（三）促进教育质量提升

反馈机制实现对教育过程的全面监测和评估。通过收集和分析学生、教师以及教育管理者的反馈意见，可以对教育效果进行全面的监测，及时发现存在的问题和不足。这种监测和评估不仅关注学生的学习成果，还关注教学方法、课程设置、教育资源等多个方面，从而确保教育的全面性和整体性。反馈机制有助于及时发现问题并进行改进。在教育过程中，难免会出现各种问题和挑战。而反馈机制就像是一个"警报器"，能够及时发现这些问题，并向相关人员反馈。这样，教师就可以及时调整教学方法和策略，学生可以及时改进学习方法和态度，教育管理者可以及时优化教育资源配置，从而共同推动教育质量的提升。通过持续的反馈和评估，推动教育质量的持续提升。

（四）增强学生的学习动力和积极性

反馈机制在增强学生的学习动力和积极性方面同样发挥着重要作用，及时反馈让学生明确自己的学习目标和方向。在大学劳动教育中，学生往往需要面对各种学习任务和实践挑战。及时反馈可以帮助学生及时了解自己的学习进度和成果，明确自己下一步的学习目标和方向。这种明确的目标和方向感可以激发学生的学习动力和积极性，使他们更加专注于学习任务，努力提升自己的学习效果。反馈让学生感受到自己的进步和成就，增强他们的自信心和学习兴趣。通过反馈，学生可以了解到自己在劳动教育中的进步和成就，如完成的作品质量、实践能力的提升等。这种自信和兴趣的提升会进一步激发学生的学习动力，使他们更加积极地投入到学习中去。

通过反馈，学生可以更加积极地投入到劳动教育中，提高学习的主动性和参与度。反馈不仅可以让学生了解自己的学习进度和成果，还可以引导他们发现自己的不足之处，并寻找改进的方法。这种自我反思和改进的过程可以让学生更加深入地参与到劳动教育中来，提高他们的学习主动性和参与度。同时，教师也可以通过反馈了解学生的需求和期望，进一步调整和优化教学方法，以更好地满足学生的学习需求，激发他们的学习动力和积极性。[1]

二、建立有效的反馈机制，提高教育质量

（一）建立定期、及时、具体的反馈制度

设定明确的反馈周期是确保反馈定期性的关键。我们可以根据教学进度和学生的学习需求，设定每周、每月或每学期的反馈周期。这样，学生和教师就能定期收到反馈信息，及时了解自己的学习和教学情况，为后续的改进提供有力支持。强调反馈的及时性也是至关重要的。及时的反馈可以让学生和教师迅速获得关于学习和教学的信息，从而及时调整自己的学习和教学策略。为了实现及时反馈，可以利用现代通信工具，如电子邮件、短信或即时通信软件，将反馈信息迅速传达给学生和教师。提供具体、有针对性的反馈信息是帮助学生和教师明确改进方向的关键。反馈信息应该具体、明确，指出学生或教师在学习和教学过程中的优点和不足，并提供具体的改进建议。这样，学生和教师就能根据自己的实际情况，制订具体的改进计划，进一步提高学习和教学质量。

（二）利用现代技术工具提高反馈效率与准确性

在建立有效的反馈机制以提高教育质量的过程中，充分利用现代技术工具是至关重要的。引入在线评价系统是实现学习数据快速收集与分析的有效手段。通过在线评价系统，教师可以方便地收集学生的学习数据，包括作业提交情况、课堂参与度、在线测试成绩等。这些数据可以被系统自动分析和整理，生成关于学生学习进度的实时报告，从而帮助教师更准确地了解学生的学习状况，并及时提供有针对性的反馈。应用在线评价系统可以辅助教师更全面地了解学生的学习表现。在线评价系统能够深入挖掘学生的学习数据，揭示出潜在的学习模式和问题。通过这些工具，教师可以发现学生在学习过程中的难点和瓶颈，从而提供更加精准的指导和支持。此外，在线评价系统还可以帮助教师识别学生的

---

[1] 尪敏. 大学劳动教育的优化策略探索［J］. 新课程教学（电子版），2023，（20）：179–181.

个体差异，以便制订更加个性化的教学计划。利用技术手段确保反馈的准确性和有效性是至关重要的。如人工智能和机器学习算法等现代技术工具，可以对学生的学习数据进行智能分析，生成更加准确和有用的反馈信息。这些现代技术工具还可以帮助教师识别并纠正可能存在的偏见和误差，确保反馈的公正性和客观性。此外，通过技术手段，我们还可以实现反馈的自动化和个性化，进一步提高反馈的效率和质量。

（三）强调教师在反馈机制中的关键作用

在建立有效的反馈机制以提高教育质量的过程中，教师的作用是不可替代的。教师需要提供具体、建设性的反馈意见。这意味着教师不仅要对学生的表现进行评价，还要给出明确的、有针对性的建议，帮助学生明确自己的学习目标和改进方向。这样的反馈能够让学生更加清晰地了解自己的优势和不足，从而更有针对性地进行学习和提升。教师应引导学生根据反馈进行实际改进。这意味着教师需要与学生一起制订具体的学习计划和行动方案，确保学生能够将反馈转化为实际的学习行动。教师可以通过定期的跟进和辅导，帮助学生保持学习的动力和方向，确保他们能够持续地进行改进和提升。强调教师在反馈过程中的引导和支持作用也是至关重要的。教师需要成为学生学习过程中的指导者和支持者，帮助他们理解反馈的意义和价值，鼓励他们积极面对挑战和困难。同时，教师还需要与学生建立良好的沟通关系，确保学生能够感受到教师的关心和支持，从而更加积极地参与到反馈机制中来。

第八章 大学劳动教育的师资队伍建设

在新时代背景下，大学劳动教育作为培养学生综合素质、促进学生全面发展的重要途径，其师资队伍建设显得尤为重要。一支高素质、专业化的劳动教育教师队伍，是确保劳动教育质量、实现教育目标的关键。本章将从大学劳动教育教师的专业素养、培训与发展，以及教师对劳动教育的理解与实践三个方面进行深入探讨，旨在构建一支能够适应新时代劳动教育需求、具备先进教育理念和卓越教学能力的教师队伍，为大学劳动教育的有效实施和持续发展提供坚实的人才保障。

第一节 大学劳动教育教师的专业素养

大学劳动教育作为培养学生劳动观念、劳动技能和劳动精神的重要课程，对教师的专业素养和能力要求尤为严格。劳动教育教师不仅需要具备扎实的专业知识，还需要拥有出色的实践指导能力、组织协调能力以及与学生有效沟通的能力。本节将首先明确大学劳动教育教师应具备的专业素养和能力要求，进而探讨如何有效提升劳动教育教师的专业素养和教学能力，以期为大学劳动教育师资队伍的建设提供有益的参考。

一、大学教师教育素养构成

（一）大学教师的高等教育观

大学教师要树立现代高等教育观，这意味着要摒弃过去那种狭隘的、只重智育的教育观念，转而树立以素质教育为本的新观念。这种新观念要求大学教师从对教学课程专业的狭隘关注中解脱出来，转向对学生全面素质提升的关注，着眼于学生的终身发展。大学教师应把培养适应未来社会发展的人才作为重要的工作目标，这包括培养学生的综合素质、创新思维和实践能力。在教育教学实践中，大学教师应以培养学生的主动精神、创新意识和实践能力为重点，帮助他们养成终身学习的意愿和能力。大学教师应正确对待学生的个体差异，注重发展每个大学生的个性、价值和潜能，通过个性化的教学方法和手段，帮助大学生获得充分、和谐的发展。

（二）大学教师的学生观

大学生是大学教育教学活动的主体，大学教师应该把他们看作是"发展的主体"。这意味着大学生已经具备了较高的发展基础和较为复杂的发展背景，是具有主观能动性的个体，也是正在成长的个体，蕴涵着巨大的发展潜能，并具有明显的差异性。大学教师在教育教学过程中应充分尊重学生的主体性，关注他们的个性差异和发展需求，为他们提供多样化的学习机会和成长空间。

（三）大学教师的教育活动观

大学的教育教学过程实质上就是大学教师协助大学生进行积极的自我建构的过程。在这个过程中，大学教师的价值在于激发、引起和维持大学生的学习兴趣，并为他们的发展提供辅助。由于大学生的身心发展已趋成熟，已经具备了较为丰富的知识背景和较强的思维能力，在学习中会把自己的体验带到教育教学场景中来，并以此来解释所接收到的包含知识的信息。大学教师首先要树立民主观念，在教育教学中创设一种所有人都可以发言、所有的声音都可以被听见的氛围，鼓励学生积极参与课堂讨论和学术交流。其次，要树立科学的教育活动观，遵循教育、教学活动规律和大学生身心发展规律，按规律办事，注重教学方法的创新和教学手段的多样化，以提高教育教学效果。

（四）大学教师的人才观

经济全球化是现代社会的一个重要特点，我国的大学也置身于国际化背景之下，因此大学教师的人才观就应该含有全球意识和国际化观念。我国高等教育的人才培养目标都缺乏这方面考虑。在新的时代背景下，大学教师在工作中应树立富有现代性的人才观，着眼于全球化这一宏观的背景，把学生培养成热爱祖国、愿意服务于祖国的发展、具有全球视野和吸收全人类优秀文明成果的意愿和能力的人才。他们还应具备宽厚的人文知识基础、精深的专业知识以及较强的创新精神和实践能力，以适应未来社会的挑战和竞争。

二、大学劳动教育教师应具备的能力要求

（一）专业知识要求

对于大学劳动教育教师而言，专业知识是其能够胜任教学工作的基础。劳动教育教师应具备深厚的劳动教育理论素养，这涵盖了劳动教育的多个重要方面。首先，教师需要了解劳动教育的历史发展，从源头上理解劳动教育的演变和进步，教师应掌握劳动教育的理论基础，包括教育学、心理学、社会学等相关学科的理论，以便能够科学地指导和组织劳动教育活动。其次，教师还需明确劳动教育的目标，即培养学生的劳动观念、劳动技能和劳动精神，以及通过劳动教育实现学生的全面发展。最后，教师应熟悉劳动教育的内容，包括各种劳动形式、劳动技能、劳动安全等方面的知识，以便能够在教学过程中为学生提供全面、系统的劳动教育。

劳动教育教师应掌握多种教学方法和策略，以适应不同学生的学习需求和特点。案例教学是一种有效的教学方法，通过具体案例的引入和分析，可以帮助学生更好地理解和掌握劳动教育的知识和技能。项目式教学则注重学生的实践操作和团队合作，通过完成具体的劳动项目，学生可以提升劳动技能和团队协作能力。此外，实践操作也是劳动教育中不可或缺的教学方法，通过亲身参与劳动实践，学生可以更加深入地了解和体验劳动的过程和意义。教师应根据教学内容和学生的实际情况，灵活运用这些教学方法和策略，提高劳动教育的有效性和吸引力。

课程设计与评估是劳动教育教师必备的专业能力之一。教师需要根

据劳动教育的目标和学生的实际情况,设计具有针对性和实效性的劳动教育课程。在课程设计中,教师应注重课程的系统性、连贯性和实践性,确保学生能够通过课程的学习获得全面的劳动教育。教师还需具备课程评估的能力,通过对课程的实施效果进行评估和改进,不断提升劳动教育的质量和效果。在课程评估中,教师应关注学生的反馈和意见,以及学生在课程中的表现和进步,以便更好地调整和优化课程设计。

(二)实践指导能力

对于大学劳动教育教师而言,实践指导能力是衡量其教学质量和效果的重要标准。劳动教育教师应具备相关劳动技能的专业知识,这是指导学生进行各种劳动实践活动的基础。无论是手工艺制作、农业劳动还是工业实习,教师都需要掌握相应的技能和知识,以便能够为学生提供准确的指导和帮助。在手工艺制作方面,教师应熟悉不同材料的使用和加工方法,以及手工艺品的设计和制作技巧。在农业劳动方面,教师应了解农作物的种植、养护和收获等过程,以及农业机械的使用和维护。在工业实习方面,教师应掌握工业生产的基本流程和操作技能,以及工业设备的使用和安全规范,确保学生在实践中获得真实的劳动体验和技能提升。

在学生实践过程中,难免会遇到各种问题和挑战,劳动教育教师应具备敏锐的问题意识和解决问题的能力,以便能够及时发现并解决这些问题,确保实践活动的顺利进行和学生的安全。教师还应具备丰富的实践经验和专业知识,能够为学生提供有效的解决方案和建议。在解决问题的过程中,教师还应注重培养学生的问题意识和解决问题的能力,引导他们学会独立思考和自主解决问题。

(三)组织协调能力

劳动教育教师在教学工作中,不仅需要具备专业知识和技能,还需要出色的组织协调能力,以确保劳动教育活动的顺利进行和学生的全面发展。劳动教育教师需要具备出色的活动组织能力,这是丰富学生劳动体验、提高劳动教育效果的关键。教师要策划、组织和实施各种劳动教育活动，包括校内外的劳动实践、志愿服务、劳动竞赛等。在策划阶段，教师需要充分考虑活动的目标、内容、形式和时间等因素，确保活动符合劳动教育的要求和学生的实际需求。在组织实施阶段，教师需要合理安排活动流程、分配任务和资源，确保活动的顺利进行和学生的积极参与。通过精心组织和策划，教师可以为学生提供丰富多样的劳动体验，激发他们的劳动热情和创造力。

劳动教育教师需要善于整合校内外资源，这是为学生提供多样化劳动实践机会和场所的重要途径。教师应积极与校外企业、社区、农场等建立合作关系，拓展劳动教育的实践基地和合作领域。通过与企业合作，教师可以引入先进的生产技术和设备，让学生亲身体验现代化的劳动过程；通过与社区合作，教师可以组织学生参与社区服务和公益活动，培养他们的社会责任感和奉献精神；通过与农场合作，教师可以带领学生了解农业生产的全过程，增强他们的农业劳动技能和实践经验。通过资源整合，教师可以为学生提供更加丰富、多样的劳动实践机会和场所，促进他们的全面发展。

（四）与学生沟通的能力

在大学劳动教育中，教师与学生之间的沟通是至关重要的，劳动教育教师应具备良好的倾听和理解能力。这意味着教师需要耐心倾听学生的想法和需求，不仅仅关注他们表面的言语，更要深入理解他们在劳动过程中的困惑、挑战以及背后的情感和动机。通过倾听，教师能够更准确地把握学生的需求和问题所在，进而为他们提供有针对性的指导和支持。这种倾听和理解的能力有助于建立师生之间的信任和尊重，使学生更愿意与教师分享他们的想法和感受，从而促进教学相长。

劳动教育教师还应善于激励学生积极参与劳动实践活动，并引导他们树立正确的劳动价值观。教师可以通过肯定学生的努力和成就，激发他们的内在动力，使他们更加热爱劳动，并愿意投入时间和精力去提升劳动技能。教师还应引导学生认识到劳动的价值和意义，不仅仅是为了获得物质回报，更是为了实现自我价值和社会贡献。在激励与引导的过程中，教师需要关注学生的个体差异，采用不同的方法和策略，以满足不同学生的需求和发展目标。通过有效的激励和引导，教师可以帮助学生建立积极的劳动态度和责任感，为他们的未来发展奠定坚实的基础。

（五）劳动精神和职业道德

劳动教育教师不仅要具备专业的教学技能和知识，还要展现高度的劳动精神和职业道德，以身作则，成为学生的楷模，并通过自身的言行和劳动实践向学生传递正确的价值观和道德观。劳动教育教师应具备高度的劳动精神和职业道德，这不仅仅体现在他们的教学工作中，更体现在他们的日常生活中。教师应以身作则，积极参与各种劳动实践活动，如校园环境的维护、公益活动的参与等，通过自己的实际行动来展示劳动的价值和意义。教师的这种积极参与和投入，会对学生产生深远的影响，使他们更加尊重劳动、热爱劳动，并愿意投身到各种劳动实践中去。教师在劳动过程中应展现良好的职业道德，如诚实守信、勤勉尽责、团结协作等，这些品质都会成为学生学习的榜样。教师以身作则，不仅能够增强学生的劳动意识，还能够培养他们的职业道德素养，为他们未来的职业生涯打下坚实的基础。

劳动教育教师还应通过自身的言行和劳动实践，向学生传递正确的劳动价值观和职业道德观。教师应引导学生认识到劳动是实现自我价值和社会价值的重要途径，通过劳动可以创造美好的生活，为社会做出贡献。教师还应强调职业道德的重要性，引导学生树立正确的职业观念，如敬业爱岗、诚实守信、公平竞争等。在价值引领的过程中，教师应注重与学生的互动和交流，了解他们的想法和需求，帮助他们解决在劳动过程中遇到的问题和困惑。通过教师的引导和帮助，学生可以更加深入地理解劳动的价值和意义，并愿意将所学的知识和技能应用到实际生活中去，成为具有社会责任感和奉献精神的新时代青年。[①]

[①] 王军胜. 构建大学生劳动教育评价体系［J］. 学园，2023，16（05）：72-74.

三、提升劳动教育教师的专业素养和教学能力

（一）定期组织专业培训与研讨会

定期组织专业培训与研讨会对于提升劳动教育教师的专业素养和教学质量具有重要意义。劳动教育是一门涉及广泛知识和技能的领域，需要教师具备丰富的专业知识和实践经验。随着社会的发展和科技的进步，劳动教育的内容和方法也在不断更新。教师需要不断学习新知识，以适应教育发展的需要。专业培训可以帮助教师系统地学习劳动教育的理论知识和实践技能，提升他们的专业素养。研讨会是教师交流经验、分享成果的重要平台。通过研讨会，教师可以了解同行在教学中的成功案例和创新方法。研讨会还可以邀请行业内的专家、学者进行授课，为教师带来前沿的教育理念和教学方法。通过研讨会的交流和讨论，教师可以激发新的教学灵感，探索更适合学生的劳动教育模式。

学校和教育部门可以定期（如每学期或每年）组织专业培训与研讨会，培训内容可以包括劳动教育的理论知识、教学方法、课程设计、实践操作等方面。研讨会可以围绕特定的主题或问题进行深入探讨，如劳动教育的目标设定、内容选择、评价方式等。通过参与专业培训与研讨会，教师可以及时更新自己的教育理念和教学方法，学习到更多实用的教学技巧和实践经验，提升自己的教学能力。教师之间的交流与合作可以增强他们的团队意识，共同推动劳动教育的发展。教师专业素养的提升将直接反映在他们的教学质量上，从而使学生受益，学生可以接受更加科学、系统、有趣的劳动教育，提升他们的劳动技能和素养。教师在教学中的创新和实践可以激发学生的学习兴趣和积极性，培养他们的创新意识和实践能力。

（二）鼓励自我学习与阅读

自我学习是教师专业成长的基础。在快速发展的教育领域，教师需要具备自主学习的能力，不断更新自己的知识和技能。通过自我学习，教师可以根据自己的需求和兴趣进行深入的研究和探索，形成独特的教

学风格和方法。自我学习还有助于教师培养终身学习的习惯，为他们的职业生涯持续发展奠定坚实的基础。阅读是教师获取新知识、新观念的重要途径。通过阅读相关书籍和资料，教师可以深入了解劳动教育的理论和实践。书籍中往往蕴含着前人的智慧和经验，教师可以从中汲取灵感，丰富自己的教学内容和方法。阅读还可以帮助教师拓宽视野，了解不同国家和地区在劳动教育方面的做法和经验。

学校应为教师提供丰富的书籍和资料资源，包括劳动教育理论、教学方法、课程设计与评估等方面的书籍。学校可以设立教师阅览室或图书馆，为教师提供一个安静、舒适的学习环境。学校还可以鼓励教师参加线上或线下的读书会、研讨会等活动，与同行分享阅读心得和教学经验。通过自我学习和阅读，教师可以不断深化对劳动教育的理解，掌握更多的教学方法和技巧。教师可以将所学到的知识和方法应用到实际教学中，通过实践来检验和提升自己的教学水平。教师还可以将自己的学习成果和经验进行整理和分享，与同行进行交流与合作。教师通过自我学习和阅读提升了自己的专业素养和教学能力，这将直接反映在他们的教学质量上。学生可以从教师那里获取到更多、更新的知识和技能，提升他们的劳动素养和实践能力。教师的自我提升和学习态度也会对学生产生积极的影响，激发他们的学习兴趣和求知欲。

（三）提供教学交流平台

提供教学交流平台是促进劳动教育教师专业成长和教学质量提升的重要举措，教学交流平台为教师提供了一个相互学习、共享资源的空间，有助于打破信息孤岛，促进知识的流动与整合。通过交流平台，教师可以了解同行的教学经验和创新做法，从而拓宽自己的教学思路并掌握更多方法。平台上的交流和讨论有助于激发教师的创新思维，推动他们在教学实践中不断探索和尝试新的教学方法和策略。学校可以定期组织教学研讨会，邀请教师就特定主题或问题进行深入探讨，如劳动教育的课程设计、教学方法、学生评价等。经验分享会是一种有效的交流形式，教师可以分享自己在教学实践中的成功案例、挑战和解决方案，为其他教师提供借鉴和启示。学校还可以利用现代信息技术建立线上交流平台，如微信群、QQ 群或专业的教学论坛，方便教师进行随时的交流和讨论。

通过参与教学交流平台，教师可以学习到更多同行的教学经验和创新做法，丰富自己的教学方法和策略。教师可以获得来自同行的反馈和建议，有助于他们及时发现并改进自己在教学中的不足。交流平台上的合作与互助可以增强教师的团队意识和协作能力。教师通过教学交流平台不断完善自己的教学方法和策略，这将直接提升他们的教学质量和效果。学校应为教学交流平台提供必要的物质和技术支持，如场地、设备、网络等。学校可以制定相关政策鼓励教师积极参与交流平台的活动，并为他们提供必要的培训和指导。学校还可以将教学交流平台与教师的职业发展相结合，为他们在职称晋升、评优评先等方面提供有力的支持。

第二节　大学劳动教育教师的培训与发展

在当今社会快速发展的背景下，劳动教育作为培养学生实践能力和职业素养的重要途径，其重要性日益凸显。而大学劳动教育教师作为这一领域的引导者和实践者，其专业素养和教学能力直接关系劳动教育的质量和效果。因此，重视并加强大学劳动教育教师的培训与发展，不仅对提高教学质量、推动教师个人职业发展具有重要意义，更是适应劳动教育新要求、新挑战的关键所在。本节将首先阐述教师培训与发展的重要性，并进而分析如何制订有效的教师培训与发展计划，以期为大学劳动教育教师的专业成长和教学质量提升提供有益的参考。

一、教师培训与发展的重要性

（一）提高教学质量

在劳动教育领域，教师的专业素养和教学能力直接关系到教学质量的高低，进而影响学生的劳动观念、劳动精神和劳动能力的形成与发展，教师培训与发展对于提高教学质量具有至关重要的作用。通过系统的培训，劳动教育教师可以不断更新自己的知识，掌握最新的教育理念、教学方法和评估手段。这些更新的知识和技能能够帮助教师在教学过程中更加科学、高效地指导学生，提高教学效果。培训可以让教师了解如何根据学生的实际情况制订个性化的教学计划，如何运用多种教学方法激发学生的学习兴趣和积极性，以及如何进行有效的教学评估来反馈和调整教学策略。培训还有助于教师更深入了解学生的需求和特点，包括学生的兴趣、爱好、学习习惯、认知能力等。通过掌握这些信息，教师可以更加准确地判断学生的学习状况和发展潜力，从而因材施教，为每个学生提供适合他们的教学方案。这种个性化的教学方式能够更好地满足学生的学习需求，激发他们的学习兴趣和积极性，促进学生的全面发展。

（二）推动教师个人职业发展

教师培训与发展不仅对于提高教学质量至关重要，同时也极大地推动了教师个人的职业发展。培训为教师提供了系统学习和专业成长的机会。通过参与培训，教师可以掌握最新的教育理念、教学方法和技术，从而不断提升自己的专业素养和教学能力。在培训过程中，教师还有机会接触到先进的教学案例和实践经验，这有助于他们将这些知识和经验应用到自己的教学中，进一步提高教学效果。随着教育改革的深入和劳动教育的发展，教师面临着越来越激烈的竞争。通过培训，教师可以不断更新自己的知识和技能，保持与时代发展的同步，从而增强自己的职业竞争力。具备先进教育理念和教学能力的教师在职业市场上更具吸引力，他们有可能获得更好的职业发展机会和晋升空间。培训活动通常涉及广泛的学术领域和最新的研究成果。通过参与这些活动，教师可以结识同行专家，了解学术前沿动态，拓宽自己的学术视野。与同行专家的交流和合作有助于激发教师的学术灵感，促进他们进行个人学术研究和创新。这种学术研究不仅有助于提升教师的学术地位，还可以为他们的教学实践提供新的思路和方法。教师培训与发展不仅关注教师的教学技能和学术能力，还注重培养他们的领导力、沟通能力和团队合作精神等综合素养。通过培训，教师可以提升自己的综合素质，更好地适应教育改革的需求，实现个人的全面发展。这种全面发展有助于教师在职业生涯中取得更大的成功和满足。

(三) 适应劳动教育新要求、新挑战

随着社会经济的快速发展和教育改革的不断深入,劳动教育正面临着前所未有的新要求和新挑战。这要求教师不断更新知识结构,掌握新的教学技术和方法,以适应这些变化,并推动劳动教育的创新与发展。在知识经济时代,信息更新速度极快,劳动教育的内容和方法也需要与时俱进。教师需要通过培训不断学习新的理论知识、实践技能和教学方法,以保持教学内容的时效性和先进性。培训还可以帮助教师了解不同行业、不同岗位的劳动特点和要求,以便更好地指导学生进行职业规划和实践操作。科技的发展,教学技术和方法也在不断更新。教师需要通过培训学习如何利用现代教育技术,如多媒体教学、网络教学等,来提高教学效果和学生的参与度。教师还需要掌握新的教学方法,如项目式学习、探究式学习等,以培养学生的创新思维和实践能力。培训可以帮助教师及时了解劳动教育的最新政策、理念和实践案例,使教师能够站在时代的前沿,把握劳动教育的发展方向。通过了解国内外劳动教育的成功经验和创新做法,教师可以借鉴并应用到自己的教学中,推动劳动教育的创新和发展。

教师是劳动教育的实施者和创新者。通过培训,教师可以提升自己的专业素养和创新能力,为劳动教育的课程开发、教学方法改革、评价体系构建等方面提出新的思路和建议。教师还可以将培训中学到的知识和经验应用到实践中,不断探索适合本校、本地区的劳动教育模式,为劳动教育的创新和发展做出实际贡献。通过不断更新知识、掌握新的教学技术和方法、了解劳动教育的最新动态和发展趋势,教师可以更好地履行自己的职责,为劳动教育的创新和发展贡献力量。

二、制订有效的教师培训与发展计划

(一) 根据教师的实际需求和教学特点制订个性化培训计划

为了确保教师培训与发展计划的有效性和针对性,必须根据教师的实际需求和教学特点来制订个性化的培训计划。在制订培训计划之前,

应首先对教师进行深入的调研,了解他们在教学过程中遇到的具体问题和挑战,以及他们在专业发展方面的需求和期望。通过问卷调查、面对面访谈、教学观摩等多种方式,收集教师在教学实践中的真实反馈和意见,确保培训计划能够切实解决他们的实际需求。每个教师都有其独特的教学特点和个人风格,这些特点和风格对于他们的教学效果和专业发展有着重要影响。在制订培训计划时,应充分考虑教师的教学特点和风格,确保培训计划能够与他们的教学实践和个人发展相契合,避免一刀切式的培训方式。

针对不同层次、不同专业的教师,应制定差异化的培训方案。例如,对于新入职的教师,可以重点培训他们的教学技能和课堂管理能力;对于经验丰富的教师,可以更注重他们的教学创新能力和学术研究能力的提升。通过差异化的培训方案,可以满足教师的个性化发展需求,提高他们的专业素养和教学能力。制订的培训计划应具有明确的目标和针对性,能够切实解决教师在教学实践中的具体问题。培训计划还应注重实效性,确保教师在接受培训后能够将所学知识和技能应用到实际教学中,提高教学效果和学生的满意度。全面调研和分析、考虑教师的教学特点和个人风格、制定差异化的培训方案以及确保培训计划的针对性和实效性,可以为教师提供更加精准、有效的培训服务,促进他们的专业成长和职业发展。

(二)培训内容应全面覆盖理论教学、实践操作、案例分析等多个方面

为了确保教师培训与发展计划的全面性和实效性,培训内容必须涵盖理论教学、实践操作、案例分析等多个方面,以帮助教师构建系统的知识体系,掌握教学技能和方法,并从实践中总结经验教训,提升教学智慧。深入讲解劳动教育的历史、理念、目标以及在现代教育体系中的地位和作用,使教师全面理解劳动教育的内涵和价值。介绍教育心理学的基本原理和应用,帮助教师了解学生的学习心理和发展规律,以便更好地指导学生。探讨课程设计与教学实施的理论与实践,包括课程目标的设定、内容的组织、教学方法的选择与评价等,为教师提供科学的教学指导。设置模拟课堂情境,让教师扮演学生或教师的角色,进行实际

的教学演练，体验教学过程，锻炼教学技能。组织教师观摩优秀教师的示范课，学习其教学技巧、课堂管理方法和学生互动策略，提升自己的教学能力。安排教师到实际的教学环境中进行实习，亲身体验教学工作的全过程，包括备课、上课、课后反思等，以加深对教学工作的理解和掌握。

从劳动教育的实践中选取具有代表性的成功案例和失败案例，作为教师分析和讨论的对象。组织教师对案例进行深入的分析和讨论，探究其成功或失败的原因，总结经验和教训。通过案例分析和讨论，引导教师提炼出具有普遍指导意义的教学智慧和策略，以便在自己的教学实践中加以运用和创新。全面覆盖理论教学、实践操作、案例分析等多个方面的培训内容是教师培训与发展计划的重要组成部分。通过系统的理论教学、丰富的实践操作和深入的案例分析，教师可以构建全面的知识体系、掌握实用的教学技能和方法，并从实践中不断总结经验教训，提升自己的教学智慧和专业素养。

（三）强调培训计划的持续性和更新性

为了确保教师培训与发展计划的有效性和适应性，必须强调培训计划的持续性和更新性。这意味着培训不应仅仅是一次性的活动，而应是一个持续不断的过程，培训计划也需要随着教育改革和劳动教育的发展而不断更新和调整。建立长效机制，确保培训的持续性，学校应建立一种长效机制，将教师培训与发展纳入学校的长期规划中，确保培训活动的持续性和稳定性。定期组织教师进行培训和研讨，形成一种常态化的学习氛围，让教师能够持续不断地学习和成长，鼓励教师参与各种形式的培训活动，如工作坊、研讨会、在线课程等，以丰富他们的专业知识和教学技能。随着教育改革的深入和劳动教育的发展，新的教学理念、教学方法和技术不断涌现，培训计划需要及时更新和调整，以适应这些新的变化。学校应定期评估培训计划的有效性和适应性，根据评估结果和教师的反馈意见对培训计划进行修订和完善。鼓励教师参与培训计划的更新和调整工作，让他们的实践经验和专业知识能够为培训计划的改进提供有益的参考。通过持续性的培训计划，帮助教师不断适应教育改革和劳动教育发展的新要求和新挑战。提升教师的专业素养和教学能力，使他们能够更好地应对教学过程中遇到的新问题和挑战。激发教师的创新精神和探索欲望，鼓励他们在教学实践中不断尝试新的教学理念和方法，以推动劳动教育的创新和发展。

通过建立长效机制、及时更新和调整培训计划以及确保教师能够不断适应新的要求和挑战，为教师提供持续、有效的培训服务，促进他们的专业成长和职业发展，同时推动劳动教育的创新和发展。

三、劳动教育教师队伍建设的路径

劳动教育在培养学生形成正确的劳动观念、劳动精神和基本劳动能力方面起着至关重要的作用。然而，当前青少年中存在不珍惜劳动成果、不想劳动、不会劳动的现象，劳动的独特育人价值在一定程度上被忽视。加强劳动教育教师队伍建设，从教师个体、教师培养和管理制度三个方面入手，成为提升学生劳动意识与能力的关键。

（一）教师个体层面：以身作则，树立模范榜样

热爱劳动的情感与参与能力。教师作为劳动教育的实施者，首先要具备热爱劳动的情感和积极参与劳动的能力。这种情感和态度会在日常教学中潜移默化地影响学生。言传身教，身体力行，无论是专职的劳动教育教师还是其他科任教师，都应在日常生活和学校教育工作中做到以身作则、言行一致。通过全身心投入劳动教育实践，教师能够引导学生学会学习，培养学生思考问题和解决问题的能力。在交往中实施劳动教育，好的劳动教育过程体现在教师与学生交往的过程中，是在学生行动实践的体验、参与、交往的潜移默化过程中实现的。

（二）教师培养层面：设置劳动教育专业或方向，培养专业化师资

增设劳动教育专业或方向，在本科师范生和教育专业硕士学位专业目录中设置劳动教育专业或方向，为培养专业化的劳动教育教师提供教师教育学科制度支撑。在劳动教育教师的培养过程中，注重实践能力的培养，确保教师具备开展劳动教育实践所需的技能和知识。

针对已经在职的教师，也可以通过设置专门的劳动教育培训课程或工作坊，帮助他们转型或深化对劳动教育的理解和实践能力。这些课程可以涵盖劳动教育的理论知识、教学方法、课程设计以及评估方式等，确保教师能够全面掌握劳动教育的核心要素。在培养过程中，还应强调跨学科的合作与交流。劳动教育不仅仅是关于劳动技能和知识的传授，它还涉及心理学、社会学、经济学等多个学科领域。因此，培养专业化的劳动教育师资，需要打破学科壁垒，促进不同学科之间的融合与互补，以形成更为全面和深入的教育视野。为了提升劳动教育教师的专业素养，还可以建立劳动教育教师的专业发展体系。这个体系可以包括定期的进修培训、学术交流、教学研讨等活动，为教师提供持续的专业成长机会。同时，鼓励教师参与劳动教育的科研项目，通过实证研究来不断探索和创新劳动教育的理论与实践。为了确保劳动教育教师的培养质量，还需要建立一套完善的评价体系。这个体系应该包括对教师专业知识、教学技能、实践能力等多方面的评估，以确保培养出的劳动教育教师能够满足新时代的教育需求，能为学生提供高质量的劳动教育。

（三）管理制度层面：加强劳动教育教师管理，完善相关制度

明确劳动教育教师的身份边界，将劳动教育教师纳入中小学教师管理制度中，明确其身份边界和职责范围。建立完善的职称晋升、进修发展、奖惩等制度，为劳动教育教师提供明确的职业发展路径和激励机制，确保其能够持续提升专业素养和教学能力。注重劳动教育学科的建设与发展，围绕劳动教育学科建设这个核心，加强劳动教育教师的专业培训和学术交流，推动劳动教育学科的不断发展和完善。

建立健全劳动教育教师的教学评价和反馈机制。通过对教师的教学效果进行定期评估，收集学生、家长以及同行的反馈意见，帮助教师了解自己的教学优势和待改进之处，从而有针对性地进行自我提升。这种机制不仅有助于教师个人的成长，也能促进劳动教育整体教学质量的提升。在管理制度层面，还应关注劳动教育教师的资源配置。确保劳动教育教师在教学资源、教学设施等方面得到充分的支持和保障，为他们创造一个良好的教学环境。鼓励学校与社区、企业等外部机构合作，共同

开发劳动教育资源，拓宽教师的教学实践平台，丰富教学内容。为了进一步提升劳动教育教师的社会地位和职业吸引力，可以在政策层面给予一定的倾斜和支持。提高劳动教育教师在职称评审、薪酬待遇等方面的优惠条件，吸引更多优秀人才投身于劳动教育事业。加强劳动教育教师的师德师风建设也是管理制度层面不可忽视的一环。通过定期开展师德教育活动，强化教师的职业道德和社会责任感，确保他们在教学中不仅传授知识，更能以身作则，成为学生成长的良好榜样。①

第三节　大学教师对劳动教育的理解与实践

在当今高等教育领域，劳动教育被视为培养学生综合素质、促进其全面发展的重要环节。大学教师作为高等教育的直接实施者，他们对劳动教育的理解和实践程度，直接影响着劳动教育的效果与学生的成长。深入探讨大学教师对劳动教育的理解和认识程度，以及如何有效引导教师深入理解和实践劳动教育理念，成为当前教育改革中亟待解决的重要课题。本节将从这两个方面展开论述，以期为提升大学劳动教育质量提供参考。

一、理解层面的深入探索

（一）认识到劳动教育的多维价值

大学教师普遍认识到，劳动教育不仅仅是传授学生劳动技能和知识，其内涵和价值远远超出了这一范畴。他们深刻理解到，劳动教育更重要的是通过劳动实践，培养学生的劳动观念、劳动精神和劳动习惯，这些都是学生未来生活和工作中不可或缺的重要素质。劳动教育有助于培养学生的劳动观念。在教师的引导下，学生逐渐认识到劳动的价值和意义，

---

① 李磊，路丙辉. 新时代大学生劳动教育评价［J］. 湖北工程学院学报，2023，43（01）：70-74.

明白劳动不仅是谋生的手段,更是实现个人价值和社会价值的重要途径。这种观念的培养,对于学生树立正确的价值观和人生观具有重要意义。劳动教育注重培养学生的劳动精神。在劳动实践中,学生需要付出辛勤的汗水和努力,才能完成任务。这种过程不仅磨炼了学生的意志和毅力,还培养了他们的责任感和奉献精神。这些精神品质对于学生未来的职业发展和社会融入都至关重要。

劳动教育还致力于培养学生的劳动习惯。通过长期的劳动实践,学生逐渐养成了勤劳、节俭、有条理等良好的劳动习惯。这些习惯不仅有助于提高学生的生活自理能力,还能为他们未来的职业生涯打下坚实的基础。大学教师在课程设计和教学实践中,注重将劳动教育的多维价值融入其中。他们通过组织各种形式的劳动实践活动,让学生在实践中体验劳动的乐趣和价值,从而培养他们的劳动观念、劳动精神和劳动习惯。这样的教学方式不仅提高了学生的综合素质,还为他们的全面发展提供了有力的支持。

(二)意识到劳动教育与学生发展的紧密联系

大学教师深刻意识到,劳动教育与学生未来的职业发展、社会融入以及个人品质的提升之间存在着紧密的联系。他们普遍认为,劳动教育不仅仅是一种技能传授,更是一种全面的教育过程,它对学生的成长和发展具有深远的影响。通过劳动教育,学生可以更好地了解社会和职业。在劳动实践中,学生有机会接触到真实的工作环境和职业要求,从而更深入地理解社会的运行机制和职业的发展路径。这种了解有助于学生为未来的职业生涯做好准备,使他们能够更准确地规划自己的职业发展方向,并提前培养所需的职业技能和素养。劳动教育在培养学生的社会责任感、团队合作精神和创新能力方面发挥着重要作用。在劳动实践中,学生需要学会与他人合作,共同完成任务,这有助于培养他们的团队合作精神和沟通能力。同时,面对劳动中的挑战和问题,学生需要发挥创新思维,寻找解决方案,这有助于提升他们的创新能力和解决问题的能力。这些品质对于学生未来的社会融入和个人发展都至关重要,使他们能够更好地适应社会的变化和挑战。

大学教师在教学实践中注重将劳动教育与学生发展紧密结合。他们不仅传授劳动技能和知识，更注重引导学生通过劳动实践来培养各种重要的品质和能力。教师努力为学生的全面发展提供有力支持，使他们能够在未来的职业生涯和社会生活中取得更大的成功。

二、实践层面的积极创新

（一）不断探索和创新劳动教育模式

大学教师深知，传统的劳动教育模式可能已经无法满足当前学生的需求和社会的发展变化。因此，他们积极投身于劳动教育的创新与探索之中，致力于找到更为有效、更为贴近学生实际的劳动教育模式。为了实现这一目标，教师们组织了各种形式的志愿服务、社会实践、实习实训等活动。他们鼓励学生走出课堂，参与到真实的劳动环境中去，通过亲身体验和学习，深入理解劳动的价值和意义。这些活动不仅让学生有机会接触社会各个层面，还让他们在实践中锻炼了自己的能力和技能。

除了传统的实践活动，教师们还尝试将现代科技手段融入劳动教育。例如，他们利用虚拟现实技术，为学生创建了一个仿真的劳动环境，让学生在虚拟空间中体验各种劳动场景，从而增强他们的实践体验和学习效果。教师们也关注着人工智能等前沿技术的发展，并尝试将这些技术引入到劳动教育中，以培养学生的创新能力和未来竞争力。通过这些不断的探索和创新，大学教师们逐渐构建出了一个更为多元化、更具实效性的劳动教育模式。这个模式不仅注重学生的实践体验和学习效果，还充分考虑了学生的个性化需求和未来社会的发展趋势。相信在未来的教育实践中，这个模式将继续发挥其独特的价值和作用。

（二）注重劳动教育与专业教育的结合

大学教师在劳动教育的实践中，深刻认识到将劳动教育与专业教育相结合的重要性。他们明白，仅仅传授学生劳动技能和知识是远远不够的，更重要的是让学生在掌握专业知识的同时，提升劳动技能和实践能力，从而实现全面发展。为了实现这一目标，教师们根据各专业的特点，精心设计了具有专业特色的劳动教育课程和活动。他们努力将劳动教育的元素融入专业课程中，使学生在学习专业知识的同时，也能通过劳动实践来加深理解和应用。

在工程类专业中，教师们不仅在课堂上传授学生工程理论知识，还积极组织学生进行实际的工程项目实践。他们带领学生参与到真实的工程项目中去，让学生在劳动中学习和掌握工程技能，体验工程实践的全过程。通过这样的实践，学生不仅能够更深入地理解工程知识，还能提升自己的实践能力和解决问题的能力。

在农业类专业中，教师们则注重让学生亲身体验农业生产的艰辛与乐趣。他们安排学生进行农田实践，让学生亲手种植、养护农作物，了解农业生产的整个过程。通过这样的实践，学生不仅能够掌握农业生产的基本技能，还能更深刻地理解农业的重要性和挑战，从而培养出对农业的热爱和责任感。

这种结合专业教育的劳动教育模式，不仅增强了学生的实践能力，还提高了他们的专业素养和就业竞争力。学生在掌握专业知识的同时，也具备了实际工作的能力和经验，为他们未来的职业生涯打下了坚实的基础。这种教育模式也使学生更加全面地发展，成为既有理论知识又有实践能力的高素质人才。

三、面临的挑战与存在的差异

（一）对劳动教育内涵和价值的认识差异

尽管大学教师普遍认识到劳动教育的重要性，但在其内涵和价值的理解上，确实存在着不容忽视的差异。这种差异主要体现在对劳动教育目标的设定和教育内容的选择上。一些教师可能更注重劳动技能的传授，认为只要学生掌握了某种劳动技能，就达到了劳动教育的目的。他们可能忽视了劳动观念、劳动精神和劳动习惯的培养，这些都是劳动教育不可或缺的重要组成部分。劳动观念的培养可以让学生认识到劳动的价值和意义，劳动精神的锤炼可以磨炼学生的意志和毅力，而劳动习惯的养成则能为学生未来的生活和工作打下坚实的基础。这种认识上的差异可能导致在教学实践中，劳动教育的实施效果和侧重点各不相同。有的教师可能过于注重技能的传授，而忽视了学生情感态度和价值观的培养；有的教师则可能过于强调劳动的观念和精神，而忽略了技能的培养。这种偏差都可能影响劳动教育的整体效果。

为了统一认识，提高劳动教育的质量，我们需要加强对教师的培训和指导。通过培训，可以帮助教师更全面地理解劳动教育的内涵和价值，明确劳动教育的目标和任务，帮助教师在教学实践中更好地贯彻劳动教育的理念，实现劳动教育的全面发展。只有这样，才能确保劳动教育在大学教育中发挥出其应有的价值和作用。

（二）教育资源和教师精力的限制

在实施劳动教育时，大学教师面临着诸多挑战，其中教育资源和教师精力的限制是两个尤为突出的问题。一方面，劳动教育需要为学生提供充分的实践机会和场所，让他们亲身体验劳动的过程，从而更深入地理解劳动的价值和意义。然而，由于教育资源的有限，很多学校可能无法为所有学生提供这样的机会和场所。这可能导致部分学生在劳动教育方面的体验和学习效果不佳，甚至可能让他们对劳动产生误解或偏见。为了解决这个问题，学校和教育部门需要加大投入，提供更多的教育资源，如劳动实践基地、设备等，以支持劳动教育的实施。另一方面，教师在承担繁重的教学和科研任务的同时，可能难以投入足够的精力来设计和实施高质量的劳动教育活动。劳动教育需要教师投入大量的时间和精力进行课程设计、活动组织、学生指导等。然而，由于教师的教学和科研任务繁重，他们可能无法抽出足够的时间专注于劳动教育的设计和实施。这种精力的限制可能影响劳动教育的深入和持续发展，甚至可能导致劳动教育在学校教育中的地位逐渐边缘化。为了解决这个问题，学校和教育部门需要优化教师的工作安排，减轻他们的教学和科研压力，让他们有更多的时间和精力投入到劳动教育的实践中去。还可以通过提供培训和支持，帮助教师提高劳动教育的设计和实施能力，从而提升劳动教育的质量。

四、提升措施与有效建议

(一) 加强劳动教育培训，提升教师认识

针对教师对劳动教育内涵和价值认识上的差异，加强劳动教育培训显得尤为重要。为了全面提升教师对劳动教育的认识和理解，定期组织劳动教育培训，学校和教育部门应将劳动教育培训纳入教师继续教育体系，定期组织相关培训活动。这些培训可以涵盖劳动教育的理论知识、实践技能以及教育理念等方面，旨在帮助教师更全面地了解劳动教育的内涵和价值。邀请专家学者举办讲座，为了拓宽教师的视野，提升他们的理论素养，学校可以邀请在劳动教育领域具有丰富经验和深入研究的专家学者举办讲座。这些讲座可以分享劳动教育的先进理念、成功案例以及国际趋势，使教师能够及时了解劳动教育的最新动态和发展方向。

在培训过程中，可以邀请一些在劳动教育实践中取得显著成效的教师或学校进行经验分享。通过具体案例的剖析，教师可以更直观地了解劳动教育的实施方法和效果，从而为他们自己的教学实践提供有益的参考。除了专家的讲座和成功案例的分享，还应鼓励教师之间进行经验交流。学校可以组织定期的研讨会或交流会，让教师们就劳动教育的实施方法、遇到的困难以及解决策略等进行深入的探讨和交流。这样的互动不仅可以促进教师之间的合作与共享，还可以激发他们的创新思维和实践热情。教师之间的经验交流和共同探讨也可以为劳动教育的有效实施提供更多的思路和方法。

(二) 提供更多资源和支持，鼓励实践探索

为了推动劳动教育在大学教育中的深入发展，学校和教育部门需要加大对劳动教育的投入，提供更多的教育资源和支持。学校应积极建设或改善劳动实践基地，为学生提供真实的劳动环境和工具。这些基地可以包括农田、工厂、实验室等，让学生能够在实践中学习劳动技能，体验劳动过程，理解劳动的价值。为了支持劳动教育的实施，学校需要购置必要的劳动工具和设备。这些工具和设备应与现代劳动市场相匹配，确保学生能够学习到最新的劳动技能和知识。教育部门和学校应合作开

发具有创新性和实效性的劳动教育课程。这些课程应结合学生的实际需求和社会的发展趋势，注重培养学生的劳动观念、劳动精神和劳动习惯。学校应鼓励教师进行劳动教育的实践探索，创新教学方法和手段。可以引入项目式学习、合作学习等现代教学方法，让学生在团队中共同完成劳动任务，提高他们的团队协作能力和实践能力。

对于在实践探索中取得显著成效的教师，学校和教育部门应给予一定的奖励和表彰。这些奖励可以包括资金支持、职称晋升、荣誉证书等，以激励更多的教师投入到劳动教育的实践探索中去。通过提供更多的教育资源和支持，鼓励教师进行实践探索和创新，进一步提高劳动教育的吸引力和实效性，为培养学生的综合素质和社会责任感做出更大的贡献。

（三）建立激励机制，推动劳动教育的深入实施

为了激发教师和学生参与劳动教育的积极性，推动劳动教育在大学教育中的深入实施，建立相应的激励机制是至关重要的。对于在劳动教育中表现突出的学生，学校可以给予额外的学分奖励，鼓励学生更加积极地参与劳动教育活动，提升他们的劳动技能和素养。颁发荣誉证书是对学生在劳动教育中取得优异成绩的肯定和鼓励。这不仅可以增强学生的自信心和成就感，还可以作为他们未来就业或深造的有力证明。设立专门的劳动教育奖学金和助学金，用于资助在劳动教育中表现优秀的学生，进一步激发他们的学习热情和积极性。

对于在劳动教育实践中取得显著成果的教师，学校可以在职称晋升方面给予优先考虑。这将激励教师更加投入地进行劳动教育的实践和研究，提升他们的教学水平和专业素养。为在劳动教育领域有突出贡献的教师提供科研项目的优先支持，鼓励他们进行更深入的研究和探索，推动劳动教育的创新和发展。定期评选和表彰在劳动教育中做出杰出贡献的教师，通过颁发荣誉证书、奖金等方式，肯定他们的辛勤付出和卓越成就。

制定清晰、具体的劳动教育评价标准，确保激励机制的公平性和有效性。通过校园媒体、宣传栏等多种渠道，广泛宣传劳动教育的激励机制，提高师生的知晓率和参与度。定期对激励机制的实施效果进行评估，根据评估结果及时调整和完善激励机制，确保其持续有效地推动劳动教育的深入实施。通过建立涵盖学生和教师的全方位激励机制，可以充分

激发师生参与劳动教育的积极性，推动劳动教育在大学教育中的深入实施，进而培养学生的综合素质和社会责任感。

（四）强化校企合作，拓展劳动教育空间

为了进一步提升劳动教育的质量和实效性，学校应积极寻求与企业的合作，共同推进劳动教育的发展。与企业建立合作关系，为学生提供更多的实习实训机会。这不仅可以让学生在实际工作环境中亲身体验和学习，还能帮助他们更好地了解行业需求和职业发展路径。学校可以与企业共同制订实习实训计划，确保学生在实习期间能够获得全面的劳动技能和实践经验。学校与企业可以合作共建劳动教育基地，为学生提供更加贴近实际的劳动教育环境。这些基地可以包括企业的生产线、研发中心等，让学生在真实的工作场景中学习和实践。共建基地还可以作为学校劳动教育课程的延伸，为学生提供更加深入和专业的劳动教育。邀请企业专家参与到劳动教育课程的设计和实施中来。他们可以根据行业需求和实际工作经验，为课程提供专业的指导和建议，确保课程内容与实际工作紧密相连。学校与企业可以共同开发劳动教育课程，将企业的实际需求和教学内容相结合，使课程更加具有针对性和实效性。

学校与企业可以定期组织师资交流活动，让教师深入了解企业的运营模式、工作流程等，提升他们的实践教学能力。企业可以为学校提供劳动教育师资培训，帮助教师掌握最新的行业知识和技能，提升他们的专业素养。学校与企业应共同建立劳动教育的评估机制，定期对实习实训、课程实施等效果进行评估，及时发现问题并进行改进。通过反馈机制，学校可以了解企业在劳动教育方面的需求和建议，不断调整和优化劳动教育方案，使其更加符合实际需求。强化校企合作，不仅可以为学生提供更多的实习实训机会和场所，让他们在实际工作环境中体验和学习，还可以让企业参与到劳动教育课程的设计和实施中来，提供专业的指导和建议。这将进一步提升劳动教育的质量和实效性，为学生的未来职业发展奠定坚实的基础。[①]

[①] 陈小波. 高校大学生劳动教育实践路径探析［J］. 生活教育，2023，（09）：124-128.

第九章　大学劳动教育与校园文化

在大学教育的广阔天地中，劳动教育不仅是培养学生综合素质的重要一环，更是校园文化建设的基石。它不仅能够塑造学生勤劳、认真负责等优秀品质，还对营造积极向上的校园氛围起着至关重要的作用。本章将深入探讨大学劳动教育在校园文化建设中的作用，分析劳动教育与校园文化活动的融合路径，以及校园文化如何反哺劳动教育，共同促进学生全面发展。通过本章的学习，期望能为高校劳动教育的实践与校园文化的创新发展提供新的思路和启示。

第一节　大学劳动教育在校园文化建设中的作用

劳动教育作为大学教育体系中不可或缺的一部分，其在校园文化建设中的重要性日益凸显。本节将深入探讨劳动教育在塑造积极向上校园氛围、培养学生勤劳与认真负责等品质方面的独特作用，并进一步阐述如何通过组织多样化的劳动实践活动，丰富校园文化的内涵，促进学生间的交流与合作，共同营造团结互助的良好校园文化氛围。

一、劳动教育在校园文化建设中的重要性和作用

（一）塑造积极向上的校园氛围

倡导勤劳、务实、创新的价值观。劳动教育通过倡导勤劳、务实、创新的价值观，为校园文化注入了正能量。它鼓励学生通过实际行动去

体验和感受劳动的魅力,从而培养出脚踏实地、勤奋努力的精神风貌。在这种价值观的引导下,学生会更加注重实践、注重实效,形成一种追求进步、勇于创新、充满活力的校园文化氛围。劳动教育通过组织各种劳动实践活动,如校园清洁、绿化美化、手工制作等,让学生参与其中,感受劳动的快乐和成就感。这些活动不仅锻炼了学生的动手能力,还增强了他们的团队协作精神和集体荣誉感,使得整个校园充满活力和积极向上的气息。培养学生珍惜和尊重劳动成果的意识。通过劳动实践,学生能够亲身体验到劳动的艰辛和不易,从而更加珍惜和尊重自己和他人的劳动成果。这种意识的培养有助于形成一种感恩的心态和珍惜资源的校园文化,使得学生在日常生活中更加注重节约和环保。

(二)培养学生的勤劳与责任感

劳动教育在培养学生的勤劳与责任感方面发挥着至关重要的作用。劳动教育注重实践性和体验性,它提供了各种劳动活动的机会,让学生亲身参与其中。这些活动不仅要求学生付出体力上的努力,更需要他们具备坚持和毅力的精神。在劳动过程中,学生可能会遇到各种困难和挑战,但他们需要学会面对并克服这些困难。通过不断的努力和坚持,学生能够逐渐形成良好的意志品质,培养出勤劳、坚忍不拔的精神。增强学生的责任感,培养对家庭、社会和国家的责任感。劳动教育不仅仅是一种技能的培养,更是一种责任感的教育。在劳动中,学生需要学会承担责任,对自己的工作负责,对团队负责,甚至对更广泛的社会和国家负责。通过参与劳动活动,学生能够更加深刻地理解责任感的重要性。自己的每一个行动都会影响到他人和社会,因此需要更加谨慎和负责地对待自己的工作和生活。劳动教育还能够引导学生将个人的成长与家庭、社会和国家的命运联系起来。让他们意识到只有通过自己的努力和付出,才能够为家庭带来幸福,为社会做出贡献,为国家的发展贡献力量。

(三)丰富校园文化的内涵

劳动教育在丰富校园文化的内涵方面扮演着举足轻重的角色。通过组织各类劳动实践活动,如校园清洁、植树造林、手工制作等,学生能够亲身体验到劳动的价值和意义。这些活动不仅让学生了解到劳动的艰辛，也让他们感受到劳动带来的成就感和快乐。在参与劳动的过程中，学生会逐渐增强对劳动的尊重和热爱。他们开始理解，无论是简单的清扫工作还是复杂的工艺制作，都是值得尊重和珍视的劳动成果。这种对劳动的尊重和热爱会渗透到校园文化的每一个角落，使得校园文化更加丰富多彩，充满活力和正能量。劳动实践活动为学生提供了展示自己才华和技能的平台。无论是擅长手工制作的学生，还是善于团队协作的学生，都能在劳动中找到属于自己的舞台。这些活动不仅让学生有机会展示自己的才能，还促进了学生之间的交流与合作。在劳动中，学生需要相互协作，共同完成任务。这种合作的过程不仅增强了学生之间的友谊，也培养了他们的团队协作精神和集体荣誉感。通过劳动实践活动的交流和合作，学生会更加珍惜彼此之间的友谊和团结互助的精神。这种精神会成为校园文化的重要组成部分，使得校园文化更加和谐、温馨。

二、劳动教育丰富校园文化内涵

（一）增强学生对劳动的尊重和热爱

劳动教育通过一系列实践活动，有效地增强学生对劳动的尊重和热爱，进而丰富校园文化的内涵。学生通过实践活动，能够亲身体验到劳动的艰辛。他们挥洒汗水，付出努力，感受到每一份劳动成果背后的不易。学生也能在劳动中体验到快乐。当他们看到自己的努力让校园变得更加整洁、美丽时，内心的成就感和满足感油然而生。通过劳动实践，学生能够更加深刻地理解劳动的价值和意义。劳动不仅仅是体力的付出，更是智慧和创造力的体现。学生开始意识到，无论是简单的清扫工作还是复杂的植树造林，都是对校园环境的贡献，都是对美好生活的追求和创造。劳动教育让学生学会了感恩。他们开始感激那些为校园环境付出辛勤劳动的人，无论是清洁工、园丁还是其他工作人员。学生也学会了珍惜他人的劳动成果，每一份劳动成果都来之不易，都值得被尊重和珍惜。劳动教育通过让学生亲身体验劳动的艰辛与快乐，深刻理解劳动的价值和意义，以及学会感恩和珍惜他人的劳动成果，有效地增强了学生对劳动的尊重和热爱。这种尊重和热爱不仅体现在学生的日常行为中,更渗透到校园文化的每一个角落,使得校园文化更加丰富多彩、充满活力。

(二) 促进学生之间的交流与合作

劳动教育在促进学生之间的交流与合作方面发挥着重要作用,这不仅体现在劳动实践活动中,更深刻地影响着学生的日常学习和生活,成为校园文化的重要组成部分。劳动实践活动往往需要学生之间的紧密合作。在植树造林、校园清洁等活动中,学生需要共同面对各种挑战,如分工协作、时间安排、工具使用等。在这个过程中,学生必须学会相互配合,共同解决问题,只有团结一致,才能高效地完成任务,达到预期的目标。在劳动实践中,学生需要不断地交流与沟通。他们需要讨论工作方案、分配任务、分享经验,甚至需要解决因意见不合而产生的冲突。通过这些交流与沟通,学生能够学会倾听他人的意见,理解他人的感受。有效的沟通是解决问题的关键,也是团队合作的基础,通过劳动实践,学生能够深刻体会到团结互助的重要性。只有相互帮助,才能克服困难,完成任务。这种团结互助的精神不仅体现在劳动实践中,更渗透到学生的日常学习和生活中。他们开始更加关注身边的人,愿意伸出援手,帮助他人。这种团结互助的精神逐渐成为校园文化的重要组成部分。它影响着学生的行为举止、价值观念,甚至学校的整体氛围。在这种文化的熏陶下,学生更加珍惜彼此之间的友谊,更加愿意为学校的繁荣和发展贡献自己的力量。劳动教育通过促进学生之间的交流与合作,不仅提高了他们的团队协作能力,还培养了他们的沟通技巧和团结互助的精神。这些宝贵的经验和品质不仅对学生的个人成长有着积极的影响,丰富了校园文化的内涵,使得学校成为一个更加和谐、温馨的学习和生活环境。①

---

① 冯亮亮. 当代大学生劳动意识及其培养研究 [D]. 河北师范大学, 2017.

三、劳动教育融入大学校园文化的具体策略

（一）推进校园精神文化建设，树立劳动教育理念

校园文化的核心是校园精神文化。大学应结合自身实际情况，发掘校园精神文化中的劳动教育资源，使其成为劳动教育的思想引领。如挖掘校史、校训、校歌中的有效资源来助力育人目标的达成。大学校史具有"留史、资政、育人"的重要作用。学生通过对科学、真实、系统的校史追溯，了解在学校创建、发展、壮大的历程中的典型人物和富有感染力的故事，通过舞台话剧展示、绘画、诗歌、演讲等方式还原历史，让学生体悟劳动创造历史的道理。大学应阐发校训的"标尺"作用。校训对学生的行为规范有着极强的指导作用，大学应在校园醒目位置设置校训标牌，同时将新时代"工匠精神""劳模精神"的内涵注入校园横幅标语中，结合校训标牌创新展出形式，使每一个师生经常性地看到它，受其潜移默化的心理暗示，慢慢内化为自身的价值尺度。提升大学校歌的传唱度。校歌是校园文化的音乐表现方式，歌词中蕴含着办学者的愿景、厚望，又传达出受教育者的追求和求学心声，能够让学生联想到学校发展历程中的艰辛岁月，也能激起一代代学子拼搏奋斗的信心。融入劳动思想的校歌更能振奋人心，提升思想境界，从而在传唱的过程中无形地加强劳动教育。如贵州财经大学将办学精神及校训校史有机融合进校歌中，形成以"笃行鼎新"为基础，以"务实勤恳"为底色，以"儒魂商才"为核心理念的校园文化氛围，帮助学生在校歌中阐释和传承校园文化，增强了校园精神文化的感染力和吸引力。

（二）树立典型，让大学教师成为劳动教育的良好示范

校园文化作为大学建设的必要内容，其建设的重要性及蕴含的育人价值必须得到重视。大学教师作为文化的传播者，与学生接触沟通较为频繁，这也就决定了其在劳动教育融入校园文化建设中的主导地位。大学应明确教师的主人翁地位。学校怎样发展，培养怎样的人才，怎样培养人才，最终都得依靠教师来实现。教师是校园文化中最稳定的建设者

和文化传播者，相关部门的教职工应做好学校劳动育人工作的顶层设计，出台学校劳动教育实施办法，明确和细化劳动教育的目标、内容、途径、方式、考核评价等，设立劳动周、劳动月，编写劳动实践指导手册，建立劳动安全保障制度。加强教师劳动文化素质。大学要将劳模精神、劳动精神、工匠精神纳入教师科研和培训活动，把握劳动教育与校园文化建设的关联，不断探索和创新指导劳动实践的方法，从而整体提高劳动教育教师的知识水平。大学要在校园宣传引导上下功夫，重视模范教师的引导作用，对于优秀教师崇尚劳动、勤于劳动的先进事迹进行宣传，以教师的人格魅力和模范行为为学生树立榜样。选拔优秀教师从事学生工作。各级学生部门需要劳动觉悟高且实践经验丰富的教师对学生工作进行指导和管理，在校园文化活动的组织中，教师可为学生工作提供活动前指导，活动中督导，活动后实时反馈，还可以将劳动教育的内容渗透到校园活动中，创新劳动教育的形式方法，从而推动劳动教育融入校园文化建设。

（三）坚持以劳动教育为导向，创新校园文化的活动形式

校园文化建设的主体是在校园生活和学习的每一个人，每个人的价值意识都会对校园文化的价值走向有着直接影响。创新以劳动教育为导向的校园文化活动体现在"知"与"行"两个方面。在"知"的方面，大学要采用学生易于接受的活动方式，组织系统训练，让学生明白劳动育人的价值。如开展新生入学教育、劳动主题班会教育、劳动技能知识竞赛等，引导大学生增强诚实劳动的意识。在"行"的方面，依托校园文化这个重要载体，开展丰富多样的校园实践活动。根据学校的客观情况，在校园宣传栏、创业园区、食堂、教学楼走廊等重点场合对劳动模范的突出事迹进行展示，使劳动精神浸润到校园文化建设中。开展校企合作，形成校企双方协同育人方案。大学与优秀企业达成合作意愿，引导毕业班学生进入企业实习，在职场环境中感知劳动创造价值的真谛，学习企业优秀员工爱岗敬业、诚实劳动的高尚品质，发挥校企联动的实际价值，让学生从劳动感知走向完整实践。大学应深入研究劳动教育同校园文化建设融合育人机制。对于校园文化，学校只有合理开发和利用，

才能将其转变为有效的劳动教育课程资源。因此学校需在原有校园文化中深入挖掘劳动教育的更多"切面",即可为学生创造经历劳动、接受教育、创新文化的机会。例如,通过成立劳动理论宣讲团、举办"青年榜样说"系列栏目、暑期"三下乡"实地调研、大学生劳动观课题研究等实践推进劳动教育的细化研究。要充分发挥党员及共青团员的带头作用、骨干作用和模范作用,党组织要发挥自身纪律性和组织性,让优秀党员及团员在校园文化生活中争做表率,带动学生参与校园文化活动,感受劳动的魅力。

　　校园文化建设见证着校园物质文化的持续发展,同时也承载着校园精神文化的传承。劳动教育作为国民教育体系的重要组成部分,是大学开展教学工作的重要环节。大学需要优化校园文化建设体系,拓宽校园文化的广度,挖掘其深度,将劳动教育资源融入校园文化建设的实践中,彰显文化育人办学特色的定位,并不断赋予校园文化以新的时代内涵。

第二节　大学劳动教育与校园文化活动的融合

　　在大学这一学术与文化交汇的殿堂,如何将劳动教育与丰富多彩的校园文化活动相结合,不仅是一个值得探讨的课题,更是实现学生全面发展、丰富校园文化内涵的必由之路。本节将首先探讨在校园文化活动中融入劳动教育的可行性和必要性,并提出结合校园特色设计具有针对性的劳动教育活动。随后,将进一步分析融合的方式和具体实施策略,以期通过课程设计、活动安排等多种手段,实现劳动教育与校园文化活动的有机结合,利用校园媒体、社交平台等渠道宣传劳动教育的理念和实践成果,共同营造良好的校园文化氛围。

一、劳动教育与校园文化活动的结合

（一）融入的可行性和必要性

1. 可行性

校园文化活动作为学生展示自我、交流互动的重要平台，其多样性和包容性为劳动教育的融入提供了广阔的空间。劳动教育，其核心在于实践体验和技能培养，旨在通过具体的劳动活动，使学生掌握基本的生活技能和劳动知识，培养勤劳、负责、创新的品质。将劳动教育融入校园文化活动，不仅可以在活动中增添劳动元素，使学生在参与中亲身体验劳动的乐趣，还能让他们在轻松愉快的氛围中接受劳动教育的熏陶，从而更加深刻地理解劳动的价值和意义。校园文化活动的多样性和灵活性为劳动教育的融入提供了多种可能。例如，可以在文艺晚会、社团活动、体育赛事等各类校园文化活动中，巧妙地融入劳动元素，如设置手工制作、农耕体验、环境美化等劳动环节，让学生在参与活动的同时，也能体验到劳动的快乐和成就感。此外，还可以通过校园文化活动的平台，宣传劳动教育的理念和成果，营造尊重劳动、热爱劳动的良好氛围。将劳动教育融入校园文化活动不仅可以丰富校园文化活动的内涵，还能使学生在参与中受到劳动教育的熏陶，培养他们的实践能力和责任感，为他们的全面发展提供有力支持。

2. 必要性

在当前的教育环境下，很多大学生对劳动的价值和意义认识不足，这主要体现在他们对劳动的轻视、对实践经验的缺乏以及对动手能力的忽视上。这种现状不仅影响了学生的全面发展，也对他们未来的职业生涯和社会责任感的培养带来了挑战。通过劳动教育，我们可以引导学生树立正确的劳动观念。劳动不仅仅是谋生的手段，更是一种创造社会价值、实现个人成长的重要途径。在校园文化活动中融入劳动教育，可以让学生亲身体验劳动的过程，感受劳动的艰辛与快乐，从而更加珍视劳动的成果，尊重劳动人民。劳动教育还能培养学生的实践能力和责任感。

通过参与各种劳动活动，学生可以锻炼自己的动手能力，提高解决实际问题的能力。更重要的是，他们可以在劳动中学会承担责任，明白每一个劳动成果都需要付出辛勤的汗水和努力。这种责任感和实践能力的培养，对学生未来的职业发展和社会生活都具有重要的意义。将劳动教育融入校园文化活动不仅可以弥补当前大学生在劳动观念和实践能力上的不足，还能引导他们树立正确的价值观，培养他们的责任感和实践能力，为他们的全面发展奠定坚实的基础。[①]

（二）结合校园特色，设计劳动教育活动

1. 利用校园资源

结合学校的地理位置、环境条件等独特资源，我们可以设计一系列具有针对性的劳动教育活动，旨在让学生在实际操作中体验劳动的乐趣，同时培养他们的实践能力和责任感。对于拥有广阔农田的校园，可以开展农耕体验活动。如耕种、浇水、施肥、除草、收获等全过程，让学生亲身体验农作物从播种到收获的整个生命周期。通过参与农耕活动，学生不仅能够了解农业生产的基本知识，还能在实践中锻炼动手能力，培养耐心和毅力。除了农耕体验，还可以利用校园内的其他资源开展多样化的劳动教育活动。在拥有丰富植被的校园，可以组织学生参与校园绿化和环保活动，如植树造林、花草养护等，让学生亲手为校园增添绿色，同时增强他们的环保观念。在拥有手工制作传统或特色的学校，可以开展手工艺品制作活动，如编织、陶艺、木工等，让学生在动手制作的过程中感受传统文化的魅力，并培养他们的创新思维和审美能力。通过充分利用校园的独特资源，可以设计丰富多彩、具有针对性的劳动教育活动。这些活动不仅能够让学生在实践中体验劳动的乐趣和价值，还能培养他们的实践能力、责任感和创新能力，为他们的全面发展提供有力的支持。

2. 创新活动形式

在设计劳动教育活动时，除了可以借鉴传统的劳动形式，还可以结

[①] 万信. 新时代大学生劳动观培育研究［D］. 中国矿业大学，2023.

合现代科技和文化元素，创新活动形式，使其更加符合当代大学生的兴趣和需求。可以举办手工制作大赛，这是一个既能锻炼学生动手能力，又能培养他们环保观念的绝佳活动形式。可以鼓励学生利用废旧物品，如废纸、旧塑料瓶、废旧衣物等，进行创意制作。学生们可以发挥想象力，将这些看似无用的物品变成有用的手工艺品，如废纸变成的笔筒、旧塑料瓶变成的花瓶、废旧衣物变成的环保袋等。通过这样的活动，学生不仅能够锻炼自己的动手能力，还能在实践中学习到环保知识，建立环保观念。除了手工制作大赛，还可以利用现代科技元素，创新劳动教育活动形式。如引入机器人技术，开展机器人制作和编程活动，让学生在掌握新技能的同时，也体验到科技劳动的乐趣。可以结合校园文化元素，如学校的校训、校徽等，设计具有学校特色的劳动教育活动，如校训石刻制作、校徽刺绣等，让学生在活动中感受到学校文化的熏陶。创新劳动教育活动形式是一个不断探索和实践的过程。需要结合学校的实际情况和学生的需求，灵活运用各种资源和方法，设计出既有趣又有意义的劳动教育活动，让学生们在活动中得到全面的锻炼和成长。

3. 强化实践体验

在设计劳动教育活动时，应将学生的实践体验放在首位，确保他们能够通过亲身参与，深刻感受到劳动的艰辛与快乐，从而在实践中获得成长和锻炼。为了实现这一目标，可以设置不同的劳动岗位和任务，让学生亲自参与并完成任务。在校园农耕体验活动中，可以划分不同的农耕区域，如种植区、养殖区、收获区等，并为每个区域设置具体的劳动岗位，如种植员、养殖员、售货员等。学生可以根据自己的兴趣和特长选择适合的岗位，并在指导老师的带领下，亲自参与农作物的种植、养殖动物的照料以及农作物的收获等工作。

在实践过程中，鼓励学生亲自动手，让他们在实践中感受劳动的艰辛。例如，在种植过程中，学生需要亲手翻土、播种、浇水、施肥等，这些看似简单的劳动实际上需要付出大量的体力和耐心。通过亲身参与，学生们将更加深刻地理解劳动的艰辛，并学会珍惜劳动成果。当学生们看到自己亲手种植的农作物茁壮成长，养殖的动物健康成长，收获的果实饱满可口时，他们将感受到无比的成就感和快乐。这种快乐将激励他们更加热爱劳动，更加珍惜劳动带来的成果的同时培养他们的实践能力、责任感和创新能力，为他们的全面发展奠定坚实的基础。

二、劳动教育与校园文化融合的方式

（一）课程与活动的融合

将劳动教育与学校课程体系以及校园文化活动紧密结合，是实现劳动教育全面融入学生生活的重要途径。将劳动教育正式纳入学校的课程体系，确保每位学生都能在学习过程中接触到劳动教育的相关内容。开设劳动教育必修课，确保学生获得基础的劳动知识和技能，理解劳动的价值和意义。提供劳动教育选修课，让学生根据个人兴趣和需求选择深入学习特定的劳动技能或知识领域。在校园文化活动中巧妙融入劳动元素，使学生在参与活动的同时也能体验到劳动的乐趣。举办农耕文化节，让学生亲身体验农耕文化的魅力，了解农作物的生长周期和农耕技术。举办手工艺品展览，鼓励学生展示自己制作的手工艺品，培养他们的创造力和动手能力。举办环保创意大赛，引导学生利用废旧物品进行创意制作，培养他们的环保观念和创新能力。通过课程与活动的融合，劳动教育不再仅仅是课堂上的理论教学，而是成为学生生活中实实在在的一部分。

学生在参与各种校园文化活动的同时，也能感受到劳动的魅力，从而更加珍视劳动的成果，尊重劳动人民，培养自己的实践能力和责任感。这种融合方式不仅丰富了学生的学习体验，也为他们的全面发展提供了有力的支持。

（二）实践与体验的融合

实践与体验的融合是劳动教育不可或缺的一环，它旨在通过具体的实践活动，让学生亲身体验劳动的过程，从中学习劳动技能并感受劳动带来的变化。在校园内设立劳动实践基地，如农耕园、手工坊等，为学生提供专门的实践场所。农耕园可以种植各种农作物，让学生亲手参与耕种、浇水、施肥、收获等全过程，了解农业生产的基本知识。手工坊则可以提供各种手工材料和工具，让学生动手制作手工艺品，培养他们的创造力和动手能力。组织学生参与校园环境的维护和管理，如绿化、清洁等，让他们在实践中感受到劳动对校园环境的改善作用。通过参与校园绿化活动，学生可以亲手种植树木、花草，为校园增添绿色，同时了解植物的生长习性和养护方法。参与校园清洁活动则可以让学生意识到保持环境整洁的重要性，并学会如何使用清洁工具进行有效的清洁。

通过实践与体验的融合，学生不仅能够在实践中学习劳动技能，还能亲身感受到劳动带来的变化和成就感。这种融合方式不仅增强了学生的实践能力，还培养了他们的责任感和环保观念，使他们更加珍惜劳动成果并尊重劳动人民。参与校园环境的维护和管理，学生能够更加深入地了解校园文化的内涵，并为营造更加美好的校园环境贡献自己的力量。

（三）文化与价值观的融合

文化与价值观的融合是劳动教育深入人心的关键。通过将劳动教育的元素融入校园文化，我们可以弘扬劳动精神，树立尊重劳动、热爱劳动的良好风尚，为学生营造一个浓厚的劳动教育氛围。利用校园广播、校报、宣传栏等媒介，积极宣传劳动的重要性和价值，让学生时刻感受到劳动精神的熏陶。举办劳动主题讲座、研讨会等活动，邀请劳动模范、工匠大师等走进校园，与学生分享他们的劳动经验和感悟，激发学生的劳动热情。通过校园文化的传播，树立尊重劳动、热爱劳动的良好风尚，让学生明白劳动是实现个人价值和社会进步的重要途径。在校园的公共区域设置劳动主题的雕塑、壁画等艺术品，让学生在日常生活中感受到劳动美的熏陶。将劳动教育的元素融入校园的建筑设计、绿化布局等方面，打造一个充满劳动氛围的校园环境。通过举办劳动主题的文艺比赛、摄影比赛等活动，鼓励学生用创意和才华展现劳动的魅力，进一步营造浓厚的劳动教育氛围。

文化与价值观的融合，劳动教育不再仅仅是知识的传授和技能的培训，更是一种文化的传承和价值观的塑造。学生在这样的校园环境中成长，将更加深刻地理解劳动的意义和价值，形成尊重劳动、热爱劳动的良好品质。

（四）师资与资源的融合

师资与资源的融合是劳动教育有效实施的重要保障。通过加强劳动教育师资队伍建设，并充分利用校园内外的劳动教育资源，我们可以为学生提供更加丰富、多样的劳动实践机会，促进他们的全面发展。招聘和选拔一批热爱劳动教育、具备专业技能和丰富实践经验的教师，为劳动教育课程提供高质量的师资保障。定期组织劳动教育教师进行专业培训和学习，提升他们的教学水平和专业素养，确保他们能够为学生提供科学、有效的劳动教育指导。鼓励和支持劳动教育教师进行教学创新和改革，探索更加适合学生需求和时代发展的劳动教育模式和方法。与周边的农场、工厂等建立合作关系，为学生提供实地参观、实践操作的机会，让他们亲身体验劳动的过程和环境。利用校园内的空地、角落等空间，开辟劳动实践基地，如小菜园、手工坊等，为学生提供亲自动手的机会。整合社区、企业等社会资源，开展劳动志愿服务、社会实践等活动，拓宽学生的劳动视野和实践经验。

（五）评价与激励的融合

评价与激励的融合是劳动教育中不可或缺的一环。通过建立科学的劳动教育评价体系，并对学生的劳动表现和实践成果进行客观评价，我们可以有效地激励学生积极参与劳动教育活动，培养他们的劳动荣誉感和责任感。制定明确的劳动教育评价标准和指标，确保评价体系的科学性和公正性。这些标准可以包括学生的劳动态度、技能掌握程度、实践成果的质量等方面。采用多元化的评价方式，如教师评价、同学互评、自我评价等，以全面、客观地反映学生的劳动表现和实践成果。定期对劳动教育评价进行反馈和总结，及时调整评价标准和方式，确保评价体系的有效性和适应性。设立劳动奖学金，对在劳动教育活动中表现突出的学生进行奖励，以表彰他们的劳动成果和贡献。开展优秀劳动者评选活动，通过评选出校园内的优秀劳动者，激励更多的学生积极参与劳动教育活动。将学生的劳动表现和实践成果纳入综合素质评价体系，作为评优评先的重要依据，进一步增强学生的劳动荣誉感和责任感。

评价与激励的融合，可以有效地激发学生的劳动热情和积极性，培养他们的劳动荣誉感和责任感。科学的评价体系和激励方式也可以帮助我们更好地了解学生在劳动教育方面的表现和需求，为进一步优化劳动教育提供有力的支持。

第三节 大学校园文化对劳动教育的促进作用

大学校园文化作为高校精神风貌与独特气质的集中体现，不仅塑造着学生的价值观念与行为模式，更在潜移默化中推动着劳动教育的深入发展。在这一节中，我们将深入探讨校园文化对于劳动教育的积极影响，分析它是如何为劳动教育的发展提供动力与支持的。还将阐述如何通过丰富多样的校园文化活动，有效提升学生的劳动素养和实践能力，进而培养出既有理论知识又具备实践技能的全面发展的新时代大学生。

一、校园文化对于推动劳动教育发展的作用

（一）激发劳动热情和创造力

激发劳动热情和创造力是校园文化在推动劳动教育发展中的重要作用之一。积极向上的校园文化能够营造一种崇尚劳动、尊重劳动的良好氛围。这种氛围的营造，离不开学校对劳动教育的重视和倡导。学校可以通过各种渠道，如宣传栏、广播、校报等，积极宣传劳动的重要性和价值，让学生深刻认识到劳动是创造美好生活的基础，也是实现个人价值和社会价值的重要途径。在这种氛围的熏陶下，学生会逐渐形成一种对劳动的崇尚和尊重，从而更加珍惜劳动机会，积极参与劳动实践。通过举办各种劳动主题的校园文化活动，如劳动技能大赛、创新创业展示等，学生可以亲身感受到劳动的魅力和价值。这些活动为学生提供了一个展示自己劳动成果和才能的平台，让他们在实践中体验到劳动的艰辛和乐趣，更加深刻地认识到劳动的价值和意义。这些活动也能够激发学

生的创造力和创新精神，让他们在劳动中不断探索、尝试和创新，培养出具有创新能力和实践能力的优秀人才。校园文化中的劳动模范、优秀工匠等典型人物的宣传，也能够激励学生以他们为榜样，努力学习劳动技能，追求劳动创新。这些典型人物是学校劳动教育的生动教材，他们的奋斗历程和成功经验能够为学生树立榜样，引导他们树立正确的劳动观念和职业理想。学生在了解这些典型人物的事迹后，会受到他们的激励和鼓舞，更加努力地学习劳动技能，追求劳动创新，为实现自己的职业梦想而努力奋斗。

（二）提供广阔的平台和资源支持

提供广阔的平台和资源支持是校园文化在推动劳动教育发展中的又一重要作用。校园文化为劳动教育提供了丰富的平台和资源支持。学校可以充分利用校园文化中心、学生社团等组织，开展各种形式的劳动教育实践活动。通过校园文化中心的组织和策划，学校可以举办劳动技能培训班、劳动成果展示会等活动，为学生提供学习和展示劳动技能的平台。学生社团也可以发挥积极作用，组织各类劳动志愿服务、劳动创新竞赛等活动，让学生在实践中锻炼和提升劳动能力。校园文化活动，如科技节、文化节等，都可以融入劳动教育的元素，为学生提供展示劳动成果、交流劳动经验的平台。在这些活动中，学校可以设置劳动成果展示区，让学生展示自己的劳动作品和成果，增强他们的成就感和自信心。同时，还可以组织劳动经验交流会、劳动创新研讨会等活动，让学生分享自己的劳动经验和创新思路，促进彼此之间的学习和交流。学校还可以利用校园文化建设的契机，与校外企业、社区等建立合作关系，为学生提供更多的劳动实践机会和资源支持。这种校内外资源的结合，不仅有助于拓宽劳动教育的视野和渠道，还能够让学生在真实的劳动环境中锻炼和提升实践能力。学校可以与当地企业合作，建立校外实习基地，让学生在企业中亲身体验劳动过程，了解劳动市场的需求和趋势。学校还可以与社区合作，组织学生参与社区服务和公益劳动，培养他们的社会责任感和公民观念。这种校内外资源的结合，将为学生提供一个更加全面、丰富的劳动教育环境，有助于提升他们的实践能力和社会适应能力。

二、校园文化活动提升学生的劳动素养和实践能力

（一）丰富多彩的校园文化活动增强了学生的动手能力和创新意识

校园文化活动作为高校教育的重要组成部分，为学生提供了展示自我、锻炼动手能力和培养创新意识的广阔舞台。学校可以定期举办各类技能竞赛，如手工艺制作、编程挑战、机械设计等。这些竞赛不仅为学生提供了一个展示自己专业技能的平台，而且能够帮助他们在比赛中不断锻炼动手能力，提升专业技能水平。通过参与技能竞赛，学生能够更加深入地了解所学专业的实际应用，增强对专业知识的理解和掌握。竞赛中的挑战和竞争也能激发学生的求知欲和创新精神，推动他们在专业领域不断探索和进步。创新创业大赛是校园文化活动中另一项重要的活动形式。通过参与这类大赛，学生可以将课堂上学到的理论知识转化为实际项目，从而在实践中培养创新意识和团队协作能力。在创新创业大赛中，学生需要自主选题、组建团队、制订计划、实施项目并进行成果展示。这一系列过程不仅锻炼了学生的实践能力，还让他们学会了如何在团队中协作、如何面对挑战并寻求解决方案。更重要的是，通过参与这类大赛，学生能够更加深入地了解创新创业的艰辛和乐趣，从而更加珍惜每一次实践机会，努力提升自己的创新意识和实践能力。除了技能竞赛和创新创业大赛外，校园文化节、科技节等其他文化活动也可以融入劳动教育的元素。例如，在文化节中可以设置手工艺展示区，让学生展示自己的手工艺品并分享制作经验；在科技节中可以举办科技创新展览，鼓励学生动手制作创新科技作品并进行展示和交流。通过这些多元化的文化活动形式，学生能够更加全面地了解劳动的价值和意义，从而更加积极地参与到劳动实践中来。同时，这些活动也能够帮助学生将课堂上学到的理论知识应用到实际中，提升他们的实践能力和创新素养。

（二）校园文化活动帮助学生将劳动教育理论知识转化为实践操作

校园文化活动不仅为学生提供了丰富多彩的课余生活，而且为学生

搭建了一个将劳动教育理论知识转化为实践操作的桥梁。校园文化活动为学生提供了一个将课堂上学到的理论知识应用到实际中的机会，参与社团组织的志愿服务活动，学生可以亲身体验劳动的价值和意义，了解如何将理论知识转化为实际行动。这种亲身体验不仅让学生更加深入地理解理论知识，还让他们在实践中不断锻炼和提升自己的实践能力。校园文化活动还可以让学生更加直观地了解社会需求和职业发展趋势。参与社区、企业合作的项目，学生可以了解社会对人才的需求和职业发展的最新动态，从而更加有针对性地提升自己的实践能力和职业素养。一些校园文化活动，如模拟招聘会、创业模拟等，为学生提供了一个模拟真实工作场景的机会。在模拟招聘会中，学生可以扮演求职者或招聘者的角色，了解招聘流程、面试技巧等职场知识。在创业模拟中，学生则可以体验创业的全过程，包括市场调研、商业计划书撰写、融资洽谈等。通过这些模拟真实场景的活动，学生可以更好地了解未来的工作环境和需求，为他们将来的职业生涯做好准备，这些活动也能够帮助学生发现自己的优势和不足，从而更加有针对性地提升自己的实践能力和职业素养。

校园文化活动在帮助学生将劳动教育理论知识转化为实践操作方面发挥着重要作用。参与这些活动，学生可以更加深入地理解理论知识，锻炼自己的实践能力，并为未来职业生涯做好充分准备。学校应该充分利用校园文化活动的优势，为学生提供更多展示自我、锻炼能力的机会。

（三）校园文化活动有助于提升学生的劳动素养

校园文化活动作为学生全面发展的重要组成部分，不仅为学生提供了丰富的课余生活，更在无形中提升了学生的劳动素养。

1. 培养劳动习惯：校园文化活动的潜移默化之力

通过参与校园文化活动，学生可以逐渐养成良好的劳动习惯。例如，在筹备一场文艺晚会或组织一次社团活动的过程中，学生需要按时完成分配的任务，注重活动的每一个细节，确保活动的顺利进行。这样的经历让学生意识到，劳动不仅仅是一种体力的付出，更是一种责任的承担和精神的追求。在长期的校园文化活动参与中，学生会逐渐养成按时完成任务、注重细节、追求完美等良好的劳动习惯。这些习惯不仅有助于他们在校园生活中取得成功，更将为他们未来的职业生涯奠定坚实的基础。

2. 增强团队合作意识：校园文化活动中的协作与共赢

很多校园文化活动需要团队合作才能完成，这为学生提供了一个锻炼团队合作能力的绝佳机会。在团队中，学生需要学会与他人沟通、协调、分工和合作，共同完成任务。这样的经历让学生深刻体会到团队合作的重要性，并学会如何在团队中发挥自己的优势，弥补他人的不足。通过校园文化活动中的团队合作，学生可以逐渐增强团队合作意识，提升团队协作能力。这将有助于他们在未来的职业生涯中更好地适应团队工作环境，实现个人与团队的共赢。

3. 提升问题解决能力：校园文化活动中的挑战与成长

在校园文化活动中，学生会遇到各种问题和挑战。例如，在筹备一场大型活动时，可能会遇到场地布置、节目安排、资金筹集等一系列问题。面对这些问题，学生需要学会分析问题、制定解决方案并实施。通过解决校园文化活动中遇到的问题和挑战，学生可以逐渐提升自己的问题解决能力。他们将学会如何冷静地分析问题、创造性地制定解决方案并果断地实施。这样的经历将有助于学生在未来的职业生涯中更好地应对各种复杂问题和挑战。[1]

三、劳动教育与大学校园文化结合的实践路径

（一）让大学精神载体成为劳动教育的思想引领

大学精神载体主要包括校史、校训、校歌等。在开展劳动教育的过程中，着重挖掘校史中关于开拓创新、奋力拼搏、迎难而上、自强不息的典型人物和故事，并用图片、话剧、视频等手段还原历史，让师生员

---

[1] 刘龙云. 新时代大学生劳动观教育研究 [D]. 山东财经大学，2023.

工深刻领会劳动创造历史、劳动开创未来的道理。如新中国高等教育开拓者吴玉章为创建中国人民大学,以逾古稀之年,殚精竭虑、历尽艰辛,在短时期内顺利完成学校筹备工作,并在治校 17 年间为新中国教育事业做出了不可磨灭的重大贡献。在中国人民大学建校 80 周年时,该校话剧团创作了话剧《吴玉章》,并作为校庆大戏隆重上演,在师生中间引起了强烈共鸣。这就是一个充分发挥校史的教育引导功能,大力弘扬大学办学历史中劳动精神的成功案例。

校训短小精悍、言简意赅、便于记忆,是大学教育理念、人文精神、历史文化积淀的高度凝练。它渗透在大学的办学目标、管理制度、学科建设、人才培养等方面,贯穿大学育人全过程,在大学开展劳动教育的过程中具有灵魂和航标的作用。在入选一流大学建设的 36 所大学中,共有 16 所高校在校训中体现了劳动教育的内容,其中,重庆大学直接把"耐苦劳"写入校训,北京理工大学等 5 所大学将"勤奋"写入校训,强调了习近平总书记提出的"辛勤劳动"思想;南京大学和西北工业大学在校训中以"诚"字承载了"诚实劳动"的要求;浙江大学等 9 所大学在校训中突出"创新",是倡导"创造性劳动"的直接体现。

校歌以情感人,易于传唱,一直是广大校友情之所系,每次吟唱总能忆起校史中那些难忘岁月,也见证了一代代校园人拼搏奋斗的美好时光。北京大学校歌气势恢宏、激励人心,体现了代代北大人拼搏奋斗的精神;南开大学校歌则歌颂了智勇真纯、日新月异的南开精神;中山大学校歌体现了代代师生的奋斗历程和雄伟壮志。融入劳动思想、弘扬劳动精神的校歌,在传唱中自然于无形中加强了劳动教育。

(二)让大学教职员工成为劳动教育的先锋示范

育人者必先育己,立己者方能育人。大学教职员工不仅要"传道、授业、解惑",还要切实做到"行为示范",通过言传身教,激励引导学生树立正确的价值理念。吉林大学教授黄大年与时间赛跑,带领团队创造了多项"中国第一",为深地资源探测和国防安全建设做出了突出贡献,是优秀教师,是"时代楷模",是劳动模范,更是引导学生辛勤劳动、诚实劳动、创造性劳动的最好示范。大学要在加强师德师风建设上下功夫,将劳模精神、劳动精神、工匠精神纳入师德师风的内涵体系,将师德师风建设同思想政治工作、教学科研工作同研究、同部署、同落实;在深化新时代教育体制改革、建立科学的教育评价体系上下功夫,用劳动教育的内涵丰富高等教育理念,着力建设一支为人师表、治学严谨、认真负责、耐心细致、开拓进取的高水平教师队伍;在宣传引导上下功夫,重视模范教师的选树工作,广泛宣传优秀教师崇尚劳动、勤于劳动、以身作则、率先垂范的先进事迹,以教师高尚的人格魅力和模范的言行举止为学生树立标杆。

(三)让身边榜样成为劳动教育的时尚表率

任何时候,大学校园内都不缺乏向上向善的感人故事,总有自力更生的励志传奇,还有艰苦奋斗的勤奋典范。这些榜样就在大学生身边。为此,应成立身边榜样事迹采编队伍,开展身边榜样选树活动,挖掘普通学生中勤奋刻苦、诚实守信、乐于助人、勇于创新的点滴,选树学生党员中信念坚定、攻坚克难、默默奉献、奋力拼搏的典型,整理各届校友中自强不息、勤于钻研、苦干实干、创新创业的感人故事,并以他们的成长经历引导在校大学生正确认识劳动,积极参与劳动。北京大学自2016年起举办"学生年度人物"评选活动,每年评选10位优秀学生,其中有变废为宝的大工程师、成绩斐然的学习之星、向珠峰进发的科研达人、勤于实践的全能女生、英姿飒爽的军中玫瑰、热心志愿服务的学霸、信息时代的弄潮儿等。大国工匠和劳动模范来自国家各行各业,分布在祖国各个角落,他们其实就在我们身边。充分发挥大国工匠和劳动模范的引领示范效应,将大国工匠和劳动模范请进校园,让他们从电视屏幕上、图书画册上、橱窗展板上走下来,走进教室、走上讲台、走到大学生中间,让大学生切身感受劳模精神、劳动精神和工匠精神,引导其立足刻苦学习、立志劳动创造,切实全面提升自身综合素质、培育深厚劳动情怀。中国劳动关系学院自2015年起,充分发挥"劳动模范在校园,大国工匠在身边"的优势,聘请劳动模范担任大学生德育导师或兼职辅导员,让他们与大学生一起开展班级活动,共同参加社会实践,在深入交流的过程中,潜移默化地用劳模品质感染青年大学生,用劳模精神引领青年大学生，取得了很好的效果。

（四）让大学文化活动成为劳动教育的有力抓手

在新生入学教育中融入劳动教育内容，让大学生在知校爱校的同时，深刻领会劳动和劳动精神的内涵；在毕业生离校时，选拔学校形象代言人，鼓励毕业生用"干劲、闯劲、钻劲"在各自工作岗位上为实现个人梦想、为国家创新发展不懈努力；开展创新创业系列讲座、创新创业作品设计大赛，开辟大学生创新创业园区，鼓励大学生积极参与创新创业，在劳动中成就未来；举办"劳模大讲堂""大国工匠面对面""大国工匠进校园"等活动，在校园中传播劳模故事、展示精湛技艺、弘扬劳动精神；开展以弘扬劳动精神为主题的摄影大赛、微视频大赛、征文大赛等，发挥大学生的主观能动性和创造力，引导他们深入理解劳动的内涵，主动宣传劳动精神，自觉践行劳模精神；以"探寻劳模成长历程""弘扬劳模精神"为主题组织社会实践活动，带领大学生深入劳模工作单位，感受一线劳动的魅力。充分发挥大学的科研优势，引导师生举行劳动精神学习沙龙、举办劳动精神专题论坛、申请劳动教育研究课题、组织劳动教育专题讲座，邀请专家学者、劳模代表、优秀校友开展主题讲座、学术论坛，为学生深入解读劳动精神，为开展劳动教育、传播劳动精神提供智力支持和理论支撑。

（五）让大学新媒体平台成为劳动教育的重要阵地

要在灵活运用橱窗、海报、报纸等"线下"媒体的基础上，主动抢占新媒体阵地，推出更多轻量化、可视性高、互动性强的新媒体宣传作品；掌握网络传播的规律，依据"网络原住民"的媒体接触特点，用平视的角度、平和的心态、平等的互动实现劳动教育的"线上传播"。打造"身边劳模""我身边的最美劳动者""青年劳动之声"等形象生动的多媒体产品，提升劳动教育的吸引力；开设"人物志""榜样的力量"等栏目，将校园人物的典型事迹用图文、视频、快问快答等方式呈现，增强劳动教育的感染力；通过微直播、微图说、微寄语等板块，鼓励师生参与讨论劳动教育话题，分享劳动教育感悟，提出劳动教育建议，增强劳动教育的互动性。开设"我与榜样面对面"等网络访谈节目,邀请劳动模范、大国工匠、师德标兵、十佳教师、三好学生等先进人物,讲述成长故事,分享劳动理念,探讨劳动精神。通过多元化的方式,增强劳动教育的时代感、吸引力、感染力和渗透力,切实让劳动教育"活起来""实起来""酷起来""火起来"。

(六)让大学物质制度环境成为劳动教育的肥沃土壤

完善的校园设施,为开展丰富多彩的寓教于文、寓教于乐的劳动教育活动提供了重要阵地;健全的制度体系,为开展劳动教育提供了坚强的制度保障。重视校园楼宇文化建设,在教学楼、办公楼、图书馆、宿舍、食堂等主要场所,以图片、实物、文字、视频等多样化形式,充分展示各领域劳动模范和大国工匠的成长历程、卓越业绩,使劳模精神有机融入师生员工的日常学习生活,鲜活自然地传播弘扬劳模精神、劳动精神和工匠精神,引导青年学生自觉摒弃精致利己主义思想,着力塑造"崇尚一技之长,不唯学历凭能力"的新时代劳动价值观。打造劳动教育文化墙,在文化广场、运动场等人员较为集中的地区,集中展示劳动理念、劳动标语、劳动模范、劳模事迹等内容,增强师生员工的思想认同感。建立劳动教育课程标准和教学评价制度,健全师资队伍考核激励机制;制定劳动教育相关奖学金和荣誉评选实施细则。努力让这些不会"说话"的物质制度环境发挥正向的激励作用,引导师生员工崇尚劳动、开拓进取,通过制度建设营造浓厚的劳动教育氛围,涵养深厚的劳动情怀。

第十章　大学劳动教育的未来展望

随着社会的快速发展和教育改革的不断深入，大学劳动教育正面临着前所未有的机遇与挑战。作为培养学生实践能力、创新精神和社会责任感的重要环节，劳动教育在未来的发展中将扮演更加重要的角色。本章将首先探讨大学劳动教育的发展趋势，分析其发展方向、内外影响因素以及潜在的社会影响。随后，本章将进一步研究大学劳动教育与科技发展的紧密结合，探索如何利用现代科技手段创新劳动教育实践，拓宽受众范围，培养适应未来科技社会需求的人才。通过这一探讨，旨在为未来大学劳动教育的发展提供有益的参考和启示。

第一节　大学劳动教育的发展趋势

大学劳动教育作为培养学生实践能力、创新精神和社会责任感的关键环节，在当前社会背景下正展现出新的发展趋势。随着教育理念的持续革新和社会需求的不断变化，劳动教育在未来的发展中将呈现更为多元和深远的面貌。本节将深入探讨大学劳动教育的发展趋势，分析其发展方向、内外影响因素，以及这些趋势对学生个体发展、教育质量和社会需求适应性的潜在影响。

一、大学生劳动教育研究现状概述

（一）大学生劳动教育研究现状

1. 大学生劳动教育的内涵及作用

劳动主要包括日常生活劳动、生产劳动和服务性劳动。从劳动教育的内涵来看，劳动教育是结合劳动过程进行教育，使大学生掌握劳动知识技能和劳动科学知识，提高大学生的劳动素养。劳动教育包括劳动价值观和劳动精神培育，劳动知识、技能和能力培养。劳动教育是把生活、实践和教育结合起来，注重生活性、实践性和教育性，重视生活力的培养。劳动教育旨在通过劳动教育人和培养人。劳动教育的作用在于教育广大学生认同并努力践行劳动精神、劳模精神和工匠精神。劳动教育应着眼于教育，培养学生对劳动人民的感情，如果只读书不劳动，不接触社会实践，不了解社会财富的创造，不利于他们健康成长和全面发展。劳动教育在构建教育体系中具有基础性全局性地位，在社会主义建设者和接班人培养中起着基础作用。教育与劳动相结合是实现人的全面发展的有效途径，把劳动教育融入高校人才培养全过程，有助于大学生的全面发展。劳动教育是新时代国家人力资本战略的重要组成部分，是培养德智体美劳全面发展的大学生的必然要求。劳动教育是全面教育体系的重要环节，有利于为德智体美四育奠定基础。劳动教育有助于解决高等教育人才培养与社会需求脱节问题。

2. 大学生劳动教育存在的问题

已有研究指出大学生劳动教育在内容、方法、途径等方面存在不足，劳动教育效果不佳。有的高校把劳动教育服务范围局限于校内，局限在环境清洁维护、值勤及协助教学事务等劳动行为，教育内容不够丰富，教育的形式化、边缘化和片面化导致不少大学生存在"体力劳动低等""劳动与学习对立"等错误思想认知。对劳动教育内涵认识缺位、实践定位不准和校园氛围缺失，导致高校劳动教育效果不佳，大学生劳动技能缺失、劳动意识淡薄和劳动观念功利化。劳动教育在高校教学体系中地位不高，体现在劳动教育技能培养滞后、劳动教育精神价值迷失以及劳动教育课程资源短缺等方面。高校劳动教育存在劳动教育价值矮化、劳动教育机制虚化和劳动教育内容窄化等现象。高校劳动教育存在的劳动教育虚化、弱化、窄化和淡化等问题，折射出劳动教育观念"固有化"、教育目的"偏离化"、教育方式"单向化"等价值困境，大学生劳动教育落实形式化、劳动教育体验感和深度参与不足。

3. 新时代大学生劳动教育的实施

劳动既是教育手段，也是教育目的。劳动教育是高校人才培养的重要环节，是劳动知识教育和劳动过程教育的有机统一。劳动教育具有综合性、时代性和实践性等基本特征，劳动教育应该纳入人才培养体系、融进专业课程教学、对接创新创业教育和衔接学生第二课堂。推进劳动教育关键在于加强思想引导以凸显劳动教育的导向性，调动学生积极性以强化劳动教育的认同度，各方齐抓共管以强化劳动教育的协同性，拓展教育内容以强化劳动教育的亲和力。开展劳动教育要加强高校劳动教育顶层设计，健全高校劳动教育实践体系。从高校、社会、家庭和大学生自身四个方面推动劳动教育的规范化、常态化和可持续发展。高校劳动教育应当遵循认知认同、价值认同和行为认同的内在逻辑，通过加强价值引领、营造良好氛围、回归生活世界并强化实践体验等措施，发挥其人才培养功能。进行劳动教育要在思想认识、教育主体和教育内容方面明确高校劳动教育的科学内涵，加强高校劳动教育顶层设计，要使课堂成为劳动教育的主渠道，拓展劳动教育平台，并完善机制，鼓励学校其他组织积极参与。要通过专业学习与社会实践、道德素养与日常实践、锤炼品格与艰苦锻炼以及创业就业与价值实现相结合等机制实施劳动教育，引导大学生树立正确的劳动价值观，提升专业技能，培育劳动情感，涵养劳动品德。新时代大学生劳动教育具有鲜明的时代特征，要创新大学生劳动教育的实践路径。新时代劳动教育课程建设的关键在于建设目的、内容和方法，需要走向跨界融合，需要探寻新时代劳动教育的推进路径，各高校应针对不同的专业特点，设计针对性强的劳动教育课程。劳动教育的实施需要相关劳动教育政策为保障，学者们梳理了新中国成立以来劳动教育政策的变迁，提出了新时代劳动教育的实施目标。张鹏飞和高盼望认为，劳动教育政策是指导劳动教育的纲领性文件，具有重要指导意义；劳动教育政策从注重国家需要向注重个人发展转变、从注重单一技能向注重综合素养转变、从注重生产劳动向注重劳体并重转变；新时代发展劳动教育应该制定多元主体联动的政策实施体系，确立多维目标共生的价值取向，构建灵活的课程开发方案。新时代劳动教育目标日益多样化，注重劳动技能、技术能力和创造性思维的培养。

4. 志愿服务性劳动

大学教育理念中蕴涵着志愿服务精神，教育学生建立服务社会、热心公益的观念。服务性劳动更适合大学生的特点和需要，志愿服务属于服务性劳动。服务学习的兴起与志愿服务的发展密切相关，志愿服务是服务学习的基础，是服务学习发展的大背景和成长的沃土。服务学习是将志愿服务整合到大学教育中的一种新型模式。志愿服务可以有效促进社会融合，提高人们的生活质量，提升志愿者自我价值和自我效能感。服务学习是一种将课程学习与社区服务相结合的教育方式，可以促进学生知识学习和能力培养，形成公民责任感，并深化发展大学生社区志愿服务、有效满足社区服务需求。大学教育中知识传授和服务社会结合不够紧密，服务学习源于社会志愿服务的进步与大学教育的需要。服务学习是一种大学课程和志愿服务整合、提升学生服务社会意愿和能力的行动模式。由此可见，服务学习与志愿服务有着天然的联系，服务学习实现了课程学习和志愿服务的结合，是一种推动大学生志愿服务社会的行动模式。大学生成为志愿服务的主力军，尤其是利用寒暑假进行短期志愿服务，利用自己在课堂上学习的知识志愿服务于社区，践行服务学习理念。志愿服务作为一种服务性劳动，是大学生劳动教育的重要内容。为实现知行合一，应引入服务学习理念，创新劳动教育实践路径。

（二）大学生劳动教育研究的不足

第一，从研究视角来看，学界主要从思想政治教育、德育、哲学等角度研究大学生劳动教育，多是从学校和教师角度思辨地介绍劳动教育在高校德育、价值观教育等方面的积极意义和劳动教育的实施,而忽视学生对劳动教育的需要、理解和参与,需要引入服务学习理念,把专业学习、劳动教育、社会服务等有机整合,激发学生劳动的热情和动力;从社会工作专业视角进行的研究较少,青年社会工作者和学校教育工作者为促进青年学生健康成长,需要经常运用服务学习、社会服务和志愿服务等工作模式。劳动教育是做出来的,不能仅仅停留在"讲劳动"的口头层面,空喊劳动,学生难以体会到劳动的价值。学生喜欢的是活动取向的教育和学习方式,社会工作行动性强,是一门应用性和实践性强的学科,与服务学习有高度的契合性。社会工作专业理论和方法已在大学生思想政治教育、德育、生命教育、人格教育等方面发挥了积极作用,运用到劳动教育中,有助于激发学生体验劳动和参与劳动的热情,培养其健康的劳动价值观和劳动能力等。第二,从研究方法来看,研究方法侧重于文献分析和抽象思辨,问卷调查和深度访谈等方法运用得少,难以深入把握大学生劳动教育状况,也无法深入倾听大学生对劳动教育的声音和了解大学生对劳动教育的需要,更缺少基于实践探索的案例分析和行动研究,难以找到适应大学生需要的教育方法与策略,相应的教育对策也缺乏具体案例支持、行动研究和评估支撑。第三,从研究内容来看,主要集中在大学生劳动教育的作用、劳动教育课程建设等方面,社会工作参与大学生劳动教育以及大学生劳动教育支持体系构建涉及较少。现有研究的不足凸显了大学生劳动教育研究的探索空间,需要扩展研究视野,引入服务学习理念,运用社会工作理论和方法促进劳动教育的实践;丰富研究方法,使用应用问卷法、访谈法等了解大学生劳动教育存在的问题和现实需要,运用行动研究探索劳动教育的有效途径和方法;深化研究内容,开展社会工作参与大学生劳动教育的实践研究。

二、未来大学劳动教育的发展趋势

(一)实践性与创新性相结合的发展方向

未来大学劳动教育的发展将更加注重实践性与创新性相结合,这一趋势不仅回应了社会对高素质、创新型人才的需求,也体现了教育理念的深刻变革。未来大学将进一步加强与企业、行业的合作，为学生提供更多元化、更贴近实际的实习实训机会。这些实践活动将不仅关注学生的技能培养，还注重让他们在实践中深入理解劳动的价值和意义。劳动教育将鼓励学生参与志愿服务活动，通过为社会提供实际帮助，培养学生的社会责任感和公民观念。这种实践形式不仅有助于提升学生的实践能力，还能让他们在实践中体验到劳动带来的成就感和满足感。大学将设立更多的创新创业项目，为学生提供资金、技术和指导支持。这些项目将鼓励学生将理论知识转化为实际应用，培养他们的创新思维和创业能力。在劳动教育过程中，学生将被鼓励参与到各种项目的设计中来。通过参与项目策划、实施和评估的全过程，学生将学会如何运用创新思维解决实际问题。大学将鼓励学生关注技术发展的前沿动态，并尝试将新技术应用到实际劳动中去。通过技术革新活动，学生将培养起对新技术的敏感性和应用能力。为了激发学生的创新思维，大学将努力营造一种鼓励创新、宽容失败的文化氛围。在这种氛围中，学生将更加敢于尝试、敢于创新，从而不断推动劳动教育向更高水平发展。

（二）多学科交叉融合，形成更全面的教育体系

随着知识体系的不断扩展和交叉学科的兴起，未来劳动教育的发展将更加注重与多学科的交叉融合，旨在形成一个更全面、更具综合性的教育体系。这一趋势不仅有助于提升学生的综合素质，还能更好地适应未来社会对多元化人才的需求。未来的劳动教育课程将不再局限于传统的劳动技能培养，而是将思想政治、教育学、心理学、社会学、管理学等多个学科领域的内容融入其中。这样的课程设计有助于学生在掌握劳动技能的同时，提升他们的综合素质，包括思维能力、沟通能力、团队协作能力等。通过跨学科课程设计，不同学科之间的知识和方法可以相互补充，形成一个更加完整、系统的知识体系。这将有助于学生在面对实际问题时，能够从多个角度进行思考和分析，提出更具创新性和可行性的解决方案。未来劳动教育将注重组织跨学科的实践项目，如环保工程、社区服务、文化创新等。这些实践项目将涉及多个学科领域的知识和技能，要求学生在团队合作中综合运用所学知识来解决实际问题。通

过参与综合实践项目，学生将有机会在实践中检验和应用所学知识，提升他们的综合实践能力。这些实践项目还将有助于学生培养创新思维、团队协作精神和社会责任感等综合素质。

（三）注重社会责任感与可持续发展的可能性

未来的劳动教育将不仅仅关注学生的技能培养，更加注重他们的社会责任感与可持续发展意识的培养。这一发展方向旨在培养出具有社会责任感、能够为社会做出积极贡献，并且具备可持续发展意识和能力的优秀人才。通过劳动教育，引导学生树立正确的世界观、人生观和价值观，使他们认识到自己作为社会成员的责任和使命。这将有助于学生形成积极向上的生活态度，明确自己的人生目标和社会价值。劳动教育将注重培养学生的社会责任感，使他们意识到自己的行为对社会和环境的影响，并鼓励他们积极参与社会公益活动，为社会做出贡献。这将有助于学生形成关爱社会、乐于奉献的精神风貌。在劳动教育的实践活动中，将注重引导学生将社会责任意识转化为实际行动。在组织志愿服务、环保工程等实践项目时，将强调学生对社会、环境的责任，鼓励他们在实践中践行社会责任。在劳动教育过程中，将明确融入可持续发展的理念，使学生认识到可持续发展的重要性，并了解可持续发展的基本原则和实现途径。这将有助于学生形成对环境保护、资源节约等问题的深刻认识。劳动教育将注重培养学生的可持续发展能力，使他们具备解决环境、资源等问题的能力。在组织环保工程实践项目时，将引导学生学习环保技术、资源循环利用等知识，培养他们的实际操作能力和创新能力。通过劳动教育中的可持续发展理念培养，学生将能够更好地适应未来社会的发展需求，为社会的可持续发展做出贡献。他们将在未来的职业生涯中，注重环境保护、资源节约等问题，积极推动社会的可持续发展。

三、发展趋势的内外因素和影响

（一）内部因素

随着社会经济的不断发展和产业结构的调整，社会对人才的需求也在不断变化。高校作为人才培养的重要基地，必须不断更新教育理念，以适应社会对高素质、多元化人才的需求。传统上，劳动教育可能更注重技能培训和理论学习。然而，在未来的劳动教育中，将更加注重学生的全面发展和社会责任感的培养，使学生能够更好地适应社会的快速发展和变化。未来的劳动教育将不仅仅关注学生的职业技能培养，还将注重培养他们的创新思维、团队合作、沟通能力等综合素质，以适应未来社会对多元化、复合型人才的需求。为了适应劳动教育的发展趋势，高校将不断调整和优化课程体系。这包括增加实践性和创新性强的课程，减少纯理论性的课程，以提升学生的实践能力和创新能力。未来的劳动教育将更加注重实践教学环节。高校将增加实习实训、志愿服务、创新创业项目等实践活动，让学生在实践中掌握劳动技能，体验劳动过程，培养解决实际问题的能力。教师是劳动教育实施的关键。高校要加强教师队伍建设，提高教师的专业素质和教育教学能力。这将包括定期的教师培训、学术交流、教学研究等活动，以提升教师的专业水平和教学能力。为了适应未来劳动教育对实践教学的需求，高校要加强教师在实践教学方面的能力培训。如组织教师参与实践教学项目的设计、实施和评估，提升他们在实践教学中的指导和组织能力。为了开设更多跨学科课程，高校要加强教师在跨学科教学方面的能力培训。如组织教师参与跨学科教学团队、开展跨学科教学研究、提供跨学科教学资源等，以提升教师在跨学科教学中的能力和水平。

（二）外部因素

随着新兴产业的崛起和传统产业的转型升级，对人才的需求也在不断变化。这要求未来的劳动教育必须更加关注与产业需求的对接，紧密跟踪产业发展的最新趋势，以便培养出符合社会需求的高素质人才。随着经济的转型和发展，劳动力市场的需求也在不断变化。未来劳动教育需要密切关注劳动力市场的动态，了解不同行业、不同岗位对人才的需求，以便及时调整教育内容和方向，使学生能够更好地适应劳动力市场的变化。不同行业对人才的需求各不相同。一些行业可能更注重实践技能和经验，而另一些行业则可能更注重创新思维和团队协作能力。未来劳动教育需要更加关注行业需求的变化，深入了解不同行业对人才的具体要求，以便及时调整教育内容和方向，满足不同行业对人才的需求。除了关注当前的行业需求外，未来劳动教育还需要预测行业未来的发展趋势。通过对行业发展趋势的深入分析和研究，劳动教育可以前瞻性地调整教育内容和方向，使学生能够更好地适应未来行业的发展变化。随着科技的不断发展，新技术、新工艺不断涌现。这些新技术、新工艺的出现不仅改变了生产方式和工作流程，也对人才的需求产生了新的影响。未来劳动教育需要更加关注技术进步对劳动教育的影响，及时将新技术、新工艺纳入教育内容中，以便使学生能够更好地掌握这些新技术、新工艺，提高他们的就业竞争力。技术的更新换代速度越来越快，这对劳动教育提出了更高的要求。未来劳动教育需要紧跟技术发展的步伐，不断更新教育内容和教学方法，以便使学生能够及时掌握最新的技术知识和技能，适应技术快速发展的社会环境。

（三）影响分析

通过实践性和创新性的劳动教育，学生将有机会亲身体验各种劳动活动，从而掌握更多的劳动技能。这种教育模式也鼓励学生进行创新思维，寻找解决问题的新方法，从而培养他们的创新思维方法。劳动教育不仅关注学生的技能培养，还注重他们的综合素质发展。通过团队合作、沟通协商等实践活动，学生可以提升他们的团队协作能力、沟通能力和领导力等综合素质。具备丰富劳动技能和综合素质的学生在就业市场上将更具竞争力。他们能够更好地适应各种工作环境，快速掌握新技能，并在实际工作中展现出创新思维和解决问题的能力。随着劳动教育课程体系的不断完善，学生可以接受更加全面、系统的教育。课程内容的丰富性和多样性将满足学生不同的学习需求，进一步提升他们的学习效果。教师队伍建设的加强意味着学生可以接受更高水平的教学。具备丰富实践经验和教学能力的教师将能够更好地指导学生进行实践活动，帮助他们掌握技能和知识。劳动教育质量的提升将带动高校整体教育水平的提升。一个注重实践和创新、能够培养出高素质人才的高校将在社会上获得更高的声誉和影响力。未来劳动教育将更加关注社会需求的变化和产业结构调整的需求。高校通过不断调整教育内容和方向,确保所培养的人才能够紧密对接产业需求,满足社会对高素质人才的需求。这些人才将在各个行业中发挥重要作用,推动产业的创新和发展,进而促进整个社会的经济繁荣。通过劳动教育,学生可以更加深入地了解社会需求和产业发展趋势,增强他们的社会责任感和使命感。这将有助于增强社会的凝聚力,促进社会的和谐稳定发展。

四、大学生劳动教育研究展望

(一)拓展服务学习理念在大学生劳动教育中的应用研究

服务学习是教育改革的有力策略,马克思关于教育与生产劳动相结合的思想是引入服务学习的理论基石。服务学习是创新劳动教育的有效手段,需要开展学生学习和劳动教育融为一体的服务学习教育。服务学习是将学习与服务紧密结合,将课堂扩大到社区,学生直接服务于社会,提升学生的社会责任感。服务学习可以鼓励学生走向社会,在真实世界中学习知识,增长才干,理论联系实际,在服务中培养技能并发挥专长;帮助学生在实际服务中认识和理解国情、社情和民情,培养学生建立帮助弱势人群、关心社会的价值观和社会责任感;培养学生从经验中学习及自我反省的能力,提高学生的学习动机和主动性,促进全人教育培养目标的实现。服务学习同教学、研究一起构成高等教育的三大任务,是一种新型的教学和学习模式,高校要把服务学习作为一个合理有益的手段,引导学生参与到富有实践性的学习体验中,让学生有机会在服务社会的经历中学习,运用和检验自己的专业知识,发挥和认识自己的潜能,服务于需要帮助的人。服务学习可以提供学生参加社会实践和参与社会事务的机会,让学生接触公益活动,提高学生的交际能力、理性思考能力、表达能力和思辨思维能力,培养学生的社会参与意识和社会责任感。服务学习以学生体验为中心,强调课程学习和社会服务的结合,重视"学中做""做中学"。成功的服务学习包括调查研究、准备和计划、行动、反思、展示五个最基本且相互依存的阶段,服务学习与劳动教育有高度的契合性。"服务性劳动教育是让学生利用知识、技能等为他人和社会提供服务，实践服务技能，强化社会责任感"。高校大学生劳动教育要强化服务性劳动，结合"三支一扶""三下乡"等社会实践活动开展服务性劳动，强化公共服务意识和面对重大危机主动作为的奉献精神。劳动教育课程学习和社会服务相结合，通过有目的、有组织地参与服务性劳动进行学习，学生可以获得劳动认知、情感、能力等方面的发展，增强公共服务意识和社会责任感。刘祥玲指出，服务性劳动更能发挥大学生的创造力优势和专业优势，更好地帮助大学生了解社会、解决问题和提高社会责任感；服务学习课程具有大学劳动教育的真实性、探索性和创造性的核心特征，可以增强劳动教育的有效性和可持续性。服务学习是一种以学生为中心、以服务为载体、以研究为基础的教育理念，是行动中的教育，强调课程学习和社会服务相结合。服务学习理念被广泛用于高等教育课程教学和社会工作服务以及志愿服务领域，将此理念应用到大学生劳动教育中，是对服务学习在应用领域的扩展和丰富，也能克服大学生劳动教育的困境。因此，拓宽服务学习理念的实践应用，将服务学习引入大学生劳动教育，研究服务学习在大学生劳动教育中的应用，探索服务学习如何作为教育方式进入劳动教育的课程中，是今后研究的重点。

（二）丰富大学生劳动教育研究的方法

现有研究侧重于文献分析和思辨分析，探讨了劳动教育"是什么"和"为什么"开展劳动教育的问题，需要加强应用研究，发展劳动教育实践理论以指导社会实践。大学生劳动教育研究应在文献研究的基础上增加实证和经验研究。第一，重视社会调查。调查是一种有一定时间节点的、以囊括尽可能广泛的和全面的资料为目标的经验研究途径，采用问卷法、访谈法、观察法等从实际情景中直接获取第一手资料。在运用文献法梳理相关研究成果以及国际经验的基础上，选择全国高校开展抽样调查，进行问卷调查、访谈和实地观察，收集有关资料。对问卷数据资料进行统计分析，对访谈资料和观察资料等进行定性分析，把定量分析的精确性、广泛性和定性分析的深入性、灵活性等结合起来，全面深入地呈现大学生劳动教育的现状及存在的问题，分析大学生劳动教育问题产生的原因,重点分析劳动教育制度和政策、社会上流行的劳动观念、学校和社会劳动教育的实施、劳动教育实践场地供应与质量、家庭的经济基础差异、父母劳动态度和家庭教育观念的影响。第二,开展行动研究。行动研究是教育领域的重要方法,集研究、教育和实践于一体,包括计划、行动、观察和反思四个步骤。为提高大学生对劳动教育的学习兴趣,应将服务学习融入劳动教育课程,开展行动研究。立足于大学生劳动教育需求和解决劳动教育窄化和虚化等问题,依据服务学习理念,有计划地组织学生开展服务性劳动,在行动和反思的基础上提高劳动能力,体验劳动的价值和意义,总结劳动经验,提炼劳动教育实践模式,完善劳动教育实践路径和劳动教育政策。总之,综合运用问卷、访谈、观察等社会调查方法,可以更深入地呈现当前大学生劳动教育的问题和原因;通过行动研究,寻找策略和方法,进行大学生劳动教育的实践探索,总结行动研究案例,可为大学生劳动教育拓展新路径,促进大学生劳动教育健康发展。

(三)加强社会工作参与大学生劳动教育的实践研究

从服务学习理念和社会工作专业视角出发,围绕日常生活劳动、生产劳动和服务性劳动,探索大学生劳动教育的实践路径,构建学校—家庭—社会协同劳动教育的支持体系,是大学生劳动教育研究的重要内容。社会工作独特的专业优势及其与劳动教育的内在契合性,为大学生劳动教育借鉴社会工作方法提供了可行性。有学者从增能理论和优势视角探讨社会工作介入大学生劳动教育的路径。社会工作参与大学生劳动教育,有助于推动劳动教育落实,丰富劳动教育实践,增强劳动教育实效,助力大学生健康成长。社会工作有其优势和独特性,社会工作介入大学生劳动教育问题,不仅要理解其劳动教育问题产生的原因,更要寻找解决问题的策略和方法。引入社会工作专业的个案工作、小组工作、社区工作以及政策倡导等方法,拓展大学生劳动教育实施途径,构建大学生劳动教育的家庭、学校和社会等支持体系,为大学生劳动教育提供社会工作专业支持,可以充实和丰富大学生劳动教育研究。把专业学习、劳动教育和社会服务等有机结合,探讨社会工作参与大学生劳动教育的途径和方法，有助于实现国家、学校人才培养需要和大学生成长以及职业发展需要的统一。劳动一般包括日常生活劳动、生产劳动和服务性劳动，可利用社会工作专业方法开展大学生劳动教育服务。例如，针对劳动观念淡薄、渴望不劳而获、好逸恶劳、宿舍环境脏乱差的大学生开展个案辅导；开展大学生劳动价值观培育小组、劳动能力提升小组、志愿服务小组；组织大学生进行打扫宿舍劳动和校园环境清洁、校园和社区的园艺劳动以及农作物的种植和收割等，重点开展服务性劳动（服务老人、流动留守儿童和残疾儿童等弱势群体；参与爱国卫生运动、疫情防控、支教、动物保护、环境保护等公益志愿服务）；通过社区教育，宣传学习劳模精神，倡导劳动者权益保护和关爱弱势劳动者等；开展专业实习劳动。高校主导大学生劳动教育，离不开家庭、社区、企业、公益组织等的支持。通过社会工作的参与，可以构建一个由大学生劳动教育需求导向带动、结合服务学习理念和社会工作专业方法的劳动教育模式，建立学校—家庭—社会三者协同教育的支持体系。从家庭、学校和社会层面支持大学生劳动教育的连续性、生活化和职业化，有助于大学生认同劳动教育，树立健康的劳动价值观和劳动态度，增强劳动能力和社会关怀能力。社会工作是实施劳动教育的新方法、新途径，结合社会工作开展劳动教育实践，总结典型案例和经验，服务经济社会发展，是今后研究的重点。

第二节　大学劳动教育与科技发展的结合

在当今快速发展的科技时代，大学劳动教育面临着前所未有的机遇与挑战。科技的日新月异不仅改变了我们的生活方式和工作模式，也对教育体系提出了新的要求。特别是在劳动教育领域，如何与时俱进，将科技发展与劳动教育有效结合，成了一个亟待探索的重要课题。本节将深入探讨如何将现代科技手段融入劳动教育中，创新实践方式，拓宽受众范围，并将科技素养的培养作为劳动教育的重要组成部分，以适应未来科技社会的发展需求。我们将分析这一结合过程中可能面临的挑战与机遇,为大学劳动教育的未来发展提供新的思路和方向。

一、劳动教育与科技发展相结合

(一)利用现代科技手段创新劳动教育实践方式

1. 虚拟现实与增强现实技术的应用

虚拟现实(VR)与增强现实(AR)技术,作为近年来兴起的先进科技,为劳动教育提供了全新的实践方式。这些技术能够模拟真实或虚构的环境,使学生能够在安全、无风险的环境中体验各种劳动场景。无论是工厂生产线上的繁忙景象,还是农田耕作的辛勤劳动,或是建筑施工的复杂过程,都可以通过VR和AR技术得以真实再现。通过这种身临其境的体验方式,学生能够更加深入地理解劳动的价值和意义,增强对劳动的尊重和热爱。同时,他们还可以在模拟环境中不断尝试和实践,提升自己的实践技能和问题解决能力。这种寓教于乐的学习方式,不仅提高了学生的学习兴趣和积极性,还为他们的未来发展奠定了坚实的基础。

2. 交互式学习平台的开发

除了VR和AR技术外,交互式学习平台的开发也是推动劳动教育实践创新的重要手段。这些平台为学生提供了丰富的模拟劳动项目,使他们能够在完成任务的过程中学习劳动技能和知识。与传统的教学方式相比,交互式学习平台更加注重学生的主体性和参与性,鼓励他们通过实践来掌握知识和技能。这些平台还能够提供即时反馈和评估,帮助学生及时了解自己的学习进度和需要改进的地方。这种个性化的学习方式不仅提高了学生的学习效率和质量,还培养了他们的自我反思和持续改进的能力。在未来的劳动教育中,交互式学习平台将发挥越来越重要的作用,为学生提供更加便捷、高效的学习体验。

(二) 拓宽劳动教育的受众范围和学习方式

1. 在线课程和远程教育平台

在线课程和远程教育平台的出现，打破了地域和时间的限制，使得更多的人能够接触到劳动教育。这些平台提供了丰富多样的劳动教育课程，涵盖了从基础知识到专业技能的各个方面，满足了不同学生的学习需求。无论身处何地，学生都可以根据自己的兴趣和需求选择适合的劳动教育课程，实现个性化学习。这种灵活多样的学习方式不仅提高了学生的学习积极性和自主性，还为他们的未来发展提供了更多的可能性和选择。

2. 混合式学习模式的推广

混合式学习模式结合了线上和线下教学的优势，形成了更为完整和丰富的学习体验。线上部分提供了理论知识和模拟实践，使学生能够在虚拟环境中进行初步的学习和探索；线下部分则进行实地操作和体验，使学生能够在真实环境中亲身感受劳动的过程和价值。这种模式充分利用了科技手段的优势，同时保留了传统劳动教育的实践性和体验性。它不仅能够提高学生的学习效果和质量，还能够培养他们的实践能力和社会责任感。在未来的劳动教育中，混合式学习模式将成为一种重要的教学方式，为更多的学生带来优质的学习体验和发展机会。

(三) 将科技素养的培养融入劳动教育中

1. 科技知识与劳动技能的结合

在劳动教育过程中，应该注重将科技知识与劳动技能相结合。例如，在教授学生传统的木工技能时，也可以引入智能设备的使用，如 CNC 数控机床，让学生了解并掌握现代木工技术的应用。同时，还可以教授学生如何运用数据分析来优化工作流程，提高生产效率。通过这样的教学方式，学生不仅能够掌握传统的劳动技能，还能够具备科技应用能力，更好地适应现代社会的需求。

2. 培养创新思维和解决问题的能力

在劳动教育中，应该鼓励学生运用科技手段解决劳动中遇到的问题。

例如，可以设置一个项目，让学生设计一个自动化的生产线，以提高生产效率。在这个过程中，学生需要运用编程、传感器等科技手段来实现自动化控制，并解决可能出现的各种问题。通过这样的实践项目，学生可以锻炼自己的创新思维和解决问题的能力，同时也能够培养团队协作和沟通能力。

3. 适应未来科技社会的需求

将科技素养的培养融入劳动教育，可以帮助学生更好地适应未来科技社会的发展需求。在未来的社会中，科技将渗透到各个行业领域，成为推动社会发展的重要力量。因此，我们需要培养学生的跨学科能力，使他们能够在不断变化的科技环境中保持竞争力。例如，我们可以教授学生一些基本的编程知识、电子电路原理等，让他们在未来的工作中能够更好地应对各种科技挑战。

二、结合的方式和可能面临的挑战与机遇

（一）结合方式

科技在劳动教育中的应用场景丰富多样，为教学实践带来了全新的可能性，极大地增强了劳动教育的实效性和吸引力。一方面，模拟实践技术的应用为学生提供了一个安全、无风险的实践环境。通过虚拟现实和增强现实等先进技术，学生可以身临其境地体验各种劳动场景，如工厂生产线、农田耕作、建筑施工等。这种模拟实践不仅能够让学生更加深入地了解劳动的过程和价值，还培养了他们对劳动的尊重和热爱。模拟实践技术还可以根据学生的学习进度和需求进行个性化调整，使每个学生都能获得最佳的学习体验。另一方面，数据分析工具在劳动教育中的应用也越来越广泛。通过数据分析，学生可以学会如何收集、整理和分析劳动过程中的数据，从而掌握数据驱动的决策方法。这不仅提升了学生在劳动实践中的效率和效果，还培养了他们的数据思维和解决问题的能力。例如，在农业劳动教育中，学生可以使用数据分析工具来分析土壤湿度、气温等数据，从而制订更加科学的种植计划。自动化工具的

应用也是科技在劳动教育中的重要体现。通过接触和使用现代生产设备和技术，学生可以更好地了解自动化在生产中的应用，并为他们未来的职业生涯做好准备。例如，在机械制造的劳动教育中，学生可以学习如何使用自动化设备进行加工和生产，这不仅提升了他们的技能水平，还增强了他们对现代生产技术的认知和适应能力。

（二）挑战分析

尽管科技在劳动教育中的应用带来了诸多益处，但其也面临着一些不容忽视的挑战。技术的快速更新是劳动教育中应用科技的一大挑战。随着科技的不断进步，新的教学设备和软件层出不穷，而教育机构和教师需要不断跟进这些最新的科技发展，以确保教学内容的时效性和准确性。这就要求教育机构必须加大投入，不断更新教学设备和软件，以适应科技发展的步伐。对于许多教育机构来说，这是一项巨大的经济负担，尤其是在资金有限的情况下。教育资源的配置也是科技在劳动教育中应用面临的一个重要问题。在一些地区或学校，由于资金或政策的限制，可能无法充分引入科技手段进行劳动教育。这就导致了教育资源的不均衡分配，使得一些地区的学生能够享受到科技带来的优质劳动教育，而另一些地区的学生则无法获得这样的机会。这种不均衡的教育资源分配不仅影响了劳动教育的普及和质量，也加剧了教育不公平的现象。教师的培训也是科技在劳动教育中应用面临的一个重要挑战。科技的应用需要教师具备一定的科技知识和技能，以便更好地将其融入劳动教育中。然而，现实情况是许多教师对于新的科技知识和技能并不熟悉，甚至感到陌生和抵触。这就需要教育机构为教师提供充分的培训和支持，帮助他们掌握新的科技知识和技能，以便更好地将其应用于劳动教育中。但这也需要投入大量的时间和资源，对于教育机构来说也是一项不小的挑战。

（三）机遇探讨

尽管科技在劳动教育中的应用面临诸多挑战，但其也为劳动教育带来了前所未有的机遇，为劳动教育的创新和发展提供了广阔的空间。多元化的教学手段使得劳动教育更加生动有趣。传统的劳动教育往往依赖于教师的讲解和示范,而学生则通过观察和模仿来学习。这种教学方式往往缺乏互动性和趣味性,难以激发学生的学习兴趣和积极性。而科技的发展为劳动教育提供了多元化的教学手段,如虚拟现实、增强现实等技术。通过这些技术,学生可以身临其境地体验劳动过程,感受劳动的艰辛和乐趣,从而提升学习兴趣和积极性。这种身临其境的学习方式不仅使学生更加深入地了解劳动的过程和价值,还培养了他们的实践能力和创新精神。科技的发展为劳动教育提供了更丰富的学习资源。传统的劳动教育往往受限于教材和教学设备,而科技的发展则打破了这种限制。学生可以通过在线课程、远程教育平台等途径接触到更多的劳动教育内容和案例。这些学习资源不仅涵盖了传统的劳动技能和知识,还包括了现代科技在劳动中的应用和创新。通过这些学习资源,学生可以更加全面地了解劳动的世界,拓宽他们的视野和知识面。高效的评价方式也使得劳动教育更加科学和客观。传统的劳动教育往往依赖于教师的主观评价,而这种评价方式往往存在主观性和不准确性。而科技的发展为劳动教育提供了高效的评价方式,如数据分析等技术。通过这些技术手段,教师可以更加准确地评估学生的学习进度和成果,从而为他们提供更有针对性的指导和帮助。这种科学的评价方式不仅提高了劳动教育的准确性和客观性,还促进了学生的个性化发展和全面进步。

第三节 劳动教育在新时代的教育使命

在新时代的背景下,劳动教育被赋予了更加深远和丰富的教育使命。它不仅关乎学生个体的成长与发展,更与社会的整体进步和文化的传承息息相关。面对日新月异的社会变革和科技发展,劳动教育要承担起培养学生综合素质、传承和弘扬优秀传统文化以及推动社会创新和发展等多重使命。以下是对这些使命的详细探讨。

一、培养学生综合素质

(一) 提升动手能力和创新思维

劳动教育在提升学生动手能力和创新思维方面发挥着至关重要的作用。在实践活动中，学生需要亲自动手操作，这不仅是对他们动手能力的一种锻炼，更是对他们创新思维和解决问题能力的一种培养。面对实际问题，学生需要运用所学知识进行思考、分析和尝试，通过不断的实践探索，找到解决问题的有效方法。劳动教育注重引导学生勇于尝试、敢于创新。在实践活动中，学生被鼓励提出新的想法和解决方案，这有助于激发他们的创造力和创新精神，为未来的学习和生活打下坚实的基础。

(二) 培养团队合作精神

劳动教育在培养学生团队合作精神方面起着举足轻重的作用。在当今社会，团队合作已成为许多工作和项目成功的关键。因此，通过劳动教育，学生能够学会如何在团队中有效沟通、协作，并共同完成任务，这对于他们未来的职业发展和社会参与至关重要。在团队合作中，学生需要学会倾听他人的意见，表达自己的观点，并与团队成员共同商讨和决策。这种互动过程不仅有助于提升他们的沟通能力，还能让他们学会尊重他人、理解差异，并寻求共识。学生还需要学会在团队中承担责任、分享资源，并相互支持以共同应对挑战。这些经历将有助于培养他们的团队协作精神和集体荣誉感。通过团队合作，学生还能学会如何处理冲突、协调不同意见，并在团队中找到自己的定位和价值。这些技能对于他们未来在职场中的成功至关重要，因为在职场中，团队合作和人际关系同样重要。

(三) 增强社会责任感

劳动教育在增强学生社会责任感方面扮演着重要角色。通过参与社会实践活动，学生能够更加深入地了解社会的运作机制以及不同群体的需求，从而激发他们的社会责任感和公民观念。在社会实践活动中，学生有机会亲身体验到社会服务的乐趣和意义。他们可能会参与到社区服务、环保项目、公益慈善等活动中，为弱势群体提供帮助，为改善环境付出努力，或为推动社会进步贡献自己的力量。这些经历让学生意识到，他们作为社会的一员，有责任为社会做出贡献，并通过实际行动来改善他人的生活。通过学习和讨论社会热点问题，学生能够了解到社会的多元性和复杂性，学会从多个角度思考问题，并发展出独立的判断力和思辨性思维，意识到作为公民，他们有权利也有责任参与到社会事务中，为推动社会公正和进步发挥自己的作用。

这些素质是未来社会所需要的人才应具备的核心能力。在未来的职场中，具备综合素质的人才将更具竞争力。他们不仅能够胜任专业工作，还能够适应不断变化的工作环境，具备创新思维和解决问题的能力。同时，他们还能够与他人进行良好的沟通、协作，具备团队合作精神和人际交往能力。此外，他们还能够积极承担社会责任，为社会做出贡献。因此，劳动教育在培养学生综合素质方面的重要性不言而喻，它为学生未来的职业发展和社会参与奠定了坚实的基础。

二、传承和弘扬优秀传统文化

（一）了解和体验传统文化魅力

劳动教育为学生提供了一个独特的平台，使他们能够亲身了解和体验传统文化的魅力。在这一过程中，学生不仅有机会接触传统农耕文化、手工艺文化等丰富的文化遗产，还能深入了解这些文化的历史渊源、深刻内涵以及技艺的精髓。通过亲身体验，学生得以直观地感受到传统文化的独特魅力。他们可以在实践中亲手操作传统的农具，体验耕种、收获的艰辛与喜悦；也可以亲手制作传统的手工艺品，感受其中蕴含的匠心独运与精湛技艺。这种身临其境的学习方式，使学生能够更加深刻地理解和感受传统文化的魅力，从而激发他们对传统文化的兴趣和热爱。通过劳动教育，学生还能了解到传统文化在现代社会中的价值与意义。他们可以看到，尽管时代在变迁，但许多传统的农耕技术和手工艺仍然在现代社会中发挥着重要的作用，为人们的生活带来独特的色彩和韵味。

这种认识不仅增强了学生对传统文化的认同感，也激发了他们传承和弘扬优秀传统文化的责任感和使命感。

（二）文化认同感和民族自豪感

在了解和体验传统文化的过程中，学生会经历一次深刻的文化认同和民族自豪感的洗礼。这一过程对于他们成长为具有民族精神和爱国情怀的社会公民至关重要。通过深入接触和学习传统文化，学生会更加清晰地认识到，作为中华民族的后代，他们承载着传承和弘扬优秀传统文化的重任。这种对身份和使命的深刻认识，会激发他们内心的民族自豪感和责任感。了解和体验传统文化的过程也是学生增强对民族文化认同感的过程。他们会发现，传统文化中蕴含的价值观、道德观和审美观等，与他们的日常生活和情感体验紧密相连。这种对民族文化的深刻认同感，会让他们更加珍视和尊重自己的文化传统，从而增强他们的民族自信心。文化认同感和民族自豪感是学生成长为具有民族精神和爱国情怀的社会公民的重要基础。只有当学生深刻认同自己的民族文化，并为之感到自豪时，他们才会更加积极地传承和弘扬民族文化。这种文化认同感和民族自豪感也会激发他们的爱国情怀，使他们更加热爱自己的祖国，并愿意为祖国的繁荣富强贡献自己的力量。

（三）树立正确的价值观和人生观

劳动教育在帮助学生树立正确的价值观和人生观方面发挥着重要作用。通过参与劳动实践，学生不仅学会了付出努力、承担责任和面对挑战，更在这一过程中逐渐形成了有担当、有责任感的公民品质。在劳动教育中，学生亲身体验到劳动的艰辛与付出，从而深刻认识到任何成就都需要通过辛勤的努力才能获得。这种实践经历让他们学会了珍惜机会，不畏艰难，勇于面对生活中的各种挑战。同时，劳动教育也强调团队合作和共同责任，让学生在实践中学会与他人协作，共同完成任务，从而培养他们的团队精神和集体荣誉感。更重要的是，通过劳动教育，学生明白了只有通过辛勤的劳动才能实现个人的价值和社会的繁荣。这一认识引导他们形成了正确的劳动观念，即劳动不仅是谋生的手段，更是实现自我价值和社会贡献的重要途径。这种观念的确立，有助于学生形成积极向上的人生追求，激励他们在未来的生活和工作中不断努力，为社会做出更大的贡献。

三、推动社会创新和发展

（一）激发创造力和创新精神

劳动教育在激发学生的创造力和创新精神方面扮演着重要角色。它不仅鼓励学生勇于尝试新事物，还培养他们敢于挑战传统观念的勇气，从而进一步激发他们的创造力和创新精神。在传统的教育模式中，学生往往被要求遵循既定的规则和步骤，而在劳动教育中，学生被鼓励跳出传统框架，勇于尝试新的方法和思路。这种教育方式让学生意识到，创新并不意味着颠覆一切，而是在现有基础上进行改进和优化。通过不断地尝试和实践，学生能够学会从不同角度思考问题，创新解决问题的方案，这种思维方式的培养对于他们的未来发展至关重要。

劳动教育还注重培养学生的问题意识和思辨性思维。它鼓励学生不仅接受知识，还要对知识进行质疑和反思。在这种教育氛围下，学生能够更加深入地思考问题，提出新的观点和想法。这种创造力和创新精神的培养，不仅有助于学生在学术领域取得更好的成绩，还能为他们在未来的职业生涯中提供宝贵的竞争优势。更重要的是，通过劳动教育激发出来的创造力和创新精神，能够为社会的创新和发展注入新的活力。学生作为社会的新鲜血液，他们的新想法和创新精神是推动社会进步的重要动力。在劳动教育的引导下，学生能够更加积极地参与到社会的创新活动中，为社会的繁荣和发展贡献自己的力量。

（二）推动产业升级和社会进步

劳动教育在培养具备实践经验和创新思维的人才方面发挥着关键作用，而这些人才正是推动社会创新和发展的重要力量。他们不仅在学术和专业领域有着深厚的造诣，更具备将所学知识和技能转化为实际应用的能力，这种能力对于推动产业升级和社会进步至关重要。通过劳动教育培养出来的人才在实际工作中能够不断提出新的想法和解决方案。他们具备创新思维，不拘泥于传统的思维模式和方法，敢于挑战现状，寻求更加高效和先进的解决方案。这种创新精神对于推动产业升级和技术革新具有重要意义，能够带动整个行业向更高水平发展。这些人才还能够将所学的知识和技能应用于实际生活中，解决社会问题，提高生活质量。他们关注社会现实，了解社会需求，能够将理论知识与实际相结合，提出切实可行的解决方案。在环境保护、医疗健康、教育等领域，他们都能够发挥专业优势，推动社会进步和发展。通过劳动教育培养出来的人才对于国家的繁荣和富强也做出了更大的贡献。他们具备高度的责任感和使命感，愿意将自己的才华和智慧献给国家和社会。无论是在科技创新、经济发展还是文化传承等方面，他们都能够发挥重要作用，为国家的繁荣富强贡献自己的力量。

参考文献

书籍：

[1]胡杨.新时代劳动观教育研究[M].兰州:光明日报出版社,2023.

[2]刘建锋,刘有为,李咸洁.高校劳动教育理论课教学模式路径创新研究[M].成都:西南交通大学出版社,2023.

[3]项贤明.教育学原理[M].北京:高等教育出版社,2019.

[4]班建武.劳动教育与学生发展[M].上海:华东师范大学出版社,2021.

[5]戴海东,周苏,李婵,等.劳动[M].北京:中国铁道出版社,2021.

[6]刘向兵.新时代高校劳动教育通论[M].北京:高等教育出版社,2021.

[7]曾湘泉.变革中的就业环境与中国大学生就业[M].北京:中国人民大学出版社,2004.

[8]李王英,张帆.校园文化建设理论与实践[M].兰州:光明日报出版社,2018.

[9]吕开东,张彬.高校学风建设与校园文化融合发展研究[M].兰州:光明日报出版社,2018.

[10]代祖良.创新校园文化的途径与方法[M].兰州:光明日报出版社,2018.

[11]教育部思想政治工作司.高校校园文化建设理论与实践[M].北京:中国人民大学出版社,2014.

[12]宁本涛.新时代劳动教育新论[M].上海:华东师范大学出版社,2020.

[13]王瑞娟,陈依依.新时代大学生劳动教育[M].北京:人民邮电出版社,2023.

[14]檀传宝.劳动教育论要:现实畸变与起点回归[M].北京:教育科学出版社,2020.

[15]史钟锋、董爱芹、张艳霞.新时代大学生劳动教育.[M].北京:清华大学出版,2022.

[16]赵荣辉.劳动教育及其合理性研究.[M].上海:中央民族大学出版社,2012.

[17]许媚编.新时代劳动教育读本.[M].成都:电子科技大学出版社,2020.

期刊:

[1]覃优军,曹银忠.近年来国内学界劳动教育问题研究状况述评[J].中共山西省委党校学报,2021,44(03):124-128.

[2]许梦宇.新时代劳动教育的理论探索与思考[J].法制与社会,2020(17):247-248.

[3]李佳锶.劳动教育现状及其发展趋势[J].第二课堂(D),2021(03):71-72.

[4]徐喜春.大学生劳动教育的价值引领意蕴及其实现[J].北京航空航天大学学报(社会科学版),2022(04):19-24.

[5]程启寅.智能时代:劳动教育数字化发展新路径研究[J].宁德师范学院学报(哲学社会科学版),2022(03):32-37.

[6]詹青龙,孙欣,李银玲.混合式劳动教育:数字时代的劳动教育新形态[J].中国电化教育,2022(08):41-50.

[7]袁利平,李君筱.我国劳动教育研究的知识图谱与未来展望〔J〕教育学术月刊,2021.(3):18-26.

[8]李伟.新中国成立以来"劳动教育"概念的嬗变[J].上海教育科研,2019.(7):15-19.

[9]檀传宝.劳动教育的概念理解——如何认识劳动教育概念的基本内涵与基本特征[J].中国教育学刊,2019,(2):82-84.

[10]贾朋洒.新时代劳动教育的现状及对策研究[J].凯里学院学报,2021,39(04):95-99.

[11]汤守宏.新时代大学生劳动精神培育路径构建研究[J].职业,2024,(08):39-42.

[12]陈明霞.新时代大学生劳动教育与闲暇教育深度融合的路径探究[J].福建师范大学学报(哲学社会科学版),2023(4):161-169,172.

[13]陈方舟,卢晓东.倾向、知识与能力:劳动教育与德育、智育关系再探[J].教育学术月刊,2021,(03):3-11+54.

[14]王嵩涛.劳动教育与德育、智育、体育、美育的关系研究[J].教育艺术,2023(05):5-7.[23]

[15]江幸娴,朱以财,胡悦颖.略论劳动教育与德育:概念界定及关联性阐释[J].和田师范专科学校学报,2022,41(04):68-72.

[16]孙振东,康晓卿.论"劳动教育"的三重含义[J].社会科学战线,2021(01):230-238.

[17]申国昌,申慧宁.我国劳动教育的历史审思与未来展望[J].全球教育展望,2020,49(10):102-113.

[18]陈国安.论新时代劳动教育[J].江苏教育研究,2020(35):16-20.

[19]吕孝敏,朱华炳,鲍宏,等.大学劳动教育目标与实践实施探索[J].教育教学论坛,2022(23):181-184.

[20]孟祥燕,张鑫.新时代背景下构建高校劳动教育实施体系研究[J].教育教学论坛,2021(25):1-5.

[21]卢玉亮.新时代加强大学生劳动教育的目标、原则及路径[J].山

东工会论坛,2020,26(5):74-79.

[22]郭维刚.新时代劳动教育的实现路径探析[J].教学与管理,2019(30).

[23]李珂.行胜于言:论劳动教育对立德树人的功能支撑[J].教学与研究,2019(5).

[24]王琳,张新成,何晓倩.新时代高校劳动教育课程体系构建路径[J].山东工会论坛,2020,26(03):93-101.

[25]毕文健,顾建军.乐学思想与新时代劳动教育课程建设策略探析[J].中国教育科学(中英文),2020,3(01):85-92.

[26]刘晓晓,吴继娟,付立新,等.浅析校内实践基地建设的探讨[J].湖北函授大学学报,2017,30(03):14-15.

[27]李丹,唐非,张志佳,等.大学生劳动教育与专业能力培养的融合发展研究[J].现代职业教育,2022(44):8-10.

[28]王晓旭,张瑞霞.新时代依托专业实践推进劳动教育的契机、挑战和着力点[J].中国轻工教育,2022(1):49-55.

[29]劳动教育融入专业课程教育的对策:以建筑类专业为例[J].黑龙江科学,2022(7):156-158.

[30]许为宾.高校劳动教育与创新创业教育融合发展研究[J].教育文化论坛,2022(2):62-67.

[31]黄青霞,胡晨曦.劳动教育对学生职业技能培养的影响与效果研究[J].中国多媒体与网络教学学报(中旬刊),2023(11):160-163.

[32]游飞.劳动教育新形态一体化教材开发的思考与实践探索[J].中国培训,2022,(09):83-85.

[33]岳鑫,刘德旺,包保全,等.加强高校劳动教育的思考与实践[J].中国中医药现代远程教育,2022,20(10):172-174.

[34]庞小波.新时代高校劳动教育的实践路径探析[J].豫章师范学院

学报,2020,35(04):15-19.

[35]岳海洋.新时代加强高校劳动教育的价值意蕴与实践路径[J].思想理论教育,2019,(03):100-104.

[36]谢小女.如何培养学生的自我管理能力[J].青少年日记(教育教学研究),2017(05):137.

[37]张晓莉.浅析学生自我管理能力的培养[J].职业,2012(18):96.

[38]许宝丰.大学劳动教育与创新创业教育融合路径研究[J].辽宁开放大学学报,2023(02):110-112.

[39]艾昕.三全育人视域下应用型高校劳动教育路径研究[J].现代教育论坛,2022,5(1):22-24

[40]胡荣宝,张鑫.新时代地方应用型本科高校开展劳动教育的实践路径研究[J].蚌埠学院学报,2021,10(1):103-106.

[41]邹坤萍,李全海,肖俊茹.新时代应用型本科高校劳动教育的探索与实践:以山东管理学院为例[J].山东工会论坛,2021,27(4):1-9.

[42]廖烨檬.新时代劳动教育与高校创新创业教育融合的价值意蕴和路径研究[J].佳木斯职业学院学报,2021,37(11):102-103.

[43]梁广东.新时代应用型高校劳动教育的时代价值、实践原则及推进理路[J].教育与职业,2020(20):108-112.

[44]王霞.高校开展劳动教育的意义和对策探析[J].辽宁广播电视大学学报,2021(1):22-25.

[45]刘粉.高校创新创业教育与劳动教育融合机制探究——以上海第二工业大学为例[J].济南职业学院学报,2023,(03):82-86.

[46]任校莉.大学生创新创业劳动融合机制研究[J].产业创新研究,2021,(24):157-159.

[47]朱爱芬.在劳动实践中培养学生的创新能力探究[J].科普童话,2019(28):40.

[48]亢敏.大学劳动教育的优化策略探索[J].新课程教学(电子版),2023,(20):179-181.

[49]王军胜.构建大学生劳动教育评价体系[J].学园,2023,16(05):72-74.

[50]吴雨伦.新时代高校劳动教育课程标准化建设策略——以南京林业大学为例[J].林区教学,2023,(09):95-98.

[51]李磊,路丙辉.新时代大学生劳动教育评价的困境与出路[J].湖北工程学院学报,2023,43(01):70-74.

[52]李鹏.劳动教育评价的价值意蕴与优化路径[J].湖北社会科学,2022,(08):146-153.

[53]王飞.新时代劳动教育核心素养的体系构建与培育路径[J].北京教育学院学报,2022,36(03):61-68.

[54]陈小波.高校大学生劳动教育实践路径探析[J].生活教育,2023,(09):124-128.

[55]柳友荣.新时代高校劳动教育的组织与实施[J].中国高等教育,2020(19):23-25.

[56]张仁仙,杨阳.劳动教育融入高校校园文化建设的思考[J].文教资料,2022,(19):62-65.

[57]杜成林,夏军.劳动教育培育四维度[J].思想政治课教学,2022(2):57-58

[58]郭伟.劳动教育融入高校校园文化建设的实践路径[J].文化创新比较研究,2024,8(09):133-137.

[59]陈晓明,孟丛丛.融入劳动教育的高职校园文化建设实践路径研究[J].内江科技,2021,42(02):124-125.

[60]刘瑶瑶.将劳动教育融入高校校园文化建设的实践路径探析[J].北京教育(德育),2019,(Z1):58-62.

[61]徐海娇.劳动教育的价值危机及其出路探析[J].国家教育行政学院学报,2018(10).

[62]卜晓东.论劳动教育与高校校园文化建设的融合[J].传播力研究,2020,4(23):118-119.

[63]苗春凤.大学生劳动教育研究回顾与展望[J].山东工会论坛,2021,27(06):42-50.

[64]胡佳新,刘来兵.回归生活力视域下的青年劳动教育[J].中国青年社会科学,2020(01):110-116.

[65]孙振东,康晓卿.论"劳动教育"的三重含义[J].社会科学战线,2021(01):230-238.

[66]曹凤月.新时代劳动教育的实践途径[J].人民论坛,2019(36):58-59.

[67]尹者金.新时代高校劳动教育的特征与实现[J].江苏高教,2019(11):85-89.

[68]姜保周,潘洪珍.新时代大学生劳动教育实践研究[J].菏泽学院学报,2019(03):69-72.

[69]岳海洋.新时代加强高校劳动教育的价值意蕴与实践路径[J].思想理论教育,2019(03):100-104.

论文：

[1]梁琴琴.新时代高校劳动教育研究[D].西华师范大学,2021.

[2]羊海军.《大中小学劳动教育指导纲要》背景下劳动教育课程实施研究[D].西华师范大学,2022.

[3]申佩辰.新时代劳动教育课程设置的策略研究[D].杭州电子科技大学,2023.

[4]杨柳.大学生劳动精神培育存在的问题及对策研究[D].牡丹江师范学院,2024.

[5]陈优优.新时代劳动教育的功能及实践路径研究[D].广东外语外

贸大学,2021.

[6]冯亮亮.当代大学生劳动意识及其培养研究[D].河北师范大学,2017.

[7]万信.新时代大学生劳动观培育研究[D].中国矿业大学,2023.

[8]刘龙云.新时代大学生劳动观教育研究[D].山东财经大学,2023.

其他:

[1]中共中央、国务院关于全面加强新时代大中小学劳动教育的意见[N].《人民日报》,2020-03-27(1).

[2]中共中央、国务院印发《中国教育现代化2035》[N].《人民日报》,2019-02-24(01).